니체론/브란데스와 니체가 주고받은 편지들

니체
귀족적 급진주의

Friedrich Nietzsche
by Georg Brandes
(1909)

니체론/브란데스와 니체가 주고받은 편지들

니체
귀족적 급진주의

초판 1쇄 인쇄   2014년 09월 11일
초판 1쇄 발행   2014년 09월 22일

지은이   기오 브란데스
옮긴이   김성균
펴낸이   신종호

디자인   인챈트리 _ 02)599-1105
인쇄   세연인쇄 _ 031)948-2850

펴낸곳   까만양
출판등록   2012년 4월 17일 제 315-2012-000039호
이메일   kkamanyang33@hanmail.net

일원화공급처   북파크
주소   경기도 고양시 일산서구 구산동 19번지
대표전화   031)912-2018
팩스   031)912-2019

ISBN 978-89-97740-14-7 03160

잘못 만들어진 책은 바꿔드립니다.

「이 도서의 국립중앙도서관 출판예정도서목록(CIP)은 서지정보유통지원시스템 홈페이지(http://seoji.nl.go.kr)와
국가자료공동목록시스템(http://www.nl.go.kr/kolisnet)에서 이용하실 수 있습니다.(CIP제어번호: CIP2014025914)」

니체론/브란데스와 니체가 주고받은 편지들

니체

귀족적 급진주의

기오 브란데스 지음·김성균 옮김

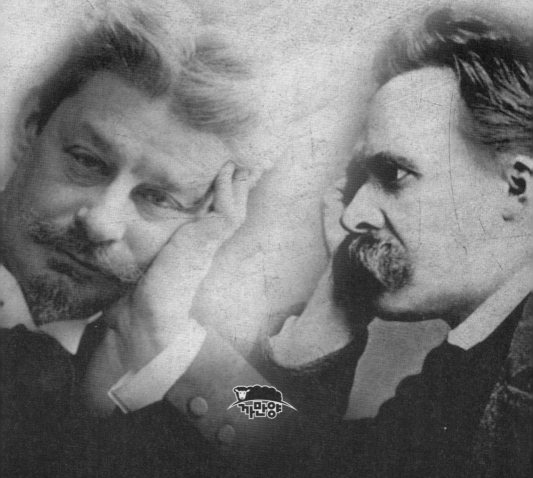

까만양

■ 일러두기

1. 이 책은 브란데스가 1889년 발표한 세계최초의 포괄적이고 체계적인 니체론論으로 평가되는 『귀족적 급진주의: 프리드리히 니체에 관한 시론試論Aristokratisk Radikalisme: En afhandling om Friedrich Nietzsche』과, 그가 니체와 주고받은 편지들, 그리고 1900년 8월과 1909년에 그가 집필한 에세이 2편을 묶어서 1909년 초간初刊한 덴마크어판 『프리드리히 니체Friedrich Nietzsche』를 A. G. 차터A. G. Chater(?~?)가 영어로 번역하여 런던에서 1914년 초간한 『프리드리히 니체Friedrich Nietzsche』의 한국어판이다. [A. G. 차터는 노르웨이의 유명한 극지탐험가 루알 아문센Roald Amundsen(1872~1928)이 집필한 남극탐험일지 『남극Sydpolen』(1912)의 영어판 『남극The South Pole』(1912)을 펴낸 번역자로 알려졌다.]

2. 이 책의 번역자는 제2부 「브란데스와 니체가 주고받은 편지들」을 한국어로 번역하면서, 영어판 『니체 전집The complete works of Friedrich Nietzsche』(1909~1913)의 책임편집자로 유명한 독일의 의사 겸 작가 오스카 레비Oscar Levy(1867~1946)가 편찬한 『니체 편지선집Selected Letters of Friedrich Nietzsche』(1921, pp. 313-364.)에 수록된 「니체와 브란데스가 주고받은 편지들The Correspondence of Friedrich Nietzsche with Georg Brandes」(비어트리스 마셜Beatrice Marshall 영역英譯)과, 브리튼의 시인 겸 번역가 크리스토퍼 미들턴Christopher Middleton(1926~)이 영어로 편역編譯한 『니체 편지선집Selected Letters of Friedrich Nietzsche』(Hackett Publishing Company, Inc., 1969)에 수록된 '니체가 브란데스에게 보낸 편지들'도 참조했다.

3. 이 책의 [부록]은 원서에는 없지만, 한국어판 번역자가 이 책의 저자 브란데스에 대한 독자들의 이해를 돕기 위해 번역하여 첨부한 것이다.

4. 이 책의 제1부 「귀족적 급진주의」를 제외한 제2~4부의 제목들은 원서에는 없지만, 독자들이 해당 단원들의 주요내용을 일별하기 쉽도록 한국어판 번역자가 임의로 붙여본 것들이다.

5. 이 책의 각주들 중 저자가 붙인 것(【 】표)들을 제외한 나머지는 모두 한국어판 번역자가 붙였다.

6. 이 책에 언급된 단행본 및 '단행본으로 출간된 논문', 소책자, 오페라 대본, 악보는 『 』로, 소논문, 짧은 에세이, 시詩, '단행본의 단원들'은 「 」로, 정기간행물은 《 》로 표시되었다.

목차

■ 번역자 서문 006

제1부 049
귀족적 급진주의(1889년)

제2부 141
브란데스와 니체가 주고받은 편지들(1899년 12월 정리)

제3부 213
니체의 특징들(1900년 8월)

제4부 223
니체의 『이 사람을 보라』(1909년)

[부록 1] 237
브란데스의 삶과 문학

[부록 2] 255
브란데스의 업적

찾아보기 263

귀족적 급진주의: 니체의 노선路線

1

지금까지 알려진 니체Friedrich Nietzsche(1844~1900)의 철학사상은 이른바 '초인[1]'으로 총칭될 수 있는 '디오니소스Dionysos-반反그리스도 Antichrist-차라투스트라Zarathustra'의 '자기초극自己超克, 영원회귀, 권력의

---

1) 超人: 이것은 니체가 사용한 "위버멘쉬Übermensch(= Overman, Beyond-man, Overhuman, Above-Human, Superman, Super-human)"의 번역어이다. 이 번역어에 대한 논란도 없지 않지만, 이것이 "인간을 '초월超越'하거나 '초극超克'하는 인간"을 가리키는 "명사名辭"로 쓰이는 한에서, 즉 "인간을 초월하되, 하여간, 여전히 유한한 인간"을 가리키는 명사로 쓰이는 한에서, "초인"이라는 번역어는 (비록 일본에서 처음 번역되었지만, 한국과 일본이 같은 한자漢字문화권에 속한다는 사실을 감안하면) 한국에서도 가장 간명하고 타당한 것으로 판단된다.

지, 삶긍정, 운명애Amor Fati'로 요약될 수 있다. 그러나 이런 니체의 철학사상을 생성시키고 그것에 강력한 저력을 공급하여 가동시킨 것은 니체 특유의 비극정신悲劇精神(=비극사상)이었다. 청년 니체가 고대 그리스 비극을 연구하면서 발견한 비극정신은 향후 니체의 철학사상과 삶을 줄기차게 관류했다.[2)]

이런 니체의 철학사상으로부터 직간접으로 크고 작은 영향들과 영감靈感들을 받은 현대의 많은 학자들과 작가들은 저마다 니체의 철학사상을 다양하게 해석하여 풍요롭고 의미심장한 성과들을 산출했다. 예컨대, 이른바 초자아Superego와 이드Id가 지배하는 무의식에서 의식을 생성시키고 확장하느라 고투하는 자아Ego를 발견하고 탐구한 프로이트의 심리분석학,[3)] 개인무의식에서 강력하게 작동하는 집단무의식과 상징들을 발견하고 탐구한 카를 융의 분석심리학, 물질상상력의 개념을 창조하고 직립상승直立上昇하는 상상력을 발견하여 해명한 바슐라르의 시철학詩哲學, 세계내존재世界內存在들의 존재투쟁을 직시하는 존재현

---

2) 니체, 『니체 자서전: 나의 여동생과 나』(서울: 까만양, 2013), 「번역자 후기」 제1절, p. 241.

3) psychoanalysis: 오스트리아의 심리학자 프로이트Sigmund Freud(1856~1939)가 발전시킨 학문분야를 특칭하는 이 용어는 한국에서 지금까지 "정신분석" 또는 "정신분석학"으로 번역되어왔다. 그런데 이 용어를 파생시킨 "프시케psyche"의 다른 파생어들은, 예컨대, "심리학psychology"이나 독령의 심리학자 카를 융Carl Gustave Jung(1875~1961)의 "분석심리학analytic psychology" 등으로도 번역되어 왔다. 그러니까 한국에서 "프시케"는 "정신"과 "심리"로 혼역混譯되어온 셈이다. 물론 한국에서 "정신"은 "육체나 물질에 대립되는 영혼이나 마음, 사물을 느끼고 생각하며 판단하는 능력 또는 그런 작용, 마음의 자세나 태도, (주로 일부 명사 뒤에 쓰여서) 사물의 근본적 의의나 목적 또는 이념이나 사상"을, "심리"는 "마음의 작용과 의식의 상태"를 가리키는 명사로 쓰인다(국립국어원, 『표준국어대사전』참조)는 사실을 감안하면 이런 혼역은 충분히 있을 수 있는 관행처럼 보인다. 더구나 "프시케"가 "정신"과 "심리"뿐 아니라 "심혼心魂"이나 "심령心靈" 또는 "마음속에 품은 생각이나 감정"을 통칭하는 "심정心情"으로도 번역될 수 있을 가능성은 이런 관행을 더욱 부추기기까지 했을 것이다. 이렇듯 한국에서 오랫동안 굳어진 관행이라면 그대로 따라도 무방하겠지만, 그렇다고 이런 관행을 마냥 방치할 수도 없는 이유는 "정신"과 "심리"라는 두 한국어가 유사점들뿐 아니라 차이점들도 분명히 겸비한다는 사실에 있다. 물론 그런 차이점들이 이 짧막한 번역자의 각주에서 온전하게 해명되기는 불가능하다. 그것은 또다른 방대한 연구가 필요한 작업일 것이다.

상학을 발전시킨 하이데거의 무신론적 실존철학, 조르주 바타유의 낭비론적浪費論的 정치경제학, 비극적 인간조건을 규정하는 세계부조리世界不條理를 돌파하고자 노력한 알베르 카뮈의 자유철학, 변증법脫辨證의 중력장을 탈피하여 무의미와 차이의 위력을 탐구한 질 들뢰즈의 차이생성철학差異生成哲學, 서구 이성理性의 한계와 광기의 의미를 탐색하고 인식의 근거들을 파헤친 미셸 푸코의 계보학적 인식론과 권력지식론, 서양철학의 근간을 해체적으로 비판하여 차이유발差異誘發놀이를 감행한 자크 데리다의 차연철학差延哲學 등이 그런 성과들로 예시될 만하다.[4]

그런 반면에 일각에서는 니체가 나치즘Nazism과 파시즘Fascism의 이념적 근거들을 제공한 우생학주의자, 인종주의자, 민족주의자, 반反유대주의자, 권력숭배자, 주전론자主戰論者, 여성혐오주의자, 무無도덕주의자, 허무주의자Nihilist, 무신론자Atheist, 신을 죽인 살신자殺神者로까지 오해되기도 했다. 이런 오해는 대체로 물질과 명예를 탐하여 니체의 작품들을 독점하고 니체의 철학사상을 오용한 니체의 여동생 푀르스터-니체Elisabeth Förster-Nietzsche(1846~1935)나, 니체의 초인사상을 무분별하게 맹신한 자들이나, 니체의 철학사상을 포괄적으로 정밀하게 이해하지 못하고 일부만 따로 과대하게 부각시켜서 편파적으로 옹졸하게 남용한 자들의 소치일 것이다.

그런데 과연 니체의 무엇이 이런 성과들과 동시에 오해도 낳았을까?

---

4) 바슐라르Gaston Bachelard(1884~1962)는 프랑스의 과학자 겸 철학자 겸 시인, 하이데거Martin Heidegger(1889~1976)는 독일의 현상학자 겸 철학자, 조르주 바타유Georges Bataille(1897~1962)는 프랑스의 작가 겸 철학자 겸 정치경제학자, 알베르 카뮈Albert Camus(1913~1960)는 알제리의 작가 겸 철학자 겸 비평가, 질 들뢰즈Gilles Deleuze(1925~1995)는 프랑스의 철학자 겸 비평가, 미셸 푸코Michel Foucault(1926~1984)는 프랑스의 철학자 겸 정신역사학자, 자크 데리다Jacques Derrida(1930~2004)는 알제리 태생 프랑스의 철학자 겸 비평가이다.

더구나 니체의 사상과 작품들은 물론 심지어 앞에서 예시된 중요한 직간접적인 성과들마저 대중독자들에게는, 빈번하게 불평되듯이, 그토록 "난해"하고 복잡하거나 현학적인 공리공론들로 보이는 까닭은 또 무엇일까? 이 질문들의 해답은 일찍이 제시되었지만 여태껏 의도적으로 혹은 부지불식간에 간과되거나 중시되지 않아서 (적어도 한국에서는) 충분히 탐구되지 않았다. 그 해답은 바로 니체의 비극정신이 생동시킨 니체 특유의 문체와 사상을 시종일관 예인한 정신적 노선인 귀족적 급진주의Aristocratic Radicalism이다. 이 노선이 이해되어야만 니체의 작품들과 사상들이 포괄적이고 체계적으로 조망될 수 있고, 니체로부터 직간접으로 파급된 의미심장한 성과들의 진미도 음미될 수 있으며, 니체에 대한 기존의 오해들을 빚어낸 근본원인도 파악될 수 있을 것이다.

2

니체의 '귀족'은 고귀하고 우월한 '정신'의 태도를 상징한다.[5] 그러므로 니체의 '귀족'과 '귀족정신'은 동의어이고, 그의 귀족적 급진주의는 결국 '귀족정신'과 '급진주의'의 종합적 표현이다. 이런 니체의 귀족정신은 과거와 현재의 정치경제사회적 기득권자들이 품은 계급의식이나 특권의식이나 인간관이나 세계관과 거의 무관하게 고귀하고 자주독립自主獨立하며 강인하고 명랑하며 심대한 정신, 그리하여 간격정념을 명확히[6] 인식하는 상승정신을 가리킨다. 니체는 일찍이 귀족정신을 다음과 같이 상징적으로 제시한 바 있다.

---

5)   니체,『선악을 넘어서Jenseits von Gut und Böse』(1886) 제9장 제257절.

6)   間隔情念(Pathos der Distanz). 니체, 앞 책.

오늘날 문화가 이토록 황량해지고 피폐해지는 상황에서 …… 우리는 기운찬 줄기와 가지를 뻗을 수 있는 생명력을 머금은 뿌리 하나라도, 비옥하고 건강한 토양 한 줌이라도 찾으려고 헛되이 애쓴다. 그러나 도처에는 먼지와 모래뿐이니 모든 것은 마비되고 탈진해서 죽어간다. 이런 지경에서 마음 한 자락 둘 데 없이 고독한 인간이 선택할 수 있는 최선의 자기상징自己象徵은 뒤러가 그려서 우리에게 보여준 죽음과 악마와 동행하는 무장기사이다.[7] 무쇠처럼 굳센 시선視線과 철갑옷으로 무장한 그 기사는 자신의 끔찍한 동행자들도 아랑곳하지 않고 어떤 희망도 품지 않은 채로 오직 자신의 말을 타고 자신을 따르는 개와 함께 무시무시한 험로를 고독하게 걸어갈 줄 안다. 뒤러가 묘사한 저 기사가 바로 우리의 쇼펜하워Arthur Schopenhauer(1788~1860)였다. 그는 모든 희망을 잃고도 진리를 원했다.[8]

오늘날 한국문화의 상황도 니체가 탄식했던 (독일)문화의 상황만큼, 아니, 오히려 훨씬 더, 황량해지고 피폐해져서 아예 구제불능의 폐허로 보일 지경이다. 이런 폐허는 데카당스와 데카당들,[9] 염세주의와 염세주의

---

7) 이 무장기사武裝騎士는 르네상스 시대 독일의 화가 겸 판화가 알프레히트 뒤러Alfrecht Dürer(1471~1528)의 유명한 동판화 「기사, 죽음, 악마Ritter, Tod, und Teufel」(1513)(본서 6쪽)에 묘사된 기사를 가리킨다. 니체는 스위스 바젤Basel 대학교의 고전문헌학교수로 재직하던 1875년 2월 바젤의 귀족 아돌프 비셔-자라진Adolf Vischer-Sarasin(1839~1902)으로부터 이 동판화의 인쇄본을 선물로 받았다. 같은 해 10월 25일 니체는 친구 말비다 폰 마이젠부크Malwida von Meysenbug(1816~1903)에게 보낸 편지에 다음과 같이 썼다. "이곳의 귀족 한 분이 천재화가 뒤러의 귀중한 동판화인쇄본 한 점을 나에게 선물했습니다. 이 동판화 「기사, 죽음, 악마」는 지금도 내 곁에 있는데, 이것을 보노라면 나는 도저히 뭐라고 말해야 할지 모르겠습니다. 나는 『비극의 탄생Die Geburt der Tragödie』(1872)에서 쇼펜하워를 이 기사에 비유했습니다. 그런 비유 덕분에 내가 이 동판화를 선물로 받을 수 있었습니다."

8) 니체, 『비극의 탄생』 제20절.

9) 여기서 "데카당스decadence"는 "퇴보, 퇴행, 퇴락, 쇠락, 퇴폐, 병약해지고 지치며 피로하고 탈진하며 초췌해진 상태"를 총칭하고, "데카당decadent"은 "데카당스" 증세를 보이거나 앓는 인간을 가리킨다.

자들, 허무주의Nihilism와 허무주의자들, '노예도덕=앙심도덕과 질투심= 허영심이 범벅된 속물근성'을 유포하고 전염시키는 '속물문화俗物文化'와 '속물근성을 자존심으로 착각하는 문화속물文化俗物들'의 복마전이다. 이곳에서는 왜소한 자아를 가졌거나 아예 자아조차 갖지 못한 평민-서민-민중-군중이 언제나 피로, 탈진, 물욕(=자본욕), 시기심, 과시욕 같은 허무주의증상들에 시달린다. 그러나 이곳에서 흔히 제시되는 해결책들 역시 허무주의를 조장하고 유포하는 것들 — 예컨대, 갖가지 "힐링"이라느니, 물욕과 과시욕이 아닌 '마음(?)'을 "비우라"느니 "내려놔라"느니 잠시 "멈추라"느니 하는 따위의 야바위들 — 이 대부분이다.

니체가 볼 때 특히 이런 허무주의적 야바위-대책들의 생산자들과 홍보자들이 바로 문화속물들이다. 이들은 귀족정신의 소유자들 즉 자주독립적인 개성인격자個性人格者들의 고귀하고 장대한 자아와 정신을 끌어내려 압착하고 분쇄하여 평민군중의 저열하고 왜소한 자아와 정신과 같게나 더 비참하게 하향평준화下向平準化시키는 자들이다. 니체의 실로 멋지고 적확한 표현을 빌려 말하자면, 이들은 차라투스트라가 자신의 최대적最大敵으로 지목한 "중력마귀[10)]"의 빙의자憑依者들이거나 앞잡이들이거나 분신分身들이다. 속물문화가 창궐하는 복마전에서는 극대다수의 성직자들과 공직자들, 대다수의 지식인들, 학자들, 교육자들, 언론인들, 예술가들이 자의로든 부지불식간에든 중력마귀의 빙의자들-앞잡이들-분신들이다. 뒤러의 기사와 동행하면서 기사가 절망하고 탈진해서 낙마하기를 기다리는 죽음과 악마도 중력마귀와 한패이다. 중력마귀는

---

10)　重力魔鬼Geist der Schwere. 이 표현은 니체의 『차라투스트라는 이렇게 말했다Also sprach Zarathustra』(1883~1885)(이하 『차라투스트라』로 약칭) 제3부 11번째 시詩의 제목이기도 하다.

고귀한 모든 것을 끌어내려 압착하고 분쇄하여 평평하게 만들어버리는 하향평준화권력이다. 니체의 귀족정신을 위협하는 최대적도 바로 중력마귀이다. 평민군중으로 하여금 니체와 그의 귀족정신을 오해하거나 질시하게 만드는 원흉도 바로 중력마귀이다.

그러나 귀족정신은 무엇보다도 고귀한 정신, 그래서 상승하려는, 상승해야 하는, 상승하는 정신이다. 그래서 귀족정신은 고귀할 뿐 아니라 심대하다. 왜냐면, 약간의 물리적 비유를 들어 말하건대, 구형求刑으로 생긴 지구에서 높은 곳은 비교적 드물면서도 멀리 넓게 깊이 볼 수 있는 곳이기 때문이다. 귀족정신이 이런 자신의 본령 — 멀리 넓게 깊이 보기 — 에 충실하려면 지면을 박차고 높이 상승하여 고도高度를 유지해야 한다. 그리하려는 정신은 무엇보다도 먼저 그 정신을 지면에 붙박아놓으려 하거나 지하로까지 끌어내리려는 중력마귀의 본성과 기능을 알아야 한다. 그래야만 중력마귀를 결정적으로 약화시키거나 소멸시키거나 긍정적으로 활용할 수도 있을 것이 때문이다. 이런 중력마귀의 본성과 기능을 아는 지식은 근본적 문제의식과 근본적 변화를 동시에 요구한다. 왜냐면 중력은 상승하려는 존재가 이해하고 해결해야 할 근본문제이고, 중력을 거스르고 극복하여 떨쳐내는 과정은 근본변화이기 때문이다. 이런 근본문제를 파고들고 근본변화를 추구하는 것이 바로 급진주의정신이다.

무릇 귀족정신은 자신의 본령을 지키려면 중력을 떨치고 날아오르고자, 상승하고자, 날아다니고자, 비행飛行하고자 노력해야 한다. 중력마귀의 세상에서 날아오르는 상승과 날아다니는 비행飛行! 그래서 귀족정신은 급진주의정신일 수밖에 없다. 그래서 니체는 귀족적 급진주의를 고수한다. 왜냐면, 거듭 물리적 비유를 들어 부연하건대, 중력권에서 상승과 비행을 시작하는 과정뿐 아니라 지속적으로 고도를 유지하는 과정도 중력을 최대한 거부하고 극복해야 하는 과정이기 때문이다. 다시 말해서, 귀족정신은 처음부터 끝까지 중력마귀와 싸워서 그것을 극복해야 하는 과정, 근본적이고 본질적인 지식과 변화를 줄기차게 추구하는 과정이라서 필연적으로 급진주의정신일 수밖에 없다는 말이다.[11]

이런 급진주의정신이 바로 니체 특유의 문제를 형성하는데, 그것이 바로 니체의 비극정신과 철학사상을 시적詩的으로 표현하고 설파하는 잠언aphorism(箴言)이다. 니체의 잠언들은 문화속물들이나 대중독자들이 선호하는 이른바 '쉽게 술술 읽히게 나열되는 단문들'이나 '행갈이를 일삼아 시처럼 보이는 일상고백담들' 같은 것들이 결코 아니라, '현상들 및 현실들의 본성과 근본문제를 철두철미하게 탐구하여 습득한 지식들을 심오한 은유와 절묘한 비유들로써 간명하게 설명하고 독창적인 견해들과 사상들을 압축하여 위력적으로 명징하게 표현하는 철학시哲學詩-시철학詩哲學들'이다. 왜냐면 급진주의는 "시적詩的이고 철학적인 것이라서 위력적인 것이"기 때문이다. "그것은 철학을 통해 국가의 지도자들에게 영향을 끼치고 시詩를 통해 시민들에게 영향을 끼친다." 그러므로 "시인詩人과 급진주의자는 형제이다.[12] 그런 "시인은 대표인간이다. ……

---

11) 그래서 "니체는 기존의 정치질서를 반대했으므로 '급진주의자'였고, 사회구성원들에게 모범이 될 개인들의 육성을 사회의 목표로 삼아야 한다고 주장했으므로 '귀족주의자'였다"[프랭크 캐머런Frank Cameron & 돈 덤보스키Don Dombowsky 편찬, 『니체의 정치적 저작들Political Writings of Friedrich Nietzsche: An Edited Anthology』(Palgrave Macmillan, 2008), pp. 20~21]라고 평가되기도 한다. 그러나 분명히 이해되어야 할 사실은 니체는 '귀족주의자'로만 머물지 않는다는 사실이다. 그래서 니체를 단지 '귀족주의자'로만 바라보는 사람은 니체의 귀족정신을 포괄적으로 이해할 수 없다. 물론 브란데스도 니체를 '귀족주의자'로 지칭하기도 하지만 단지 일반적인 맥락에서만 그리할 따름이다.(본서 제3부 참조).

12) 대니얼 조지프 맥도널드Daniel Joseph MacDonald(1881~1948), 『셸리의 급진주의와 그것의 원천들 The Radicalism of Shelley and Its Sources』(Washington D. C., 1912), pp. 10.

그는 진리와 자신의 예술을 추구하므로 동시대인들 사이에서 고립되지만 조만간 모든 인간을 인도할 그런 진리와 예술을 위안으로 삼는다.[13] 그래서 "일반적이고 동등한 어떤 것도 시철학의 근거가 될 수 없다. 시철학의 원칙이나 '근거'를 찾으려는 생각이 재난일 수 있다. 왜냐면 그런 생각은 근본적 심리의 현실성, 즉 시詩의 근본적 참신성斬新性을 해칠 수 있기 때문이다."[14] 그리고 "철학의 목적은 '언제나 새로운 개념들'을 창조하는 것"[15]이기 때문이다.

그리하여 시인철학자詩人哲學者 겸 철학자시인[16] 니체는 차라투스트라의 입과 혀를 이런 잠언들=포탄들을 발사하는 대포大砲로 활용한다.

언젠가 인간들에게 날아다니는 방법을 가르칠 스승은 모든 경계표지판境界標識板을 뽑아 옮겨버리리라.

그 모든 경계표지판이 공중을 날아다니면, 그 스승은 이제 — '가벼워진 자'로서 — 대지에 새로운 세례를 베풀리라.

타조駝鳥는 가장 빠른 말馬보다도 더 빠르게 달릴 수 있으면서도 여전히 무거운 대지에 자신의 대가리를 무겁게 처박고 있거늘, 아직 날아다니지 못하는 인간도 그렇기는 마찬가지라네.

그런 인간에게는 대지와 삶이 무거워지는데, 그리되는 것이 바로

---

13)   에머슨Ralph Waldo Emerson(1803~1882), 「시인The Poet」, 『에머슨 전집Emerson's Complete Works』Vol. III(Cambridge: The Riverside Press, 1897), p. 11.

14)   바슐라르, 「저자서문Introduction」, 『공간시학空間詩學The Poetics of Space』(New York: The Orion Press, 1964), p. xi

15)   질 들뢰즈 & 펠릭스 가타리Felix Guattari(1930~1992), 『철학이란 무엇인가?What is Philosophy?』 (New York: Colombia Univ. Press, 1994), p. 5.

16)   이것은 "시인들 중 가장 훌륭한 철학자이자 철학자들 중 가장 훌륭한 시인"이라는, 출처가 알려지지 않은, 가스통 바슐라르의 멋들어진 별칭을 연상시킨다.

중력마귀가 원하는 것이다! 그러나 가벼워지기를 원하고 새처럼 날아다니기를 원하는 인간은 스스로를 사랑해야 한다 — 이렇게 내가 가르치노라.

그렇다고 병자들과 폐인들이 사랑하듯이 사랑하면 정녕코 아니된다. 왜냐면 그들의 자기애自己愛마저 악취를 풍기기 때문이다!

내가 가르치노니, 인간은 온전하고 강건한 사랑으로써 자신을 사랑하는 방법을 배워야 한다. 그래야만 스스로를 견디며 살아갈 수 있고 두리번거리며 배회하지 않을 수 있다.

이런 배회가 '이웃사랑'이라는 세례명을 얻었다. '이웃사랑'이라는 단어를 남발하는 자들이야 말로 지금까지 가장 교묘한 거짓말을 일삼아왔고 가장 교활한 위선을 부려왔는데, 특히 세계전체를 무겁게 느끼는 자들은 더더욱 그리해왔다.[17]

그런데 아무리 급진적인 정신이라도 처음부터 중력마귀를 완전히 떨쳐내기는 어렵다. 고갈되지 않는 도약력과 상승력을 기르기 위한 훈련이 필요하다. 그런 훈련은 이전에 공중으로 날아올라 날아다녔던 귀족정신들, 그리하여 심지어 중력마저 능수능란하게 활용하여 자유자재로 상승하고 비행할 수 있던 위대한 개성인격자들을 편력하는 과정이기도 하다. 그들은 아주 고귀하고 거대한 산맥을 이루는 소수의 산봉우리들이다. 그들은 귀족정신의 스승들이요 동료들이다. 더 높이 상승하고 비행하기 위해 훈련하다가 지친 청년정신들은 그런 산봉우리들에서 휴식

---

17)　니체, 『차라투스트라』 제3부 「중력마귀」 제2절.

하고 배우며 상승력을 충전해야 한다. 그런 과정이 곧 귀족적 급진주의자들을 위한 교육이기도 하다.[18] 이 급진적 교육은 피교육자의 개성인격과 자아와 정신을 긍정하고 자주독립시키며 상승시키고 확대시키며 심화시키기 위한 것이다. 그것은 귀족정신에게 부단한 자기변화를 요구하는 교육이기도 하다.

모든 경계표지판을 뽑아 옮겨버리려는 '정신'은 "가벼워져"서 경쾌하게 날아다녀야 한다. 이 과정은 곧 스스로를 변화시키는 과정이다.[19] 그리고 변화들 중에도 가장 근본적이고 험난한 변화가 자기변화라서 가장 급진적인 변화이다. 귀족정신이 자기변화를 위해 노력하여 창조한 상징들이 바로 중력마귀의 복마전을 고독하게 통과하는 무장기사=쇼펜하

---

18) 여기서 객설을 약간 곁들이자면, '귀족정신의 상승력을 충전하는 교육' 즉 '귀족정신을 위한 교육'은 '모든 고귀한 것을 끌어내리려야만 도드라질 수 있는 중력마귀의 가축들을 양성하는 교육' 즉 '중력마귀를 위한 교육'과 극명하게 대비된다. 한국에서 변함없이 지독하게 자행되는 이른바 '입시교육'이 바로 대표적인 중력마귀를 위한 교육이다. 이 교육은 중력마귀와 그들의 앞잡이(= 빙의자와 분신)들이 자신들에게 필요한 것들을 공급할 수 있는 평민군중을 사육한다. 그들의 일용할 먹이는 중력마귀일당이 억하심정, 시기심, 허영심, 과시욕을 배합하여 노예도덕이라는 구유에 담아 배급해주는 사료이다. 그렇게 사육된 가축군중의 자아들은 위축되고 왜소해져서 자갈이나 모래나 먼지처럼 자잘하거나 아예 없다시피 해서 고독하지도 독립독행하지도 스스로 가치를 판단하지도 못한다. 그렇게 자잘한 자아들은 자신들에게 필요한 모든 것의 가치판단을 중력마귀일당에게 눈치 보며 의뢰하거나 (드문드문 적선되듯이 하사되는 한두 쪼가리 투표용지로써!) 일임해버린다. 그런 자아들이 자의식이나 자존심을 느끼고 스스로 뭔가를 하려면 뭉쳐야 한다. 그들의 내면은 황폐하여 시선과 욕망은 오직 외부로만 향한다. 그들은 물질과 세력으로써 귀족정신흥내를 내는 중력마귀일당에게 물심양면으로 복종하고 모든 것을 의존하며 (시멘트 같은) 그 마귀일당을 중심으로 뭉쳐야만 그나마 허허로운 내면을 망각할 수 있다. 그래서 또다시 물리적 비유를 들자면, 중력은 지면=평지에 가까울수록 더 강해지고 뭉쳐질수록 더 강해진다(이것이 이른바 "중력가속법칙"이다). 그래서 중력마귀의 권세도 평지=시장市場바닥에서, 즉 평민군중에게서, 특히 거대하게 뭉쳐질 수 있는 먼지들과 모래들과 자갈들에서 획득되고 착취되며 약취掠取되고 심지어 (역시나 중력법칙을 구현하는 이른바 대의다수결민주주의代議多數決民主主義를 통해) 구걸되거나 매입되기도 한다. (먼지, 모래, 자갈은 중력마귀일당이 물리적 산봉우리들처럼 정복하고 싶어서 안달하되 여의치 않은 정신적 산봉우리들의 대체물들로서 중력에 의존하여 쌓아올리는 대형건축물들의 물리적 기본재료들이다.) 중력마귀일당은 정신적 산봉우리들을 정복하고 굴복시켜 중력의 전도사들로 개종시키기를 원망怨望하지만, 귀족적 급진주의자들은 정신적 산봉우리들을 더 높이 상승하고 더 오래 비행하기 위한 휴식처, 활력충전소, 도약대로 삼는다.

19) 그래서 니체의 노선을 "급진적 귀족주의Radical Aristocracy"로 바라보는 견해도 피상적이고 협소한 것이다. 왜냐면 "급진적 귀족주의"는 '막무가내로 오직 귀족만 되려고 안달하는 조급한 욕심'에 함몰될 가능성을 농후하게 머금었기 때문이다.

워, '진리의 진실'을 탐구하는 지식과 학문을 즐기는 유쾌한 학자, 초인을 예언하며 춤추는 시인 차라투스트라, 기독교의 허무주의와 노예도덕을 강습强襲하는 반그리스도, 영원회귀를 노래하는 디오니소스이다. 이런 변화는 심지어 무장기사의 철갑옷과 말馬조차 차라투스트라의 뱀과 독수리로 변신시킨다.

이렇게 중력마귀를 떨치고 줄기차게 상승하고 비행하면서 자기변신을 꾀할 줄 아는 귀족적 급진주의자야말로 비록 니체가 야심차게 시작했으나 불의의 사태로 중단할 수밖에 없었던 가장 귀족적이고 가장 급진적인 『모든 가치를 재평가하기 위한 시도Versuch einer Umwerthung aller Werthe』를 감행할 수 있다. 그리고 이런 시도야말로 비극정신을 원동력으로 삼아 귀족적 급진주의를 시종일관 견지할 수 있는 시인철학자나 철학자시인에게 어울리는 대업大業일 것이다.

귀족적 급진주의는 이렇듯 니체의 작품들과 사상들을 시종일관 예인한 핵심노선이자 그것들을 포괄적이고 체계적으로 조망하는 데 가장 유익한 실마리이다. 이것은 19세기후반~20세기초엽 스칸디나비아 문학 및 문화의 발전에 지대하게 공헌하여 오늘날에도 존경받는 덴마크의 탁월한 문예비평가 겸 철학자 기오 브란데스Georg Brandes(1842~1927)가 1887년 처음으로 발견하고 연구하여 1889년에 발표한 세계최초의 포괄적이고 체계적인 니체론인 『귀족적 급진주의』를 통해 비로소 세상에 알려지기 시작했다. 물론 기오 브란데스는 이런 니체의 노선을 최초

---

20) 덴마크와 스칸디나비아 국가들을 위시한 북유럽에서 기오 브란데스가 여전히 매우 존경받는 문화인물이라는 사실은 오늘날 노르웨이 항공Norwegian Air사가 운항하는 여객기의 수직꼬리날개를 장식하는 그의 얼굴사진으로 여실히 증명된다(이 사진은 인터넷 포털사이트에서 "Norwegian Air Georg Brandes"라고만 입력하면 검색된다).

로 발견하고 공감했어도 니체가 남긴 "모든 가치를 재평가하기 위한 시도"라는 미완의 대업을 물려받지는 않았다. 그러나 기오 브란데스는 니체의 노선을 본받거나 참고하여 위대한 개성인격자(산봉우리)들을 부단히 편력하면서 정신의 상승력을 비축했고, 인습적인 속물문화와 옹색하고 편협한 관행들 및 고정관념들(중력마귀와 그것의 앞잡이들)에 짓눌려 왜소해지고 지쳐가던 스칸디나비아인들의 자아와 정신에 그런 상승력을 베풀어서 그들을 조금이라도 더 각성시키고자 노력했다.

3

기오 브란데스는 1842년 2월 4일 덴마크의 코펜하겐에서 도매업에 종사하던 중류계급 유대인들인 헤르만 브란데스Herman Brandes(1816~1904)와 에밀리 벤딕스Emilie Bendix(1818~1898)의 첫째아들로 태어났다. 기오 브란데스보다 두 살 어린 남동생 에른스트 브란데스Ernst Brandes(1844~1892)는 훗날 덴마크의 경제학자 겸 작가 겸 유명한 언론인이 되었고, 에른스트보다 세 살 어린 남동생 에드바르 브란데스Edvard Brandes(1847~1931)는 훗날 덴마크의 정치인 겸 비평가 겸 작가가 되었다.

기오 브란데스(이하 "브란데스"로 약칭)는 출산예정일보다 2개월이나 앞서 태어나서 그랬는지 병약한 아이였다.

나는 어릴 때 '창백하고 자그맣다, 유별나게 창백하다'는 말을 줄곧 들었다. …… "쟤 얼굴은 오히려 파리하게 보여"라고 농담조로 말하는 사람들도 있었다. 그래서 나에 관해서 말하는 사람들은 "야윈"

이라는 단어를 맨 먼저 입에 올렸을 것이다.[21]

그러나 브란데스는 명석한 두뇌를 타고나서 초·중·고등학교에서는 우등생이었다. 그는 뛰어난 언어감각과 학구열도 겸비하여 여러 언어들을 빠르게 습득할 수 있었기 때문에 훗날 해박한 문예비평가가 될 수 있었다. 특히 비非종교적인 집안분위기에서 성장한 그는 소년기부터 "무신론자"로 자처하면서[22] 또래들보다 자신을 우월하게 느끼는 자긍심을 키웠다.

1859년 코펜하겐 대학교에 진학한 브란데스는 부모와 친척들의 바람대로 법학을 전공했다. 그러나 변호사시험용 법학보다는 진리탐구를 원했던 브란데스는 자연법과 법철학에 흥미를 느꼈고 독일의 철학자 헤겔G. W. F. Hegel(1770~1830)의 『법철학Grundlinien der Philosophie des Rechts』 (1821)과 『미학강의록Vorlesungen über die Aesthetik』(1835) 같은 저서들을 탐독하면서 철학과 미학에 심취하기 시작했다. 그래서인지 그 시절 코펜하겐을 지배하던 보수적인 사회분위기와 인습적이고 종교적인 분위기도 브란데스를 지배하지 못했다. 그러나 대학교에 입학한 해에 브란데스는 실존주의적 기독교를 설파한 쇤 키에그고의 저작들을 읽으며 정신적 전환기로 접어들었다.[23] 브란데스는 그 당시 자신의 심경을 다음과 같이 기록했다.

---

21) 브란데스, 『나의 소년기와 청년기Recollections of My Childhood and Youth』(Duffield & Company, 1906), p. 3.

22) 앞 책, p. 56.

23) Sören Kierkegaard(1813~1855): 유럽에서 최초의 (유신론적) 실존주의자로 유명한 덴마크의 철학자, 신학자, 시인, 사회비평가. 한국에서는 주로 "쇠얀 키르케고르" 또는 "쇠렌 키에르케고르" 등으로 표기되어 왔지만, "쇤 키에그고"라는 표기가 덴마크인들의 발음을 더 정확히 반영할 것이다.

나의 무한한 우월성을 믿는 신념과 이 신념에서 터져 나오던 결코 가늠되지 않던 나의 야망은, 처음으로 독립해서 살아간다고 느끼며 사람들을 정신적으로 판단하던 내가 위대한 작가들의 진정한 정신적 우월성을 인정하는 법을 배운 열여덟 살에 갑자기 붕괴해버렸다. 키에그고의 대표작들을 처음으로 읽던 그 시절은 내 인생의 전환기였다. 그때 나는 그야말로 '처음 만난 위대한 정신과 개인 대 개인으로서 대면하는 기분'을 느꼈고, '나의 모든 것은 진정 무의미하다'고 생각했으며, '내가 그때까지 살지도 고뇌하지도 않았고 느끼지도 생각하지도 않았으며 나의 재능을 입증할 날보다 더 불확실한 것은 없다'는 것을 순식간에 이해했다. 유일하게 확실했던 것은 그 당시 내가 아무것도 아닌 것으로 보였다는 것뿐이다."[24]

그렇게 시작된 자신의 존재의미를 찾기 위한 내면투쟁을 치르던 브란데스는 자신의 두뇌를 능가하는 두뇌를 원했다. 그는 그런 두뇌를 현실에서는 발견하지 못했고 『죽음에 이르는 병Sygdommen til Døden』(1841) 같은 키에그고의 철학적이고 종교적인 저작들에서"[25] 발견했다. 그래도 브란데스의 내면투쟁은 해소되지 않았다. 그는 신神에게 기대지 않고, 특히나 기독교의 신에게 기대지 않고, 자신의 존재의미를 찾느라 고투하는 인간에게는 무엇보다 먼저 신을 대신할 최고이념(이데아Idea)이나 이상理想이 필요하다고 생각했기 때문이다. 그런 이상을 찾던 브란데스는 어느 날 자신의 노트에 다음과 같이 갈겨썼다.

---

24)   앞 책, 59.
25)   앞 책, 105.

하이네는 『돈키호테』를 읽으며 눈물을 흘렸다. 맞다. 그는 옳았다. 나는 그 책을 생각하면 피눈물을 흘릴 수 있다.[26]

이후 1862년까지도 자신의 존재의미를 제시해줄 이상을 찾느라 애쓰던 브란데스는 신이나 신앙은 자신에게 결코 이상을 제시해주지 못하고 오히려 미학이야말로 그것을 제시해줄 수 있다고 결론지었다. 그렇게 자신의 내면투쟁을 마무리한 브란데스는 1864년 코펜하겐 대학교에서 미학석사학위를 취득하고 박사과정에 진학하여 학업에 매진하면서 연극비평문들을 언론매체에 발표하기도 했다. 1865년 여름에 유틀란트 반도[27]와 스웨덴을 여행한 그는 가을에 노르웨이의 현실주의 극작가 헨리크 입센Henrik Ibsen(1828~1906)의 초기 작품들을 처음으로 읽고 매료되었다.

1866년에 브란데스는 석사학위논문 『우리의 최신 철학이 머금은 이원론Dualismen i vor nyeste Philosophie』을 출판했다. 그것은 코펜하겐 대학교 교수이자 브란데스의 스승이던 신학자 라스무스 닐슨Rasmus Nielsen(1809~1884)의 학설을 반대하는 논문이었다. 닐슨은 '현실을 파악하는 똑같이 중요한 두 관점으로 간주될 수 있는 프로테스탄트[28] 정통교리(=신앙주의)와 과학적 우주관(=지식주의)은 조화롭게 공존할 수 있다'

---

26) 앞 책, 106. "하이네"는 독일의 시인 겸 문예비평가 하인리히 하이네Heinrich Heine(1797~1856)이고, 『돈키호테Don Quixote』는 에스파냐의 소설가 미겔 데 세르반테스Miguel de Cervantes(1547~1616)가 1615년 완성한 장편소설이다.

27) Jutland Pen.: 북유럽에서 북쪽으로 돌출된 이 반도는 덴마크 영토에 속한다. 덴마크의 수도 코펜하겐은 유틀란트 반도의 동해에 있는 셸란Sjaelland 섬의 동해안에 위치한다.

28) Protestant: 16세기 유럽에서 진행된 종교개혁의 결과 기독교에서 분화되어 형성된 "개신교改新敎" 또는 "신교新敎"로 지칭되는 종파宗派인 프로테스탄티즘Protestantism을 믿는 신도들의 통칭.

고 주장한 반면에 브란데스는 '현실을 상반되게 바라볼 수 있는 두 관점은 결코 평화롭게 공존할 수 없다'고 주장했다. 그때부터 덴마크의 대학사회에서 열혈 우상파괴자로 알려지기 시작한 브란데스는 향후 거의 언제나 문화·학문·문학·종교·정치적 보수주의에 대항하는 혁신주의와 급진주의 노선을 옹호했다.[29]

1866년 11월 초순부터 독일과 벨기에를 거쳐 프랑스 파리를 여행하고 1867년 덴마크로 귀국한 브란데스는 덴마크 문학계에서 지속되던 과학주의(=지식주의)진영과 이른바 종교계시주의宗教啓示主義(=신앙주의)진영의 반목을 거듭 고민하면서 미학연구에 몰두했다.[30] 그 결과 1868년 브란데스는 그때까지 집필해둔 희극과 비극에 관한 이론적 논문들을 한데 엮은 저서 『미학연구Aesthetiske Studier』를 출간했고, 1870년에는 에세이집 『비평들과 인물들Kritiker og portraiter』을 출간했다. 이 저서들에는

---

29) 브란데스, 앞 책, 163; 시어 데인Theo D'haen, 데이빗 데임로쉬David Damrosch, 디엘럴 카디르Djelal Kadir 편찬(이하 "시어 데인"으로 약칭), 『러틀리지 세계문학 안내서The Routledge Companion to World Literature』(Routledge, 2012), p. 21.

30) 브란데스, 앞 책, p. 178. 같은 해인 1867년 브란데스는 자신보다 열 살 연상의 카롤린 다비트Caroline David(1832~1878)라는 덴마크 여인을 열정적으로 사랑하기 시작했는데, 5년 남짓 계속된 그들의 사랑은 그 당시 코펜하겐에서는 꽤나 도발적이고 발칙한 사건으로 간주된 듯하다. 브란데스의 첫 번째 자서전에 진술된 내용대로라면, 브란데스는 소년시절부터 (자서전에는 이름은 거명되지 않고 단지 "결혼한 젊은 덴마크 여인"으로만 지칭되는) 카롤린의 집을 이따금 방문하여 그녀와 대화를 나누었는데, 그러다가 어린 소녀시절에 원치 않는 남자와 강제로 정략결혼해서 절망스럽고 불행하게 살던 그녀의 처지를 알고 처음에는 그녀를 동정했지만, 1867년 초가을 무렵 그녀의 (다소 느닷없는) 사랑고백 겸 구원요청을 받고 그녀를 사랑하기 시작함과 동시에 '여성들에게 극히 불리한 결혼제도와 남녀불평등관계'의 문제점을 직시하기 시작했다(앞 책, pp. 186~192). 그리하여 브란데스는 그녀를 불행에서 구원하고자 그녀의 이혼을 직접 (혹은 결정적인 이혼사유를 만들어주는 간접적인 방식으로) 도움으로써 코펜하겐을 적잖이 술렁이게 했다고 전해진다. 바로 이런 사연이 기존의 결혼제도를 신랄하게 근본적으로 비판하는 브란데스의 결혼관(본서 제2부 "7번 편지"의 후반부 참조)을 형성한 중요한 계기였던 것으로 짐작된다. 그래도 하여간 5년이라는 세월은 둘의 사랑을 냉각시켰고, 브란데스는 세 살 연하의 요한네 루이제 헨리테 "게르타" 슈타인호프Johanne Louise Henriette "Gerda" Steinhof(1845~1931)라는 독일의 여성과 1874년경부터 두 번째 사랑을 시작했는데, 시집詩集출판편집자이던 그녀는 전남편이자 독일의 시인 겸 언론인이던 아돌프 하인리히 슈트로트만Adolph Heinrich Strodtmann(1829~1879)과 이혼한 여성이었다. 브란데스는 1876년 7월 독일 베를린에서 그녀와 결혼식을 치렀고 3년 후에는 딸 에디트 브란데스 Edith Brandes(1879~1968)가 태어났다.

키에그고와 헤겔의 영향이 짙게 배어있다.

그런 한편으로 브란데스는 잉글랜드의 철학자 겸 정치경제학자 존 스튜어트 밀John Stuart Mill(1806~1873)의 저서들을 번역하여 덴마크에 소개하기도 했는데, 1869년에는 『여성들의 예속The Subjection of Women』(1869)을, 1872년에는 『공리주의Utilitarianism』(1863)를 덴마크어로 번역하여 출판했다.

1870년 미학박사학위를 취득한 브란데스는 박사학위논문 『현대 프랑스 미학Den franske Aesthetik i vore Dage』을 출간했다. 이 논문에서 그는 이폴리트 텐의[31] 자연주의철학을 중심으로 프랑스 미학을 검토했다. 그런데 과학적 탐구방법에 의거하여 문학과 문화를 해석하려고 노력한 텐은 '천재를 시대정신의 발현자'로 생각했지만, 브란데스는 이런 텐의 천재관天才觀을 수용하지 않았다. 그즈음 헤겔 철학의 영향권을 벗어나면서 낭만주의적 문예비평개념들로부터도 이미 멀어진 브란데스는 비평을 학문으로 생각하기보다는 예술의 일종으로 확신했다.

박사학위를 취득한 브란데스는 약 1년간 잉글랜드, 독일, 이탈리아, 프랑스를 여행했다. 독일에서 헨리크 입센을 만났고 프랑스 파리에서 존 스튜어트 밀과 이폴리트 텐을 만났으며 이탈리아에서 지중해기후를 체험하고 르네상스 시대의 예술작품들을 직접 감상했다.

1871년 덴마크로 귀국한 브란데스는 11월 3일 "19세기 문학의 주요 흐름들"이라는 주제로 연속공개강의를 시작했다. 1890년까지 지속된 이 유명하고 획기적인 연속공개강의는 덴마크 및 스칸디나비아의 문

---

31) Hippolyte Taine(1828~1893): 실증주의적 문예평론과 역사학을 주창한 프랑스의 비평가 겸 역사학자. 텐과 편지를 주고받기도 했던 니체는 『선악을 넘어서』 제8장 제254절에서 텐을 "현존하는 가장 뛰어난 역사학자"로 극찬했다.

화생활에 강력한 영향을 끼쳤다고 평가된다. 이 강의들 각각은 『이주하는 문학Emigrantlitteraturen』(1872), 『독일낭만주의Den romantiske skole i Tydakland』(1874), 『프랑스의 반응Reactionen i Frankrig』(1874), 『잉글랜드 자연주의Naturalismen i England』(1875), 『프랑스 낭만주의Den romantiske skole i Frankrig』(1882), 『젊은 독일Det unge Tydakland』(1890)이라는 제목들이 붙은 강의록으로 정리되어 차례로 출간되었고, 1891년에는 『19세기 문학의 주요 흐름들Hovedstrømninger i det nittende Aarhundredes Litteratur』이라는 제목이 붙은 연속저서로 완간되면서 유럽 문학계를 흥분시켰으며, 향후 유럽 문학에 관한 브란데스의 기념비적 연구서로 손꼽히게 된다. 이 연속저서의 제1권 『이주하는 문학』에서는 18세기초반~19세기 초반 프랑스를 떠나 외국에서 활동하면서 외국작가들의 영향을 받은 ― 특히 프랑스의 공포정치기간에는 잉글랜드의 런던으로 피신했고 훗날 로마에서 외교관으로도 활동한 샤토브리앙Chateaubriand(1768~1848)과, '이혼, 프로테스탄티즘, 브리튼인Briton人들'에 공감하는 장편소설 『델핀Delphine』(1802)을 발표하고 나폴레옹Napoleon(1769~1821)에 대항하다가 추방당한 소설가 마담 드 스탈Madame de Staël(1766~1817)을 위시한 ― 프랑스의 작가들이 분석된다. 제2권 『독일낭만주의』에서는 횔덜린Friedrich Hoelderlin(1770~1843), 아우구스트 슐레겔August Wilhelm Schlegel(1767~1845), 루트비히 티크Ludwig Tieck(1773~1853), 장 파울Jean Paul(1763~1825) 같은 독일낭만주의 작가들이 분석된다. 프랑스 문학에 대한 고찰이 계속되는 제3권 『프랑스의 반응』에서는 혁명적 노동계급의 등장을 예언한 프랑스의 정치운동가 겸 개혁자 겸 종교철학자 라메네Felicite de Lamennais(1782~1854)를 위시한 프랑스 낭만주의 작가들이 분석된다. 제4권 『잉글랜드 자연주의』에서는 윌리엄 워즈워스William Wordsworth(1770~1850), 퍼시 비쉬 셸리Percy Bysshe Shelley(1792~1822), 조지 고든 바이런George Gordon Byron(1788~1824) 같은 잉글랜드 시인들의 작품들이 고찰되고 특히 바이런의 현실주의가 찬미된다.[32] 제5권 『프랑스 낭만주의』에서는 조르주 상드George Sand(1804~1876), 발자크Honoré de Balzac(1799~1850), 스탕달Stendhal(1783~1842), 메리메Prosper Mérimée(1803~1870), 생트뵈브Charles-Augustin Sainte-Beuve(1804~1869) 같은 프랑스 낭만주의 작가들이 고찰된다. 제6권 『젊은 독일』에서는 하인리히 하이네, 루트비히 뵈르네Ludwig Börne(1786~1837)와 카를 구츠코브Karl Gutzkow(1811~1878) 같은 19세기중엽의 이른바 "젊은 독일"운동을 옹호한 작가들이 주로 다뤄진다.

"처음 출간되면서부터 독일어로 번역(되었고 1923년에 완역)된" 이 연속저서는 "19세기 전반기 프랑스, 독일, 잉글랜드 문학을 포괄적으로 분석한 탁월하면서도 논쟁적인 문학역사서"[33]이자 덴마크의 문학 및 문학비평의 개념들을 혁신시키고 덴마크 문화와 유럽 주류主流 문화 사이의 간격을 획기적으로 좁힌 명저로 평가되었다. 뿐만 아니라 "이폴리트 텐의 명저 『잉글랜드 문학역사History of English Literature』(1864)와 비견될 수 있는" 이 연속저서에서 브란데스는 "인류역사상 가장 흥미롭고 풍요

---

32)   Realism: 한국에서 이 단어는 대개 '현실주의,' '사실주의,' '리얼리즘'으로 번역되어왔다. 이 번역어들 중 '사실주의'와 '리얼리즘'은 주로 예술용어(특히 미술용어와 문예용어)로 사용되어왔고, '현실주의'는 주로 정치·경제·사회학을 위시한 인문학용어로 사용되어왔다. 그러나 브란데스가 이 단어를 문학작품이나 예술작품의 성격뿐 아니라 그것들을 창작한 작가들의 정치관, 사회관, 예술관, 인생관, 세계관을 아울러 통칭하는 데 사용한다는 점을 감안하면 '현실주의'로 번역하는 편이 훨씬 더 타당할 것이다.

33)   베르틸 놀린Bertil Nolin(스웨덴 예테보리Goeteborg 대학교의 문학과 교수를 역임한 문학자), 「한 비평가와 그의 인맥: 발트 해 국가들에서 현대의 돌파구를 뚫은 핵심인물 기오 브란데스A Critic and his Network: Georg Brandes as a Key Figure of the Modern Breakthrough in the Baltic Area States」, 《테츠리프트 부르 스칸디나비스티크TijdSchrift voor Skandinavistiek》16(1995), p. 146.

로운 시대들 중 한 시대에 대한 주목할 만한 심리학적 연구결과를 우리에게 제시한" 문예비평가로도 평가되었다.[34]

　1870년대 초엽 '덴마크인들이 유럽인들보다 문화적으로 40년이나 뒤쳐졌다'고 생각한 브란데스는 덴마크인들의 문화적 각성을 소망했으며 '덴마크 작가들은 추상적 이상주의를 거부하고 자연주의와 현실주의를 학습하여 사회개혁을 위해 노력해야 한다'고 생각했다. 그리하여 그는 연속공개강의를 기획하고 진행하면서 '너무나 비현실적이고 공상적인 기존의 문학관행'을 비판하고 '새로운 자연주의 및 현실주의 원칙들'을 정립했다. 그는 문학은 모름지기 '위대한 자유사상들과 인류의 진보를 위한' 유기적 도구가 되어야 마땅하고 생각했다. 그의 이런 현실주의 문학관文學觀은 강의에서 다음과 같이 표방되었다.

　　오늘날 문학이 '토론되어야 할 문제들'을 제시한다는 사실이야말로 문학이 살아있다는 것을 증명합니다. 그래서 예컨대, 조르주 상드는 결혼문제를, 볼테르Voltaire(1694~1778)와 바이런과 포이에르바흐Ludwig Feuerbach(1804~1872)는 종교문제를, 프루동Pierre-Joseph Proudhon(1809~1865)은 개인재산문제를, 청년 알렉상드르 뒤마Alexandre Dumas(1802~1870)는 남녀관계를, 에밀 오지에Émile Augier(1820~1889)는 사회적 인간관계들을 토론되어야 할 문제로 제시합니다. 토론되어야 할 문제를 하나도 제시하지 못하는 문학은 처음부터 모든 의미를 상실한 채로 시작하는 문학입니다.[35]

---

34)　「현존하는 비평가들 중 가장 유력한 비평가The Most Influential of Living Critics」, 에드워드 J. 휠러Edward J. Wheeler 편집, 『《커런트 리터리처》의 색인Index of 《Current Literature: Volume XL, January~June 1906》』(New York: Current Literature Publishing Co., 1906), p. 616-618.

35)　브란데스의 "19세기 문학의 주요 흐름들"에 관한 연속공개강의를 청강한 익명의 청중이 노트에 필기한 브란데스의 발언.

베르틸 놀린은 브란데스의 "문학은 이념논쟁용 무기였고 가치들 및 사회상황들을 지속적으로 변화시키기 위한 도구였다"고 평했다.[36] 브란데스는 이 연속공개강의를 시작하면서 이른바 "현대의 돌파구Modern Breakthrough"라는 개념을 내세웠고 훗날 "문화적 급진주의Cultural Radicalism"로 알려지는 운동을 개시했다. 그때 이미 그는 "스칸디나비아 문학에서 현대의 돌파구를 뚫은 핵심인물이 되어있었다."[37] 브란데스의 이런 문학적 목표들을 공유한 스칸디나비아 작가들 중에는 헨리크 입센과 스웨덴의 극작가 아우구스트 스트린드베리August Strindberg(1849~1912)도 있었다.

그러나 브란데스가 급진적이고 혁신적인 개념들을 설파하여 덴마크인들을 흥분시킨 이 획기적인 강의들은 보수진영을 분노시켰다. 그런 분노는 1874년 코펜하겐 대학교의 미학과 학과장이 사망하고 유력한 후임자로 브란데스가 거명되자 확연히 표출되었다. 대학교의 인사권자들은 브란데스가 급진적인 인물일 뿐 아니라 특히 유대인이고 무신론자이며 이단사상까지 품었다면서 브란데스를 학과장에 임명하기를 거부했다. 낙담한 브란데스는 동생 에드바르 브란데스와 함께 《19세기Det nittende Aarhundrede》라는 급진적 문학정치잡지를 야심차게 발행하기 시작했다. 그러나 이 잡지는 기대한 만큼 독자들을 확보하지 못한 채 1877년 폐간되었고, 실망한 브란데스는 덴마크를 떠나 독일로 갔다. 왜냐면 그 당시 덴마크에서는 자국의 사회문화적 여건들을 신랄하게 비판하던 브란데스를 매우 적대시하는 분위기가 조성되었기 때문이다.

---

36)   베르틸 놀린, 『기오 브란데스Georg Brandes』(Boston: Twayne, 1976).

37)   베르틸 놀린, 「한 비평가와 그의 인맥: 발트 해 국가들에서 현대의 돌파구를 뚫은 핵심인물 기오 브란데스」.

브란데스는 독일 베를린에서 6년간 거주하면서 독일어로 글을 썼고, 독일의 여러 지역을 여행하면서 강의했으며, 독일의 문예정치잡지《도이체 룬트샤우Deutsche Rundschau》를 위시한 여러 언론매체에 투고했다. 그 시절 브란데스는 입센, 비외른스테르네 비외른손, 킬란트, 스트린드베리, 옌스 피터 야콥슨을 위시한 스칸디나비아의 여러 중견작가들과 직접 만나거나 편지를 교환하면서 친밀하게 교우했다.[38] 그러면서 브란데스는 『쇤 키에그고』(1877), 『테그니어』(1878), 『벤저민 디스레일리』(1879), 『페르디난트 라살』(1881) 같은 인물연구서들을 집필했다.[39] 특히 살아있을 때 조국 덴마크에서도 알려지지 않았던 키에그고의 철학을 최초로 광범하게 고찰한 브란데스의 『쇤 키에그고』는 1879년 독일어로 번역되면서 키에그고와 그의 철학을 최초로 외국에 알려서 국제적으로 유명하게 만든 중요한 저서였다.[40]

그리고 1882~1883년 브란데스는 베를린에서 동거하던 독일의 심리학자 겸 철학자이자 니체의 친구이던 파울 레Paul Rée(1849~1901)와 러시아 출신 유대인 심리학자 겸 작가이자 역시 니체의 친구이며 한때 애인이기도 했던 루 살로메Lou Andreas-Salomé(1861~1937)를 만났는데,[41] 그 과정에서 니체에게도 관심을 갖기 시작했다고 추정된다. 그것은, 예컨대,

---

38) 베르틸 놀린, 앞 논문. 뵈른스테르네 뵈른손Bjørnstjerne Bjørnson(1832~1910)은 1903년 노벨 문학상을 수상한 노르웨이의 작가이고, 킬란트Alexander Kielland(1849~1906)는 노르웨이의 현실주의 작가이며, 옌스 피터 야콥슨Jens Peter Jacobsen(1847~1885)은 덴마크의 소설가 겸 시인 겸 과학자이다.

39) 테그니어Esaias Tegnér(1782~1846)는 19세기 스웨덴 문학의 아버지로 추앙된 시인이자 신학자 겸 그리스어교수 겸 가톨릭주교이고, 벤저민 디스레일리Benjamin Disraeli(1804~1881)는 브리튼의 총리를 두 차례 역임한 보수파 정치인 겸 작가이며, 페르디난트 라살Ferdinand Lassalle(1825~1864)은 독일의 법학자 겸 철학자 겸 사회주의운동가이다.

40) 시어 데인, 앞 책, p. 29.

41) 캐럴 디세Carol Diethe, 『니체주의 역사사전Historical Dictionary of Nietzscheanism』(Scarecrow Press, 2006), pp. 39~39.

니체가 1883년에 자신이 브란데스에게 흥미로운 인물로 여겨진다는 이야기를 여동생 푀르스터-니체로부터 들었고,[42] 1886년에는 "니체를 무척 궁금하게 여기는 브란데스가 니체의 저서들을 무시하는 독일인 친구들을 비난했다"는 소식을 들은 니체가 1885년 완성한 『차라투스트라』제4부 사본 1부, 『인간적인 너무나 인간적인Menschliches, Allzumenschliches』(1886) 초판본 1부, 『선악을 넘어서』 사본 1부를 브란데스에게 우송했으며,[43] 1887년 3월 7일 브란데스가 니체에게 보낸 편지에서 니체의 청년기 저작들을 매우 유쾌하게 잃었다고 밝혔다[44]는 사실들로 충분히 방증될 수 있다. 브란데스가 1886년 니체의 저서들을 우송받아 본격적으로 탐독하기 훨씬 오래전부터 니체의 존재를 알았다는 사실은 다음과 같은 브란데스의 진술로도 증명된다.

나는 아주 오래 전에 해마다 나의 눈앞을 소용돌이치듯이 지나가는 서민군중들 사이에서 출현한 고급정신 하나를 목격하고 매료되었다. 그 당시 우편배달부는 날마다 서적들과 인쇄물들을 나에게 배달해주었다. 그러나 그 당시는 내가 받자마자 개봉해볼 정도로 나의 정신과 닮은 정신 — 그래서 나에게는 강력하고 해박하며 신선하게 보이는 정신 — 의 소유자가 발송한 우편물을 받아본 지도 한참 오래

---

42) 오스카 레비 편찬, 『니체 편지선집』, p. 313~314; 하랄트 베이어Harald Beyer(1891~1960: 노르웨이 베르겐Bergen 대학교의 유럽문학과 교수 겸 문학역사학자 겸 문예비평가), 『니체와 북유럽Nietzsche og Norden』(Bergen: Universitetsforl, 1958), I, p. 58.

43) 오스카 레비 편찬, 앞 책, p. 314; 브란데스, 『인생: 시련과 지평Levned: Snevringer og Horizonter』(Copenhagen: Gyldendalske Boghandels Forlag, 1908), p. 176; 도리스 아스문손Doris R. Asmundsson, 『기오 브란데스: 귀족적 급진주의자Georg Brandes: Aristocratic Radical』(New York University Press, 1981), p. 234.

44) 본서 제2부 7번 편지.

되었을 때였다. 그때 사상가 한 명이 발송한 참으로 오랜만에 보는 의미심장한 책이 나에게 도착했는데, 나는 그 사상가가 노학자 다비트 슈트라우스David Strauss(1804~1874)의 저서 『옛 신앙과 새로운 신앙 Der alte und der neue Glaube』(1872)을 반대하여 쓴 논문의 필자로 회자된다는 사실을 이미 알고 있었다……[45]

여기서 브란데스가 언급한 니체의 "논문"은 니체가 1873년 발표했다가 나중에 『반反시대적 고찰들Unzeitgem sse Betrachtungen』(1876)의 제1편에 수록하여 재발표한 『다비트 슈트라우스: 고백자 겸 문필가David Strauss: der Bekenner und der Schriftsteller』를 가리킨다. '브란데스가 니체의 이 논문을 처음 알았던 정확한 시기는 불확실할망정 1883년 이전에 이 논문의 존재를 이미 알았고 또 처음에는 이 논문에 전적으로 공감하지 않았다'는 것은 충분히 신뢰될 만한 사실이다. 왜냐면 브란데스는 슈트라우스를 존경했기 때문이다. 그래서인지 니체의 책들을 우송받기 전에 브란데스는 (슈트라우스를 반대한 니체의 논문에 관한) "긍정적 견해를 거의 듣지 못했고, 그렇게 존경스럽고 주목될 만할 분(=슈트라우스)의 최근저작에 가해진 (니체의) 공격은 사납고 무시무시해서" 브란데스를 "충격에 빠뜨렸다."[46]

그러나 니체의 저서를 읽기 시작하자마자 니체에게 매료되면서 동질감과 이질감을 동시에 느낀 브란데스는 니체에 대한 자신의 기존견해를 변경하기 시작했다. 왜냐면 브란데스가 "니체의 저서들을 읽기 시작

---

45) 브란데스, 『인생: 시련과 지평』, pp. 228~229.
46) 앞 책, p. 229.

하자마자 아주 뚜렷이 부각되어 보이는 사상들," 브란데스가 "논쟁적인 것들로 생각해온 사상들," 브란데스에게 "익숙한 사상들과 낯선 사상들, 그래서" 브란데스가 "거부하고 싶거나 수용하고 싶은 사상들이" 브란데스를 "향해 쇄도하기 시작했[47]"기 때문이다. 그래서인지 브란데스는 자신의 것들보다 더 논쟁적인 사상들을 설파하는 니체의 저서를 읽으며 흥분했지만 그 사상들에 대한 심리적 간격을 유지할 수 있었기 때문에 결코 "니체주의자"가 되지 않았다. 그리하여 브란데스는 니체를 전폭적으로 수용하지는 않았어도 위대한 작가 겸 희귀한 개성인격자로 확신했다.[48]

나는 그 사람(=니체)이 동시대를 살아가는 가장 위대하고 가장 독창적인 인물들에 속한다는 사실을 재빨리 이해했다. 나의 친구들 중에 그 사람만큼 의미심장하거나 독립적인 친구들은 입센과 이폴리트 텐뿐이었다는 것은 분명하지만, 그들마저도 그 사람만큼 청년다운 열정으로 스스로를 주장하지 못했고 그 사람만큼 과격하지 않았으며 그 사람만큼 강대한 매력과 굴하지 않는 대담성을 겸비하지 못했다.[49]

브란데스는 이런 확신에 의거하여 무명작가들을 세상에 알리는 활동을 멈추지 않았다.

---

47) 앞 책.

48) 마이클 스턴Michael J. Stern, 『니체의 대양, 스트린드베리의 난바다Nietzsche's Ocean, Strindberg's Open Sea』(Nordeuropa-Institut der Humboldt-Universität, 2008), p. 61.

49) 브란데스, 앞 책.

나는 입센을 위해, 막스 클링거를 위해[50], 야콥슨을 위해, 여타 수많은 작가들을 위해 예전에 내가 했던 일을 이제 그(=니체)를 위해서도 해야 할 의무로 느꼈다. 그 의무란 대중의 관심을 돌려서 강력한 원천과 사상의 원천으로, 아직은 부글부글 끓기만 하며 출구를 찾아 방황할 뿐 주목받지 못하는 원천으로, 아직은 졸면서 침묵하되 반드시 깨어날 다양한 메아리들을 돌려받지 못한 채로 가까스로 내질러지는 온유한 목소리로 인도하는 일이다.[51]

이런 의무감은 니체에 대한 심리적 간격을 유지할 수 있는 브란데스의 능력기반이었다. 브란데스는 자신의 역할이 일정한 연속성을 지녔다는 사실을 알았지만 자신이 또다른 수행원이 되어야 한다고는 결코 생각하지 않았다. 브란데스는 일찍이 유럽에서 이른바 "현대의 돌파구"를 뚫은 다양한 선구적 작가들과 사상가들의 저작들을 스칸디나비아 대중에게 소개했듯이 이제는 지성활력知性活力의 이 새로운 원천(=니체)도 대중에게 소개할 수 있었다. 브란데스는 자신이 다른 작가들을 소개한 이유와 똑같은 이유로, 그리고 대중의 "졸음"을 깨우려는 의도와 같은 의도로, 니체를 대중에게 소개했다고 강조했다. 브란데스는 니체를 소개하려는 자신의 노력을 시대의 이례적인 저작들과 개성인격자들을 소개하느라 자신이 쏟아온 노력들의 일환으로 간주했다. (브란데스는 바로) 이런 이례적인 개성인격자들이 바로 논쟁적인 공론公論마당에서 가

---

50)　　Max Klinger(1857~1920): 독일의 상징주의 화가, 조각가, 판화가, 작가.

51)　　브란데스, 앞 책.

치들을 창조하는 개인들이 될 수 있다고 보았을 것이다.[52]

한편 1883년 귀국해달라는 친구들의 강권을 마지못해 받아들여 베를린 생활을 접고 덴마크로 귀국한 브란데스는 코펜하겐 대학교에서 19세기 문학에 관한 연속강의를 재개했다. 그런 동시에 사회 및 문화의 근본변화들과 긴밀히 상호작용하면서 동시대의 젊은 작가들과 그들의 작품들을 조명한 『유럽의 신진 문학자들과 문학작품들Mennesker og Værker i nyere evropæisk Litteratur』(1883)과 『현대의 돌파구를 뚫은 인물들 Det moderne Gjennembruds Mænd』(1883)을 집필하여 출간함으로써 청년문학의 선도자로 등극했다.

1884년 『루드비 홀베르[53]』를 집필하여 출간한 브란데스는 동생 에드바르 브란데스와 덴마크의 정치인 겸 언론인 비고 회룹Viggo Hørup(1841~1902)과 의기투합하여 "더 위대한 계몽을 위한 언론"을 기조로 삼은 일간신문 《폴리티켄Politiken》을 야심차게 창간했다. 이 신문에 실린 논설들은 1905년 덴마크의 자유주의정당이던 좌파Venstre당을 분열시켰고 새로운 급진좌파Det Radikale Venstre당을 창당시켰다. 이 신문은 특히 덴마크의 "문화적 급진주의"운동의 본격적인 출발점이 되었고 이후 덴마크 문화의 주요지표로 평가되어왔다.

1885년 『독일의 중심도시 베를린Berlin som tysk Rigshovedstad』을 출간한 브란데스는 폴란드를 여행했고 1886년과 1887년에도 다시 여행했다. 폴란드 바르샤바Warsaw의 시청강당에서 브란데스가 프랑스어로 행

---

52) 마이클 스턴, 앞 책, p. 62.
53) Ludvig Holberg(1684~1754): 노르웨이에서 태어나 덴마크 코펜하겐 대학교의 철학교수를 역임한 철학자, 역사학자, 극작가.

한 공개강의는 폴란드의 주요일간지들에 대서특필되었다. 그의 강의는 폴란드 문화를 서서히 점령해가던 러시아 문화에 맞서 수동적인 방식으로나마 저항할 수 있는 기회를 폴란드 지식인들에게 제공했다. 브란데스는 폴란드에서 강의하며 느낀 소감을 "문학천재가 인간이 되어 이 불행한 나라를 12일간 방문했어도 내가 받은 것과 다른 대접을 받지는 않았을 겁니다[54]"라고 썼다.

1886년 브란데스는 우송받은 니체의 저서들을 탐독하면서 니체를 더욱 면밀히 연구하기 작했고 니체의 저서들과 사상들을 소개하는 데 주력했다. 그러면서 브란데스는 '현실주의적인 문예비평과 연동되는 문화적 급진주의운동은 위대한 개성인격자들을 모범으로 삼아 진행되어야 한다'고 보는 견해를 굳히고 역사적인 위인들을 연구하기 시작했다.

1887년 브란데스는 핀란드와 러시아를 여행했다. 그는 러시아로 가는 길에 들른 독일 프랑크푸르트에서는 『19세기 문학의 주요 흐름들』 제1~4권을 축약한 독일어번역서인 『현대정신들Moderne Geister』을 재출간했고, 베를린에서는 파울 레와 루 살로메를 다시 만났다[55].

브란데스는 특히 1887년 11월 26일 니체에게 처음으로 편지를 보냈고, 바로 그 편지에서 처음으로 니체의 노선을 "귀족적 급진주의"로 표현했다. 그렇게 시작된 브란데스와 니체의 편지교환은 그 당시 북유럽에서뿐 아니라 독일에서도 거의 알려지지 않아서 다소 의기소침하던 니체에게 커다란 용기를 불어넣어주었고, 그때부터 니체는 마지막 지성의 열정을 불태우듯이 집필에 매진하기 시작했다.

---

54) 코펜하겐의 왕립도서관 브란데스 기록보관실에 보관된 1885년 2월 15일 브란데스가 모친에게 보낸 편지. 베르틸 놀린, 앞 논문, p. 148.

55) 본서 제2부 3번 편지; 니체, 『니체 자서전: 나의 여동생과 나』(까만양, 2013), pp. 15~16 참조.

1888년 4~5월 브란데스는 코펜하겐 대학교에서 "세계최초로" 니체를 주제로 삼은 공개강의를 2회에 걸쳐 진행하여 예상보다 큰 성공을 거두었다. 이 소식을 들은 니체는 무척 놀라면서도 대단히 기뻐했다. 니체의 저작들을 이해하는 데 필요한 이론적 윤곽을 제시한 이 강의는 덴마크와 북유럽에는 물론 (아이러니하게도) 독일에까지 니체의 이름을 알리는 데 크게 일조했다.

　　1888년 여름에 브란데스는 자신의 여행기들인 『폴란드 인상기印象記 Indtryk fra Polen』와 『러시아 인상기Indtryk fra Rusland』를 탈고하여 출간했다. 브리튼의 주간지 《스펙테이터The Spectator》(1890년 5월 17일)에는 『러시아 인상기』의 "러시아에 대한 심오한 통찰, 해박한 지식, 생생한 설명과 묘사는 우리가 아는 러시아에 대한 모든 통찰, 지식, 설명, 묘사보다 더 뛰어나다"고 평하는 서평이 실렸다. 또한 노르웨이 태생 미국의 작가이자 컬럼비아 대학교 독일어과 교수를 역임한 얄마르 요르트 보예센Hjalmar Hjorth Boyesen(1848~1895)은 『스칸디나비아 문학에 관한 에세이들Essays on Scandinavian Literature』(1895)에서 브란데스의 여행기들은 "낯선 외국문명에 공감하는 태도로 진입할 수 있고, 그 문명의 특징적 국면들을 파악할 수 있으며, 그 문명으로부터 은연중에 신뢰받을 수 있고 …… 그 문명으로 하여금 그 문명의 비밀들을 누설시킬 수 있는 (브란데스의) 재능"을 유감없이 보여준다고 평가했다.

　　1888년 가을 러시아의 극작가 겸 소설가 이반 투르게네프Ivan Turgenev(1818~1883)의 평전 『이반 투르게네프』를 출간한 브란데스는 1889년 니체의 작품들과 문체, 철학사상과 노선을 포괄적이고 체계적으로 설명하고 해석한 최초의 시론으로 평가되는 『귀족적 급진주의: 프리드리히 니체에 관한 시론』(이하 『귀족적 급진주의』로 약칭)을 집필하여 발표함으로써 니체 해석의 역사를 본격적으로 출범시켰다.[56]

이후 위인들에 관한 연구와 집필을 계속한 브란데스는 1894년에 『셸리와 바이런Shelley und Lord Byron』을, 1895~1896년에 윌리엄 셰익스피어William Shakespeare(1564~1616)를 전면적으로 해부한 대작 『윌리엄 셰익스피어』(총3권)를, 1897년에 『하인리히 하이네』를, 1898년에 『헨리크 입센』과 『율리우스 랑게』를 출간했다.[57] 브란데스는 특히 『윌리엄 셰익스피어』에서 작가의 작품들을 탐구하여 작가의 삶을 해명하고자 시도함으로써 '문학작품의 가치를 평가하는 작업'과 '문학작가의 심리를 묘사하는 작업'을 결합시켰다고 평가된다. 브란데스는 이 저서에서 다음과 같이 말했다.

중요한 작품을 무려 45편이나 집필한 작가에 관해서 우리가 아무것도 모른다는 것은 순전이 우리의 잘못이다. 시인은 자신의 모든 개성을 이 작품들에 합체시켰는데, 우리가 이 작품들을 올바르게 읽을 수 있다면 그를 충분히 발견할 수 있을 것이다.[58]

---

56) 물론 1889년부터 독일에서 주로 활동한 스웨덴의 시인 겸 비평가 올라 한손Ola Hansson(1860~1925)을 '최초의 체계적인 니체 해석자'로 보는 견해도 있다. 이런 견해의 근거는 한손이 니체에 관해서 독일어로 쓴 에세이 「스칸디나비아의 니체주의Nietzscheanismus in Skandinavien」를 1889년 10월 15일(니체의 45세 생일) 오스트리아 빈Wine의 신문에 발표하면서 '독일'에서 먼저 알려졌다는 사실이다. 그러나 브란데스가 이미 1888년 4~5월 코펜하겐 대학교에서 세계최초로 "니체를 주제로 삼은 강의"를 실행했다는 사실, 그리고 브란데스가 1889년 덴마크어로 집필한 『귀족적 급진주의』의 독일어번역을 라트비아Lativa 출신 극작가 겸 소설가 겸 비평가이자 한손의 아내이던 로라 말롬Laura Marholm(1854~1928)에게 맡겼지만 말롬이 번역을 지체하는 바람에 한손의 에세이보다 브란데스의 시론이 늦게 '독일'에 알려졌다는 사실, 더군다나 니체에 대한 심리적 간격을 유지하면서 니체의 귀족적 급진주의를 간파한 브란데스와 다르게 한손은 니체와 초인을 맹신하고 숭배하다시피 하여 니체의 사상을 완전히 거꾸로 곡해하고 오해하고 말았다는 사실을 감안하면, 이런 견해의 신빙성은 인정되기 어려워 보인다.[본서 제2부 각주 6)번과 7)번 참조.]

57) Julius Henrik Lange(1838~1896): 덴마크의 예술역사학자 겸 비평가.

58) 르네 벨렉René Wellek(1903~1995: 오스트리아 태생 체코Czech계 미국의 비교문학비평가), 『1750~1950년 근현대 비평역사: 19세기후반History of Modern Criticism 1750~1950: The Late Nineteenth Century』(New Haven: Yale UP, 1965).

미국의 교육자 겸 문학비평가 겸 작가 윌리엄 모턴 페인William Morton Payne(1858~1919)은 미국의 문예잡지 《북맨The Bookman》에 기고한 '브란데스의 1890년대 저작들에 관한 서평'에서 다음과 같이 썼다.

브란데스의 이상理想들에 가장 적게 공감하는 사람들조차도 브란데스가 집필한 저작들 전체가 현대의 비평에 지대하게 이바지했다는 사실을 부정하기 어려울 것이다. 그의 저작들은 결코 감언이설하지 않기 때문에 오히려 더욱 빛나며, 참신한 사상을 설파하고 독창적으로 발언하기 때문에 고무적인 성격을 겸비한다.

1902년 브란데스는 마침내 코펜하겐 대학교의 교수로 임용되었고 이전에 그가 주장한 많은 논쟁적 개념들도 학계에서 수용되었지만, 그의 개혁적이고 급진적인 정신은 변치 않았으므로 여전히 우상파괴자로 남았다. 그러면서도 일찍이 니체의 귀족정신과 급진주의가 절묘하게 융합될 수 있다는 사실을 간파한 브란데스는 1902년 출간한 『인생관과 예술관Tanker om Liv og Kunst』에서 "인류의 목적은 아이스킬로스, 율리우스 카이사르, 예수, 레오나르도 다빈치, 미켈란젤로, 스피노자, 코페르니쿠스, 뉴턴, 괴테, 베토벤 같은 위인들을 생산하는 것이다"고 강조했다.[59]

---

59) 아이스킬로스Aeschylos(서기전525~서기전456)는 고대 그리스의 비극시인, 율리우스 카이사르 Julius Caesar(서기전100~서기전44)는 고대 로마의 정치인, 예수Jesus(서기전6년경~서기30년경) 는 기독교에서 '구세주, 야훼의 현신, 최고신'으로 숭배되는 유대인, 레오나르도 다빈치Leonardo da Vinci(1452~1519)는 이탈리아의 화가 겸 조각가 겸 건축가, 미켈란젤로Michelangelo(1475~1564)는 이탈리아의 화가 겸 조각가, 스피노자Baruch Spinoza(1632~1677)는 네덜란드의 유대인 철학자, 코페르니쿠스Nicolaus Copernicus(1473~1543)는 폴란드의 천문학자, 뉴턴Isaac Newton(1642~1717)은 잉글랜드의 수학자 겸 물리학자, 괴테Johann Wolfgang Goethe(1749~1832)는 독일의 시인 겸 소설가 겸 과학자 겸 정치인, 베토벤Ludwig van Beethoven(1770~1827)은 독일의 작곡가 겸 지휘자이다.

이후 집필과 연구에 매진한 브란데스는 1905년에 『아나톨 프랑스』[60] 와 『인물들과 사상들Skikkelser og Tanker』, 첫 번째 자서전 『나의 소년기 와 청년기Barndom og første ungdom』(영어판 『Recollections of My Childhood and Youth』은 1906년 출간됨)를 속속 출간했고, 1906년에는 『독서론Om Læsning』을 출간했다. 그해에 미국의 문예지 《커런트 리터리처》는 브란 데스를 "현존하는 비평가들 중 가장 유력한 비평가"로 소개했다.

> 브란데스는 현존하는 비평가들 중 유일하게 세계적으로 알려진 비평가라고 말해져도 무방할 것이다. …… 생트뵈브와 발자크처럼 작품을 완벽하게 완성하지 못하면 결코 만족하지 않고 미완된 작품의 출간이나 발표를 절대로 용납하지 않으며 지칠 줄 모르는 필력을 겸 비한 문학자이다.[61]

브란데스는 자서전을 계속 집필하여 1907년에는 두 번째 자서전 『인 생: 10년Levnet: Et Tiaar』을, 1908년에는 세 번째 자서전 『인생: 시련과 지 평』을 출간했다.

1909년 브란데스는 『귀족적 급진주의』를 '니체와 자신이 주고받 은 편지들,' '니체에 관한 자신의 견해들,' '니체의 『이 사람을 보라Ecce Homo』[62]에 관한 서평'과 함께 묶어 『프리드리히 니체』라는 제목을 붙여 서 출간했다. 1913년 11~12월에는 브란데스가 1890년대에도 여러 차례

---

60)   Anatole France(1844~1924): 1921년 노벨 문학상을 받은 프랑스의 시인 겸 소설가 겸 언론인.

61)   「현존하는 비평가들 중 가장 유력한 비평가」, 앞 책.

62)   이 저서는 니체가 1888년 자신의 생일인 10월 15일부터 집필하여 11월 4일 완성했지만, 1908년에야 처 음으로 출판되었다.

방문했던 런던을 다시 방문하여 일련의 공개강의들을 행했고, 1914년에는 『프리드리히 니체』가 영어로 번역되어 런던에서 출간되었으며, 브리튼의 주간지 《스펙테이터》에는 다음과 같은 서평이 실렸다.

"니체의 견해들을 채택하려는 잠재적 의도를 품고 니체를 연구할 성숙한 독자는 없을뿐더러 니체의 견해들을 선전하려는 잠재적 의도를 품고 니체를 연구할 성숙한 독자는 더더욱 없을 것입니다. 우리는 교사들을 찾는 어린애들이 아니라 인간들을 찾는 의혹주의자疑惑主義者들이라서 인간 한 명 — 가장 희귀한 존재 — 을 발견하면 즐거워합니다."[63]

브란데스의 이런 진술은 현대인들의 삶을 심층에서부터 뒤흔든 신기한 천재 니체를 사려 깊게 대하는 사람들의 태도를 매우 정확히 요약해주는 듯이 보인다. 소수의 기인들만이 니체를 세계적인 철학자로 기꺼이 인정할 따름이고, 소수의 학자연하는 자들만이 니체의 경이로운 재능들을 몰라볼 따름이다. 오늘날 니체를 메시아로 우러러 섬기거나 돌팔이로 간주하여 멸시하는 경향은 줄어들었다. 그런 한편에서 우리는 니체를 위대한 시인으로 인정한다. 다른 한편에서 니체는 수많은 대중적 오해들을 바로잡아주는 진정한 대안을 제시했다. 그러므로 설령 그의 대안 자체가 반쪽진리일지라도 그것은 여전히 고유한 임무를 완수하는 셈이다. 니체의 "초인"론은 민주주의가 망각해온 어떤 진실을 강조했고 천박한 공리주의를 단호하게 근절시

---

[63] 본서 제2부 「프롤로그」.

켰다. 그의 "노예도덕"론은 모든 인습적 도덕규범을 재평가하여 기독 교윤리의 남용자들을 파멸시키기 위한 시도의 결과였다. 그는 사람들의 사고력을 자극하여 가동시키는 각성제 같은 인물이라서 비록 우주를 뒤흔들지는 못했어도 수많은 조악한 판잣집들을 무너뜨릴 수 있었다.

브란데스는 니체를 최초로 예찬한 비非독일인들 중 한 명이다. 브란데스는 니체의 추종자는 결코 아니되 니체의 가르침들에 매우 공감하는 탁월한 니체 해석자이다. 해박한 지성인인 브란데스는 니체의 저작들이 유래한 원천, 그것들을 잉태시킨 독일과 유럽의 여건들, 니체와 다른 작가들의 친연관계들을 상세히 해설한다.[64]

니체의 귀족적 급진주의와 초인사상을 선택적으로 수용한 브란데스는 노년에도 위인들의 평전들을 집필하는 데 몰두하여 1915년 『괴테』(총2권), 1916~1917년 『볼테르』(총2권), 1917년 『나폴레옹과 가리발디』[65], 1918년 『율리우스 카이사르』(총2권), 1921년 『호메로스』와 『미켈란젤로』(총2권)를 속속 출간했다.

한편 1914년 5월 하순~6월 초순 브란데스는 미국을 여행하면서 시카고와 뉴욕에서 공개강연도 병행하여 미국 언론들의 주목을 받았다. 뉴욕의 주간지 《아웃룩The Outlook》(1914년 6월 6일자)은 브란데스를 "의심할 여지없이 세계적으로 유명하고 극히 중요한 비평가"로 소개했

---

64) 「브란데스 박사의 니체론Dr. Brandes on Nietzsche」, 《스펙테이터》(1914년 8월 1일), pp. 171.

65) Giuseppe Garibaldi(1807~1882): 19세기 이탈리아 통일운동에 지대하게 이바지한 이탈리아의 장군 겸 정치인.

고, 시카고의 《다이얼The Dial》(1914년 6월 1일자)은 "브란데스의 미국방문은 비록 2주일에 불과할지라도 우리의 문화역사에서 극히 중요한 하나의 사건이다"고 평했으며, 《시카고 트리뷴Chicago Tribune》(1914년 5월 18일자)은 브란데스를 "문학의 왕자"로 칭했고, 《시카고 헤럴드》(1914년 5월 23일자)는 "가장 출중한 스칸디나비아인 문학자의 미국방문"을 "근래 이루어진 아나톨 프랑스의 잉글랜드 방문만큼이나 흥미롭고 중요한 사건"으로 평가했다.

브란데스가 미국방문을 마치고 덴마크로 귀국한 지 얼마지 지나지 않은 1914년 7월 28일 제1차 세계대전이 터지자 브란데스는 공개적으로 전쟁을 반대했다.

1921년 11월 3일 코펜하겐 대학교는 브란데스의 '첫 강의 후 50주년 기념행사'를 성대하게 개최했고 브란데스는 호메로스Homeros(서기전10세기경)를 주제로 답례연설을 행했다.

1923년에는 『19세기 문학의 주요 흐름들』이 독일어, 영어, 이디시어,[66] 프랑스어, 체코어, 핀란드어, 폴란드어로 (1927년에는 중국어와 에스파냐어로) 번역 또는 완역되면서 유럽에서는 물론 세계적으로 브란데스를 유명하게 만들었다.[67]

1925년 『그리스 여행기Hellas』를 출간한 브란데스는 '예수는 실존인물이 결코 아니다'고 주장한 『예수는 신화이다Sagnet om Jesus』를 발표하여 광범한 반론에 휩싸였다. 그러나 오히려 그래서 이 저서는 사회적·종교적 인습들과 고정관념들에 대항하여 현실주의적인 자유정신을 추구하

---

66)　Yiddish語: 유럽 중동부지역과 미국의 유대인들이 사용하는 현대 히브리어.
67)　시어 데인, 앞 책, p. 21.

는 급진적 우상파괴주의자의 정신을 브란데스가 끝까지 견지했다는 사실을 반증했다.

브란데스는 1927년 2월 19일 코펜하겐에서 타계했다.

독일 태생 미국의 시인 겸 문학자 오스카 자이틀린Oskar Seidlin(1911~1984)은 브란데스의 중요성이 영원할 수 있는 이유를 다음과 같이 썼다.

> 브란데스의 비평용 개념들과 분석들은 내일에는 유행에 완전히 뒤처진 것들이 될 수도 있다. 그러나 '진실로 위대한 것을 찾으려는 그의 본능'과 '새로운 것을 인식하고 인정하기 위한 그의 투쟁'은 그의 중요성을 입증할 것이다……. 그는 위대한 발견자였고 그런 발견에 필수적인 용기를 지닌 인물이었다.[68]

미국 빙엄턴Binghamton 대학교의 비교문학과 교수 닐 크리스천 페이지스Neil Christian Pages는 다음과 같이 브란데스를 평가했다.

> 브란데스는 19세기말엽~20세기초엽 유럽에서 가장 유력한 문예비평가 겸 해설자였다고 말해져도 과언이 아니다 …… 풍요로운 결과들을 생산한 학자이자 평전작가 브란데스는 유럽 문학의 경계들과 국경들을 넘나들면서 예술과 정치활동마저 기민하게 결합시킨 국제적인 인물이었다.[69]

68)   오스카 자이틀린, 『독일문학 및 비교문학에 관한 시론들Essays in German and Comparative Literature』(Chapel Hill: University of North Carolina Press, 1961).

69)   닐 크리스천 페이지스, 「대중화大衆化: 니체를 읽는 브란데스 읽기On Popularization: Reading Brandes Reading Nietzsche」,《스칸디나비안 스터디스Scandinavian Studies》Vol. 72, No. 2(Society for the Advancement of Scandinavian Study, 2005. 7. 28).

오늘날 브란데스의 문학비평들은 유명세를 잃은 듯이 보인다. 그러나 '문학이란 "토론되어야 할 문제들" — 즉, 근본문제들, 그래서 "급진주의 정신"으로써 상대해야 할 문제들 — 을 제시해야 하는 것이다'라는 브란데스의 문학개념과, '단독자의 존재의미를 탐구하고 유신론적 실존주의를 촉발시킨 키에그고,' '현실주의 문학을 개척하고 고독의 의미를 탐구한 입센,' '귀족적 급진주의를 창도한 니체' 같은 희귀한 개성인격자들을 발견하고 해석하여 널리 알린 브란데스의 업적들은 여전히 의미심장해서 주목될 만하다.

4

니체는 자신의 노선을 가장 먼저 간파하고 명명한 브란데스에게 "귀족적 급진주의"는 니체 자신에 관한 가장 명석한 표현이라고 극찬하는 편지를 보냈다.[70] 그리고 1888년 2월 3일 니체는 자신의 막역한 친구인 독일의 신학자 오버베크Franz Overbeck(1837~1905)에게 보낸 편지에 다음과 같이 썼다.

…… 지성적이면서도 호전적인 덴마크인인 기오 브란데스 박사가 나에게 보낸 진심어린 애정을 표하는 여러 편지들 중 한 통에 쓰기를 '나의 저작들을 활기차게 해주는 독창적이고 새로운 정신'과 '그분이 "귀족적 급진주의"로 묘사한 총괄적인 성향'에 경탄했다고 합니다. 그분은 나를 '독일에서 단연코 가장 뛰어난 작가'로 부릅니다.

---

70) 본서 제2부 2번 편지.

또한 니체는 『이 사람을 보라』에서도 브란데스에게 다시금 찬사를 보냈다.

나는 나의 친구들 중 누구를 만나든 면전에 대놓고 "자네는 나의 저서들 중 어떤 것도 '연구해볼' 가치를 지녔다고 한 번도 생각하지 않을 것이네"라고 말한다. 내가 감지한 가장 미미한 징후들로 미루어 추리해보더라도 그들은 나의 저서들에 담긴 것이 무엇인지조차 모른다. 그러니까 나의 『차라투스트라』를 두고 말하자면, 나의 친구들 중 누가 과연 이 작품에서 '전혀 무근거하되 다행히도 하찮기 그지없는 억측' 말고 다른 것을 발견할 수 있었겠는가?

그때로부터 어느덧 10년이 흘렀을 즈음에도 — 나의 이름은 여전히 부당한 침묵 속에 매장되어있었거늘 그런 침묵을 깨고 나의 이름을 변호하러 나설 만한 양심가책감을 느낀 자는 독일에 하나도 없었다. 그런 나를 변호하러 처음으로 나선 사람은 외국인이었는데, 나를 변호할 만한 충분히 세련된 본능'과 용기'를 겸비한 그는 감히 나의 친구로 자처하는 자들을 보고 분노하기도 했던 덴마크인이었다. 그런데 지금 나의 철학을 주제로 강의할 수 있는 대학교가 독일에 과연 있기나 할까? 그러나 지난봄에 기오 브란데스 박사는 코펜하겐 대학교에서 나의 철학을 주제로 강의했고, 그럼으로써 그는 자신이 심리학자라는 사실을 거듭 증명한 셈이다.[71]

---

71) 니체, 『이 사람을 보라』 제3장 「내가 이토록 훌륭한 책들을 집필하는 이유」에 포함된 『『바그너의 경우』』의 제4절.

코펜하겐 대학교에서 니체의 철학을 주제로 삼은 브란데스의 강의가 성공했다는 소식을 들은 니체는 몹시 흥분하여 그 소식을 지인들에게도 자랑스럽게 알렸다. 1888월 8월 니체는 말비다 폰 마이젠부크에게 보낸 편지에 다음과 같이 썼다.

…… 내가 가는 곳마다 바이로이트 크레틴병환자가 있어요![72] 그러니까 늙은 유혹자 바그너는 이미 죽었는데도 '나의 영향을 감지할 만한 극소수자들마저 나로부터 멀리 떼어놓기'를 멈추지 않는다는 말입니다. 그러나 덴마크에서 이런 일은 상상조차 불가능해요! 나는 이번 겨울에 축복을 받았습니다. 활력을 가득 머금은 정신의 소유자 기오 브란데스 박사가 담대하게도 코펜하겐 대학교에서 나에 관한 일련의 강의들을 감행했답니다. 그리고 그 강의들은 멋들어지게 성공했답니다! 게다가 매번 300명을 넘는 청중이 강당을 가득 채웠답니다! 뿐만 아니라 마지막 강의는 우레 같은 갈채를 받았고요! 그리고 비슷한 일이 미국 뉴욕에서도 진행되었다고 합니다. 그리하여 지금 나는 유럽에서 가장 '독립적인' 정신이요 그럴싸하게 보이는 '유일무이한' 독일작가인 셈입니다!

브리튼의 철학자 겸 사회학자 앤서니 러도비치는 다음과 같이 썼다.

---

72) "크레틴병cretin病(= cretinism)"은 '갑상선의 기능이 선천적으로 저하되어 지능이나 신체가 온전하게 발육되지 않는 병'이다. 여기서 "바이로이트Bayreuth 크레틴병환자"라는 표현은 니체가 독일의 작곡가 '리하르트 바그너Richard Wagner(1813~1883)가 주관하는 바이로이트 음악축제에 환호하는 바그너 숭배자들'을 비꼬는 데 사용한 것으로 이해될 수 있다.

…… [니체가] 1889년 이탈리아 토리노Torino에서 혼절하기 전까지 그의 철학적 저작들에 관한 호의적인 소식은 오직 덴마크 코펜하겐과 프랑스 파리에서만 발신되었다. 파리에서는 이폴리트 텐이 니체를 열렬히 칭찬했고, 코펜하겐에서는 명석하고 해박한 교수 기오 브란데스가 독일의 철학자 니체의 새로운 사상에 관한 일련의 강의들을 진행했다. 1888년 코펜하겐에서 브란데스의 강의들이 성공적으로 진행되었다는 소식은 마지막 집필에 매진하던 니체에게 대단한 기쁨을 안겼고, 니체는 혼절하기 직전까지 덴마크의 교수 브란데스와 편지를 교환했다. 이 강의들이 바로 유럽에서 니체주의에 서광을 비추었다고 말해져도 무방하다.[73]

그런데 흥미로운 사실은 이렇듯 니체를 나름대로 열심히 연구한 앤서니 러도비치도 '귀족적 급진주의'와 '급진적 귀족주의'를 혼동한 '니체주의자'였다는 것이다. 이런 그의 혼동은 그를 브리튼에서 '귀족주의'를 옹호하는 보수주의 작가들의 선도자로 만들어버렸다. 니체의 노선에 대한 이런 피상적인 이해는 비단 러도비치뿐 아니라 특히 니체를 비판하거나 비난하는 자들도 범하기 쉬운, 어쩌면 매우 심각할 수도 있는, 오해의 발단이 될 수 있다.

니체는 '흐르지 않아 고인 물처럼 정체된 정신'을 언제나 경계했다. 고인 물은 부패하기 마련이다. 니체주의자들도 니체에게는 고인 물들로 보였을 것이다. 즉 하나의 목적을 확정하고 그것을 달성하면 그대로 정

---

73) 앤서니 러도비치Anthony M. Ludovici(1882~1971), 『니체의 삶과 작품들Nietzsche: His Life and Works』(London, 1910), p. 21.

체해서 부패하기 시작하는 정신은 니체의 귀족적 급진주의노선이 아니다. 니체는 이런 정체된 정신들에게 다음과 같이 충고한다.

> 진심으로 그대들에게 충고하노니, 그대들은 나를 떠나라. 그리고 차라투스트라를 경계하고 조심하라! 게다가 그를 부끄럽게 여긴다면 훨씬 더 좋으리라! 어쩌면 그가 그대들을 속였을지 모르겠다.
> 지식인은 자신의 적敵들을 사랑할 줄도 알아야 하고 자신의 친구들을 미워할 줄도 알아야 한다.
> 언제나 제자 신세에 머물 뿐인 제자는 스승을 몹시 불편하게 한다. 그대들은 왜 나의 화관花冠을 뺏으려고 하지 않는가?[74]

니체는 심지어 "나는 니체주의자가 결코 아니었다"[75]고 강조한다. 니체는 잠시 휴식하거나 면밀히 탐구해야 할 문제가 있는 경우를 제외한 어떤 경우에도 안식하거나 정착하지 않는다. 그러면서 부단히 변화를, 자기변화를 포함한 근본적인 변화를 추구한다. 그래서 어떤 "주의主義"보다도 "급진"주의는 그것 자체가 결코 중단될 수도 정체될 수도 없고 또 그리되어도 안 되는 과정이다. 이것을 명심하는 '귀족적 급진주의'는 '귀족정신'을 출발점으로 삼아, 배수진으로 삼아, 중단될 수 없는 전진과 진보를 속행하려는 정신의 끝없는 노선이라서 단연코 보수주의도 중도주의도 우파도 중도파도 좌파도 되지 않으려 할 뿐더러 제도개선 따위를 운운하는 일반적인 진보주의조차도 중력마귀의 야바위쯤으로

---

74)   니체, 『차라투스트라』 제1부 「베푸는 미덕」 제3절.
75)   니체, 『니체 자서전: 나의 여동생과 나』(제11장 제49절), p. 361.

간주해버린다. 게다가 귀족적 급진주의는, 예컨대, 차라투스트라가 "모든 신神들은 죽었다"[76]고 선언해도 결코 놀라거나 절망하지 않고 씩 웃으며 개운하고 상쾌한 자유를 만끽함과 아울러 또다른 자기변화를, 귀족정신의 더 높은 상승과 더 유쾌한 비행을 꿈꿀 것이다.

그러므로 "니체는 …… 급진주의 사상가였고 브란데스는 그런 니체의 예언가였다."[77]

---

76) 니체, 『차라투스트라』 앞 절. 또다시 객설 하나 곁들이자면, "신"과 "신'들'"을 분별할 줄 아는 정신도 귀족적 급진주의의 초보적인 요소이리라.

77) 자크 바전(Jacques Barzun, 1907~2012), 『여명에서 데카당스로: 서양의 문화생활 500년From Dawn to Decadence: 500 Years of Western Cultural Life』, pp. 669~670.

제1부

귀족적 급진주의[*]
(1889년)

* 【"당신이 채택한 '귀족적 급진주의aristocratic radicalism'라는 표현은 매우 탁월한 것입니다. 감히 말씀드리
자면, 그것은 내가 여태껏 읽어본 나에 관한 표현들 중 가장 명석한 것입니다."(1887년 12월 2일 니체가 브란
데스에게 보낸 편지.)】

나에게 프리드리히 니체는 현재 독일의 문학계에서 가장 흥미로운 작가로 보인다. 니체는 비록 자신의 조국에서는 거의 알려지지 않았어도 '연구되고 토론되며 논쟁되고 숙지될 만한 자격'을 너끈히 갖춘 고급 사상가이다. 그가 겸비한 많은 뛰어난 자질들에는 '자신의 기운을 타인들에게 전달하여 타인들의 사고력을 가동시키는 재능'도 포함된다.

　　지난 18년간 니체는 많은 저작들을 집필했다. 그것들의 대부분은 잠언형식으로 쓰였다. 그런 잠언들 중에도 더욱 독창적이고 더욱 중대한 것들의 대부분은 도덕적 편견들을 다루었다. 바로 이 분야에서 니체의 줄어들지 않을 중요성이 발견될 것이다. 그러나 니체는 도덕적 편견들뿐 아니라 문화와 역사, 예술과 여성들, 교제交際와 고독, 국가와 사회, 생존투쟁과 죽음마저 포함하는 가장 다양한 문제들을 다루었다.

　　1844년 10월 15일 태어난 니체는 독일의 본Bonn 대학교에서 신학을, 라이프치히Leibzig 대학교에서 고전문헌학을 공부했다. 1869년 스위스의 바젤 대학교 고전문헌학과 교수로 채용되었다. 그즈음 독일의 작곡가 리하르트 바그너와 교제하기 시작하여 절친해졌고, 르네상스 역사를 독창적으로 연구한 스위스의 걸출한 역사학자 야콥 부르크하르트 Jakob Burkhardt(1818~1897)와 교우交友하기 시작했다. 부르크하르트에 대한 니체의 찬사와 호의는 끝까지 지속되었다.[1] 그러나 바그너에 대한 니체의 감정은 세월이 흐를수록 돌이킬 수 없는 불쾌감으로 급변했다. 바그너가 일찍이 예언했듯이, 니체는 바그너의 가장 맹렬한 반대자로 변해갔다. 니체의 마음과 영혼은 언제나 음악가였다. 심지어 니체는 『삶을

---

1)　　니체의 전기적傳記的 사실들은 『니체 자서전: 나의 여동과 나』(pp. 406~420)의 「니체 연보」에 비교적 상세히 정리되어있다.

위한 찬가』[2]라는 오케스트라합창곡을 작곡하기도 했을 뿐 아니라, 그와 바그너의 교제는 그의 초기 저작들에 깊은 흔적들을 남겼다. 그렇지만 바그너가 원래 완전히 이질적인 것들로 느끼던 가톨릭교의 취지와 금욕 이상禁慾理想들을 내세우는 오페라 『파르지팔』[3]을 발표했고, 그 오페라의 대본을 읽어본 니체는 위대한 작곡가의 내면에 잠재한 위험, 적敵, 병리현상을 간파했다. 왜냐면 바그너의 이 마지막 작품은 이전에 창작된 바그너의 모든 오페라를 새롭게 바라볼 수 있는 관점을 니체에게 제공했기 때문이다.

니체는 스위스에서 요양할 때면 다양한 분야의 흥미로운 인물들과 교제했다. 그러나 고질적인 극심한 두통은 그를 연중 200여 일이나 괴롭히고 무기력하게 만들었으며 때로는 거의 죽을 지경으로 내몰기도 했다. 1879년 니체는 결국 교수직을 사임했다. 1882~1888년 니체의 건강상태는 호전되기는 했으되 아주 느리게 호전되었다. 그동안 그의 시력은 악화되어 거의 맹인이 될 정도로 위태로워졌다. 그는 극도로 조심스럽게 생활하면서 그에게 적합한 풍토와 기후조건을 겸비한 체류장소를 물색해야 했다. 그는 겨울에는 주로 프랑스 남해안의 니스Nice에 머물렀고 여름에는 스위스 오버엥가딘Oberengadin의 질스마리아Sils-Maria에 머물렀다. 1887년과 1888년은 니체가 놀랍도록 풍요로운 저작들을 생산

---

2) Hymnus an das Leben: 이 합창곡의 원제목은 『루 안드레아스 살로메의 시詩를 주제로 삼은 오케스트라합창용 삶을 위한 찬가Hymnus an das Leben für gemischten Chor und Orchester auf Text von Lou Andreas Salom』이다. 니체는 애인 루 살로메가 1880년에 써두었다가 1882년 8월 26일 독일 타우텐부르크Tautenburg를 떠날 때 니체에게 보여준 「삶을 위한 기도Lebensgebet」라는 시를 읽고 감명을 받아 1887년 그 시에 곡을 붙여 이 합창곡을 작곡했다.

3) Parsifal: 1882년 7월 독일 바이로이트에서 초연된 리하르트 바그너의 마지막 오페라. 이 오페라의 주제는 '죄 지은 인간의 영혼은 신에게 봉사함으로써 정화될 수 있고, 신은 그런 인간에게 자비와 사랑으로 보답한다'는 것이다.

한 기간이었다. 이 기간에 매우 다양하고 가장 훌륭한 저작들을 출간한 니체는 연작으로 구상한 새로운 저서들의 집필도 준비했다. 그러나 니체는 1888년이 저물어가던 어느 날, 어쩌면 과로해서 그랬는지 몰라도, 이탈리아 토리노에서 혼절해버렸고 이후 다시 회복되지 못했다.

사상가로서 니체의 출발점은 쇼펜하워였다. 니체의 초기 저서들은 니체가 쇼펜하워의 제자라는 사실을 여실히 보여준다. 그러나 지성의 첫 위기를 겪기도 하며 몇 년간 침묵하던 니체는 자신을 제자신분에 얽매던 모든 차꼬를 벗어던진 사상가로서 재등장한다. 그때부터 니체는 위력적으로 급속히 — 물론 그의 사상들 자체는 그것들을 표현하는 그의 용기勇氣보다도 덜 위력적으로 덜 급속히 — 발전했다. 그의 후속 저작들 각각은 그가 단 하나의 근본문제 — '도덕가치들'의 문제 — 에 집중할 때까지 통과한 새로운 단계들을 특징적으로 보여준다. 물론 니체는 일찍이 독일의 신학자 다비트 슈트라우스를 반대하여 우주의 본성에 대한 모든 도덕적 해석에 항의하고 우리의 도덕을 현상들의 세계에서 — 지금 보면 — 비슷하거나 어긋나게 보일 뿐더러 인위적으로 조정된 듯이도 보이는 위치에 갖다놓음으로써[4] 사상가의 면모를 최초로 드러냈다. 이후 니체의 저작활동은 도덕개념들의 기원을 탐구하면서 최고조에 달했다. 그런 탐구에 담긴 그의 희망과 의도는 도덕가치들을 철저히 비판하고 '(모든 사람에게 기정된 것들로 인식되던) 도덕가치들의 가치'를 심사하여 세계에 제시하는 것이었다. 그렇지만 그는 총4권짜리로 구상한 『모든 가치를 재평가하기 위한 시도』의 제1권을 탈고한 지 며칠 지[5]

---

4) 이 작업은 니체가 1873년 4월말~6월 집필하여 8월에 단행본으로 출간한 논문 『다비트 슈트라우스: 고백자 겸 문필가』에서 이루어졌다. 이 논문은 나중에 『반反시대적 고찰들』에 수록되어 다시 출간되었다.

5) 이것이 『반反그리스도Anti-Christ』(이 저서의 제목은 한국에서 『안티크리스트』로도 번역되었다.)인데, 1888년 12월 탈고되었다.

나지 않아 광기에 휩싸여 혼절하고 말았다.

1

다비트 슈트라우스의 최후저서 『옛 신앙과 새로운 신앙』(1872)을 읽고 자극받은 니체는 슈트라우스를 반대하는 신랄하고 청년다우며 논쟁적인 논문을 발표하여 처음으로 상당히 주목받았지만, 그다지 많은 찬사를 듣지는 못했다. 불손한 어조로 쓰인 니체의 논문이 공격한 것은 『옛 신앙과 새로운 신앙』의 호전적인 초반부가 아니라 작위적이고 보완적인 후반부였다. 그렇지만 그런 공격은 한때 중요시된 평론가 슈트라우스의 최후저서보다는 독일의 평민들과 더 깊이 관련된 것이었다. 왜냐면 니체는 슈트라우스의 결론이 그 당시의 일반적 문화를 정확히 대변한다고 보았기 때문이다.

프로이센-프랑스 전쟁(1870~1871)이 끝나고 1년 반이 지났을 그 당시의 독일인들이 품었던 자부심은 유래 없이 드높았다. 승전을 기뻐하는 환희는 떠들썩한 자화자찬으로 변해갔다. 독일문화가 프랑스 문화를 정복했다고 보는 견해가 만연했다. 그 당시에는 다음과 같은 견해도 등장했다.

이번 전쟁이 실제로 두 문명의 충돌이었다는 사실이 인정된다면, 승리한 문명이 왕좌에 앉혀질 까닭은 전혀 없을 것이다. 우리가 맨 먼저 알아야 할 사실은 정복당한 문명도 가치를 지녔다는 것이다. 그 문명의 가치가 아주 미미하다면 — 그리고 프랑스 문화의 가치도 미미하다고 말해진다면 — 그 문화를 상대로 거둔 승리는 그다지 명예롭지 않았을 것이다. 그러나 다음번에도 독일문화가 이번처럼 승리하더라도 문제될 까닭은 전혀 없을 것이다. 왜냐면 한편으로는 프랑스 문화가 여전히 존속하기 때문이고, 다른 한편으로는 독일인들이 여태까지 그랬듯이 프랑스 문화에 의존하기 때문이다. 지휘관들의 군율, 타고난 용맹성, 인내력, 우수성, 부하들의 복종심이, 그러니까, **문화와 전혀 무관한 요인들이**, 독일에 승리를 안겼다. 그러나 결과적으로, 그리고 무엇보다도, 독일문화는 **독일이 문화로 지칭될 만한 것을 아직 하나도 못 가졌다는** 확실한 이유 때문에 승리하지 못했다.

그런데 이런 견해가 등장한 때는 니체가 독일의 미래에 최대 기대들을 걸고 '독일이 라틴 문명의 속박들에서 신속히 해방되리라'고 예견하며 독일음악에 담긴 가장 희망적인 징조를 감지한[6] 지 1년밖에 지나지 않았을 때였다. 그즈음 진행되던 독일 지성계의 쇠락은 니체에게는 — 정확히, 그리고 의심할 여지없이 — 독일제국이 수립되면서부터[7] 명백히 시작된 것으로 보였다. 그런 쇠락은 바야흐로 니체를 널리 유행하는 대중정서大衆情緒에 극렬히 대항하는 냉혹하고 비정한 반대자로 만들었다.

니체는 '문화란 무엇보다도 국민생활의 모든 표현을 관류하는 예술양식의 통일성을 띠고 드러나는 것이다'고 주장한다. 그런 한편에서 니체는 '많은 것을 배우고 많은 것을 안다는 사실'은 문화의 필요수단도

---

6)   니체, 『비극의 탄생』 제19절 마지막 두 문단 참조.
7)   '독일제국Deutsches Reich(獨逸帝國)'은 중부유럽에서 프로이센Preussen을 중심으로 1871년 수립되어 1918년 해체되었다.

아니고 문화의 표시도 아니라고 지적한다. 다시 말하면, 그런 사실은 오히려 야만주의 — '양식의 결핍'이나 '양식들의 잡동사니' — 와 놀랍도록 잘 어울린다는 것이다. 그래서 니체의 논지는, 간단히 요약하면, '잡동사니로 구성된 문화는 어떤 적敵도 제압할 수 없을 뿐더러 진실하고 생산적인 문화를, 우리가 고평가하든 저평가하든 상관없이, 오랫동안 보유해온 프랑스 같은 적을 제압하기는 더더욱 불가능하다'는 것이다.

니체는 괴테가 에커만에게 말해준 다음과 같은 견해에 호소한다.[8]

우리 독일인들은 어제 갓 태어났다네. 우리가 지난 100년간 매우 열심히 스스로를 계발해왔다는 것은 사실이네. 그러나 우리가 '우리의 동포들은 아주 옛날에는 야만인들이었지'라고 말할 수 있을 정도로 충분한 지식과 고급문화를 흡수하고 소화하려면 앞으로 몇 세기가 더 걸릴 수도 있을 것이네.[9]

우리가 알다시피 니체는 '문화'와 '동질문화同質文化'를 동등한 개념들로 간주했다. 그는 '하나의 문화가 동질문화가 되려면 일정한 시대에 도달해야 하고 그 문화의 독특한 성격이 모든 생활방식에 침투할 수 있을 만큼 충분히 강해져야 한다'고 보았다. 그러나 동질문화가 토착문화와 동일한 것은 당연히 아니다. 고대 아이슬란드Iceland는 동질문화를 가졌

---

8) Johann Peter Eckermann(1792~1854): 독일의 시인 겸 작가. 에커만은 노령老齡의 괴테와 교제하며 나눈 대화들을 정리한 『괴테와 나눈 대화들Gespräche mit Goethe』(1836~1848)이라는 유명한 저서를 집필했다.

9) 에커만의 『괴테와 나눈 대화들』에 기록된 1827년 5월 3일 괴테가 에커만에게 말해준 이 견해를 니체는 『다비트 슈트라우스: 고백자 겸 문필가』 제1절 마지막 문단에 인용했다.

지만, 그 문화는 유럽과 활발하게 교류한 덕분에 번영할 수 있었다. 동질문화는 르네상스 시대 이탈리아, 16세기 잉글랜드, 17~18세기 프랑스에도 존재했다. 물론 이탈리아 문화는 그리스 문화, 로마 문화, 에스파냐 문화의 영향들을 받았고, 프랑스 문화는 고전주의문화, 켈트족Celt族 문화, 에스파냐 문화, 이탈리아 문화의 요소들을 겸비했으며, 잉글랜드 문화는 다른 모든 문화가 혼합된 문화였다. 그랬어도 이 문화들은 모두 동질문화들이었다. 실제로 독일인들이 프랑스 문화에서 해방되기 시작한 때는 불과 150년 전이었고, 프랑스인들의 학제學制를 완전히 벗어난 때도 고작 100년이 지나지 않았지만, 그 학제의 영향은 심지어 지금도 독일에서 발견될 수 있다. 그러나 독일문화가 아직은 상대적으로 어리고 성장단계에 있을망정 독일문화가 존재한다는 사실만은 당장 아무도 부정할 수 없을 것이다. 게다가 독일음악과 독일철학의 호응관계를 인지할 수 있는 감각, 독일음악과 독일서정시의 화음을 들을 수 있는 귀, 독일의 모든 지식생활과 감정생활에서 드러나는 동일한 근본경향의 결과들인 독일의 회화繪畵와 조각彫刻에 겸비된 장단점들을 볼 수 있는 눈을 가진 사람이라면 누구든 독일의 동질문화를 부정하려고 선뜻 나서지 않을 것이다. 그런 반면에 강대한 외국들에 의존하는 약소국들의 문화적 동질성들은, 그런 의존이 제곱비比로 심화되는 경우가 드물지 않으므로, 점점 더 불확실해질 것이다.

그러나 니체는 이 문제의 중요성을 상대적으로 저평가한다. 그는 '이 문제가 오직 유럽 문화 또는 유럽-아메리카 문화의 문제에 불과해지는 시기가 머지않을 수 있으므로 국가문화들이 종식될 시간도 임박했다'고 확신한다. 그는 '모든 나라에서 최고도로 발달한 사람들은 자신들을 이미 유럽인들로, 동포들로, 아니면 차라리 동맹자들로 느낀다는 사실'을 근거로 삼아, 그리고 '20세기는 세계지배를 위한 전쟁을 초래할 세기가 틀림없다고 보는 믿음'을 근거로 삼아 논리를 전개한다.

그래서 세계지배전쟁이 촉발할 사나운 광풍이 모든 국가의 허례허식들을 휩쓸어 짓뭉개고 파괴해버린다면 그 다음 문제는 과연 무엇일까?

니체가 '우리시대의 최고급정신을 소유한 프랑스인들은 확실히 동의하리라'고 생각한 그 문제는 '그런 시대에 핵심권력을 거머쥘 수 있는 고급정신을 소유한 자들의 계급을 훈련시키거나 육성할 수 있느냐 없느냐?'라는 것이다.

그러므로 진짜 불행한 사실은 '어떤 국가가 아직 진실하고 동질적이며 완벽한 문화를 갖지 못했다'는 사실이 아니라 '그 국가가 자국을 문화국가로 생각한다'는 사실이다. 그래서 독일을 주목한 니체는 '진정한 문화의 결핍'과 '유일하게 진정한 문화를 실제로 소유한다고 자신하는 자족적 믿음' 사이에 존재하는 모순만큼이나 엄청난 모순이 존재할 수 있어지는 경위를 의문시한다. 니체는 그 의문의 해답을 '이전의 여느 세기에도 알려지지 않은 부류의 인간들 — 그리고 (1873년에) 그가 이른바 "문화속물들"로 비칭卑稱한[10] 인간들 — 이 자신들의 전모全貌를 확연히 드러내는 상황들'에서 찾는다.

문화속물은 자신이 받은 비인간적인 교육을 진정한 문화로 생각한다. 만약 문화속물이 '문화는 정신의 동질성을 전제로 삼는다'고 배웠

---

10)　니체, 『다비트 슈트라우스: 고백자 겸 문필가』 제2절 마지막 문단. 이 "문화속물들 Bildungsphilisters(=Culture-Philisters)"은 "교양속물教養俗物들"로도 번역될 수 있다. 그러나 여기서 브란데스가 '문화'를 중심맥락에 둔다는 사실, 그리고 한국에서 "교양教養"은 "학문, 지식, 사회생활을 바탕으로 이루어지는 품위, 또는 문화에 대한 폭넓은 지식"(국립국어원, 『표준국어대사전』)을 가리키는 단어로 사용된다는 사실을 감안하면, "문화속물들'이라는 번역어가 조금 더 타당하게 보인다.

다면, 그리고 그가 어디서나 그와 같은 부류의 교육받은 사람들을 만날 수 있다면, 그리하여 초·중·고등학교들, 대학교들, 학술원들이 그의 요구들을 순순히 받아들여 그의 문화지식에 상응하는 모형模型대로 변형된다면, 그는 '자신에게 호의적인 자신의 의견'이 옳다고 확신할 것이다. 만약 그가 거의 모든 곳에서 종교, 도덕, 문학, 결혼, 가족, 사회, 국가와 관련된 동일하고 암묵적인 인습들을 발견한다면, 그는 자신의 그런 발견을 '이런 압도적 동질성이 곧 문화이다'라는 논리의 증거로 생각할 것이다. '모든 고상한 장소에서 목소리를 내고 모든 언론출판편집부에 비치되는 이 체계적으로 원활히 조직된 속물근성은 단지 그것의 예하기관들이 원활히 제휴한다는 이유만으로는 결코 문화가 되지 못한다'는 사실을 문화속물은 상상조차 못한다. 속물근성은 심지어 '나쁜 문화'조차 못된다고 니체는 말한다. 그것은 보유한 능력을 최대로 발휘할 수 있게끔 강화된 야만주의이기는 하되 야만주의 특유의 신선함과 야생적 위력을 완전히 상실한 야만주의이다. 그래서 니체는 갖가지 사실적인 표현들을 사용하여 문화속물근성을 '탈진脫盡한 모든 것이 급속히 빨려 들어가는 늪'이나 '모든 노력을 헛수고로 만들어버리는 유독有毒한 안개'로 묘사한다.

바야흐로 우리는 모두 문화속물근성이 만연한 사회에서 태어나고 성장한다. 그런 사회는 유행하는 의견을 우리에게 들이밀고, 우리는 그런 의견을 무의식적으로 수용한다. 심지어 그런 의견이 분할되어도, 그렇게 분할된 의견은 단지 당파의 의견 — 여론 — 으로 흡수될 따름이다.

여기서 니체의 잠언은[11] 다음과 같은 문답을 가능하게 해준다.

　여론이란 무엇인가? 그것은 개인적 나태이다.

'공식발언'에는 흔히 '자격'이 요구된다. 그래서인지 여론도 유가치한 것이 되는 경우들이 발생한다. 존 몰리는[12] 그런 경우들을 다룬 훌륭한 저서를 집필했다. 심각한 배신과 불법행위들이나 가혹한 인권침해들을 상대하는 여론은 이따금 추종될 가치를 지닌 권력으로서 내세워질 수 있다. 그렇지 않을 경우에 여론은 대체로 문화속물근성의 이익을 위해 가동되는 공장工場이 되어버린다.

그래서 사회생활을 갓 시작한 젊은이는 옹색하고 편협한 갖가지 집단의견들에 노출된다. 진정한 개성인격자가 되기를 더 열렬히 원하는 개인일수록 인간집단을 더 심하게 거부하고 반발할 것이다. 그렇지만 그는 그의 내면에서 "너 자신이 되어라! 너 자신으로서 살아라!"고 그에게 호소하는 목소리를 들어도 의기소침하게 받아들일 것이다. 그는 자아를 가졌을까? 그는 모른다. 왜냐면 그는 자신의 자아를 아직도 자각하지 못했기 때문이다.

그래서 그는 자신에게 외국어 따위를 가르쳐주기보다는 오히려 고유한 개인자아個人自我가 되는 방법을 가르쳐줄 스승이나 교육자를 찾아다닐 것이다.

---

11)　"그러므로 거듭 말하노라. ― 여론 ― 개인적 나태." 니체, 『인간적인 너무나 인간적인』(1880) 제1권 제8장 제482절.

12)　John Morley(1838~1923): 브리튼의 자유주의 정치인 겸 작가 겸 언론인. 여기서 브란데스가 말하는 "훌륭한 저서"는 존 몰리가 1874년 출간한 『타협론On Compromise』으로 짐작된다.

우리가 아는 덴마크의 위인 한 명은 자신의 동시대인들에게 '개인들이 되라'고 열심히 호소하여 감동을 안겼다. 그러나 쇤 키에그고의 이런 호소는 그것을 듣는 모든 사람에게 곧이곧대로 무조건 받아들여지도록 의도된 것이 아니었다. 왜냐면 호소의 대상이 미리 정해져있었기 때문이다. 그는 자신의 동시대인들이 자유로운 개성인격자들로 발달하기보다는 오히려 진정한 기독교인들이 되기 위해 '개인들이 되어야' 한다고 생각한다. 그에게 그들의 자유는 겉치레에 불과한 것으로 보였다. 왜냐면 그들이 신봉한 금과옥조는 "너희는 믿어야 한다!"와 "너희는 복종해야 한다!"였기 때문이다. 심지어 그들은 개인들이 되더라도 각자의 목에 감길 밧줄을 하나씩 가지고 개인주의의 좁은 길을 멀리 벗어나서 이리저리 쫓기듯 몰려다니다가 그들을 다시 맞이할 가축떼 같은 ─ 누구는 가축떼가 되고 누구는 목자가 되는 ─ 인간집단에 편입될 것이기 때문이다.

오늘날 개인자아가 되기를 욕망하여 교육자를 찾는 젊은이는 이렇게 자신의 개성인격을 즉각 다시 포기할 마음을 품지 않을 것이다. 그런 청년은 예정된 목적지에 도착해도 어떤 교리를 앞세우지 않을 것이다. 그렇지만 그는 자신에게 교리들이 억지로 주입되면 불편한 감정을 느낀다. 그렇다면 그는 자신의 자아를 어떻게 발견하고 자신으로부터 자아를 어떻게 구출할까? 교육자는 바로 이렇게 질문하는 젊은이를 도와야 한다. 교육자는 오직 해방자解放者 역할만 할 수 있을 따름이다.

젊은 니체가 쇼펜하워를 읽으며 탐색하고 발견했던 교육자도 바로 이런 '해방시키는 교육자'였다. 모든 탐색자는 자신의 발달기간에 자신을 가장 효과적으로 해방시킬 수 있는 개성인격자 안에서 '해방시키는 교육자'를 발견할 것이다. 니체는 '쇼펜하워의 저서를 딱 한 페이지 읽자마자 그 저서를 처음부터 끝까지 읽어야 하고 또 그 저서에 인쇄된 모든 단어와 심지어 저자가 범했을 오류들마저 빠뜨리지 않고 유심히 읽어야 한다는 사실을 알았다'고 말한다. 모든 지식인 후보자는 이런 방식으로 탐독한 저서들의 저자들을 유명하게 만들 수 있을 것이다.

다른 여느 지식인 후보자들에게도 그렇듯이 니체에게도 통과해야 할 더욱 힘든 단계, 즉 '자신의 해방자로부터 자신을 해방시켜야 할 단계'가 남아있었다는 것은 사실이다. 우리는 쇼펜하워의 저작들에 대한 호의적인 표현들이 니체의 초기 저작들에는 드물지 않지만 후기 저작들에는 거의 없다는 사실을 발견한다. 그런데 이런 해방은 니체가 쇼펜하워에게 깊이 고마워하는 마음을 유지하면서도 조용히 발달하여 독립하는 과정이다. 물론 니체의 이런 독립은 — 그가 한때 최고로 평가하며 존경하다 결국 무가치한 것들로 비하해버린 바그너의 작품들에 대한 혐오감만큼이나 — 극심한 혐오감의 결과는 아니었다.

니체는 오직 프랑스의 사상가 몽테뉴Montaigne(1533~1592)의 것만이 유일하게 비견될 '쇼펜하워의 고결한 정직성'을 칭찬했고, '쇼펜하워의 명석함과 확고한 지조'를 칭찬했으며, 칸트Immanuel Kant(1724~1804)의 것들과 첨예하게 대비되는 '쇼펜하워의 사회 및 국가 및 국가종교에 대한 관계들'의 순수성을 칭찬했다. 쇼펜하워의 것들 중 니체가 버린 것이나 낭비한 것은 하나도 없었던 셈이다.

니체가 깜짝 놀란 또다른 사실은 쇼펜하워가 독일에서 살아가는 삶을, 하여간에, 견딜 수 있었다는 것이다. 니체는 현대의 어느 잉글랜드인이 썼다는 다음과 같은 문장을 인용한다.

잉글랜드에서 셸리 같은 인물은 결코 살아갈 수 없었을 것이고, 셸리 부부[13] 같은 종족은 존재할 수도 없었을 것이다.

이런 예외적인 정신의 소유자들은 먼저 의기소침해지고 다음에는 우울해지다가 병들거나 미쳐서 끝내 죽어간다.[14] 문화속물들의 사회는 삶을 예외자들이 견뎌야 할 시련으로 만들어버린다. 그런 시련은 모든 국가의 문학계에서 풍부하게 발생하고 끝없이 재생된다. 그것은 '많은 재능인才能人들이 조만간 속물들에게 사죄하고 양보해야만 생존을 허락받을 수 있다는 사실'만 감안해도 충분히 짐작되는 사실이다. 그러나 가장 강력한 재능인조차 문화속물근성을 상대로 탈진할 때까지 헛되이 싸워도 크고 작은 주름살들밖에 얻지 못한다. 니체는 괴테를 우연히 스치듯 만났을 뿐인 어느 노회한 외교관이 괴테에게 했다는 다음과 같은 말을 인용한다.

여태껏 살아오시면서 심대한 시련들을 겪은 분이 여기에도 계시군요.

괴테는 나중에 자신의 친구들에게 이 말을 그대로 해주고 다음과 같

---

13) 여기서 "셸리"는 잉글랜드의 유명한 낭만주의 시인인 퍼시 비쉬 셸리이고, "셸리 부부"는 퍼시 비쉬 셸리와 그의 둘째 아내이자 소설 『프랑켄슈타인, 또는 현대의 프로메테우스Frankenstein, or The Modern Prometheus』(1818)의 저자로 유명한 메리 울스턴크랲트 셸리Mary Wollstonecraft Shelley(1797~1851)이다.

14) 니체, 『반시대적 고찰들』 제3편 『교육자 쇼펜하워』 제3절 셋째 문단. 이 문장과 바로 앞 인용문의 원문들로 보이는 문장들은 브리튼의 언론인 겸 사업가 겸 문필가 월터 바저트Walter Bagehot(1826~1877)의 저서 『자연학과 정치학, 혹은 정치사회에 대한 "자연선택"원리와 "유전"원리의 적용에 관한 고찰들 Physics and Politics or thoughts on the application of the principles of "natural selection" and "inheritance" to political society』(London: 1872, p. 146)에서 발견된다. 그런데 위 인용문에 언급된 "잉글랜드"라는 지명은 바저트의 저서에는 "뉴잉글랜드New England"로 표기되어있다. 이것은 니체가 지명을 무심결에 혹은 고의로(?) 착각한 결과로 보이지만, "뉴잉글랜드"가 "잉글랜드"의 식민지였다는 사실을 감안하면, 크게 문제될 사항은 아니게 보인다.

이 덧붙였다.

만약 우리가 극복한 시련들과 수행한 활동들의 흔적들이 우리의
용모에 남아서 지워질 수 없다면, 우리가 남기고 우리의 노력들에 남
겨진 모든 흔적이 똑같은 특징을 지녀도 전혀 이상하지 않을 것이네.[15]

그러므로 이 대목에서 행운아幸運兒로 보이는 사람은 바로 괴테이다!

익히 알려졌다시피, 쇼펜하워는 세상을 떠나기 전 몇 년간 고독한 인
간이었다. 아무도 그를 이해하지 않았고 아무도 그의 저서를 읽지 않았
다. 그의 대표작 『세계는 의지이고 표상이다[16]』의 초판본은 태반이 폐휴
지로 팔려야만 했다.

'위인이 살아가는 시대가 위인의 모든 것을 결정하므로 위인은 자신
의 시대를 무의식적으로 요약하여 의식적으로 표현해야 마땅하다'는 이
폴리트 텐의 견해는 오늘날 널리 인정된다.[17] 물론, 당연하게도, 위인은 역
사의 진로를 이탈하지 않고 언제나 선배들에게 의존할 수밖에 없을망
정, 사상은 언제나 단일한 개인이나 소수의 개인들로부터 발아發芽한다.
그리고 이런 개인들은 저급한 군중 속에 뿔뿔이 흩어져있는 점點들이
아니라, 군중에게 이끌리기보다는 오히려 군중을 이끄는 고급한 재능들
을 타고난 개인들이다. 이른바 시대정신은 극소수의 두뇌들에서 태동하

---

15)   니체, 앞 책, 제3편 『교육자 쇼펜하워』 제3절 셋째 문단.

16)   Die Welt als Wille und Vorstellung(1819): 쇼펜하워의 이 대표저서는 지금까지 한국에서 "『의지와 표
      상으로서의 세계』"라는 제목으로 소개되어왔다.

17)   【나는 이따금 공개적으로 표명했듯이 이 견해를 지지하지 않고 오히려 반대한다. 나는 1870년 출간한 나
      의 저서 『현대 프랑스 미학』(pp. 105~106)에서 이 견해를 다소 모호하게 반대했고, 이후로도 다른 여러
      지면에서 반대의견을 피력했다.】

는 것이다.

대체로 의심할 여지없이 쇼펜하워의 영향권에 있을 때부터 이미 니체는 '위인은 자신이 살아가는 시대의 자식이 아니라 자신의 시대로부터 따돌려지는 의붓자식이다'라는 견해의 영향을 강하게 받았다. 그래서 니체는 '모름지기 교육자는 시대**를 반대하는** 젊은이들의 독립적 자기교육自己教育을 도와야 한다'고 요구한다.

니체는 근대를 '모방될 만한 특유의 세 가지 인간형을 차례로 생산한 시대'로 본다. 그런 인간형들 중 첫째는 장자크 루소Jean-Jacques Rousseau(1712~1778)의 인간이다. 이 인간은 거인Titan이라서 높아지려고 하지만, 더 높은 계급들이 그를 억누르고 속박하므로, 필요하면 신성한 자연에 도움을 청한다. 둘째는 괴테의 인간인데, 이 인간은 베르테르도[18] 아니고, 아직은 루소에서 파생하되 베르테르와 같은 부류에 속하는 혁명적 인물들도 아니며, 최초의 파우스트Faust 같은 인물도 아니라, 점진적으로 발달하는 파우스트이다. 그는 세계의 해방자가 아니라 관찰자이다. 그는 행동하는 인간이 아니다. 니체는 야르노Jarno가 빌헬름 마이스터Wilhelm Meister에게 해준 다음과 같은 말을 상기시킨다.

　　자네가 울분을 느낀다니, 그것은 아주 좋아. 그런데 만약 자네가
　　울분을 한 번이라도 실컷 터뜨릴 수 있다면 훨씬 더 좋을 게야.[19]

서른 살이 된 니체의 관점에서 보면, 바로 이런 인간, 즉 '사태를 호전

---

18)　괴테의 소설 『젊은 베르테르의 슬픔Die Leiden des jungen Werthers』(1774)의 주인공.

19)　괴테, 『빌헬름 마이스터의 수업시대Wilhelm Meisters Lehrjahre』(1796) 제8권 제5장.

시키려면 울분을 실컷 터뜨려라'고 권유하는 인간이 바로 셋째 인간형을 대표하는 쇼펜하워의 인간이다. 이 인간은 '진리를 가르치는 고통'을 자발적으로 받아들인다.[20] 그의 근본사상을 요약하면 다음과 같다.

> 행복한 삶은 불가능하다. 인간이 달성할 수 있는 최상의 삶은 영웅적인 삶이다. 영웅적으로 살아가는 인간은 어떤 식으로든 만인의 행복에 이바지하려고 최대난관들에도 맞서 싸운다.[21]

그러므로 진정한 인간을 말하자면, 오직 진정한 인간들만이 우리를 승격시킬 수 있다. 그들은 '자연' 속으로 뛰어들 때 비로소 존재하기 시작하는 듯이 보인다. 그들은 사상가들, 교육자들, 예술가들, 창조자들이고, 그들의 활동보다는 그들의 본성으로써 우리에게 더 많은 영향을 끼치는 인간들이다. 그래서 그들은 고귀한 인간들, 웅장한 품격을 자랑하는 좋은 인간들, 우수한 천재성을 발휘하는 인간들이다.

바로 이런 인간들이 역사의 목표들이다.

니체는 다음과 같은 명제를 공식화한다.

> 인류는 고독하고 위대한 개인들을 줄기차게 생산해야 한다 — 다른 무엇도 아닌 오직 이런 생산만이 인류의 과업이다.[22]

---

20) 니체가 발견한 세 가지 인간형에 관한 더 자세한 묘사는 『교육자 쇼펜하워』 제4절 참조.

21) 쇼펜하워, 『보충논문들과 단상들Parerga und Paralipomena』(1851) 제2권 제172절. 니체는 이 문장들을 『교육자 쇼펜하워』 제4절에 인용했다.

22) 니체, 『교육자 쇼펜하워』 제6절.

이것은 니체의 동시대인들 사이에 존재한 몇몇 귀족정신의 소유자들이 도달한 것과 똑같은 공식이다. 르낭도 이 공식과 거의 똑같은 말을 한다.[23]

요컨대, 인류의 목적은 위인들 …… 다른 무엇도 아닌 오직 위인들을 생산하는 것이다. 구원은 위인들로부터 시작될 것이다.[24]

또한 플로베르Gustave Flaubert(1821~1880)가 조르주 상드에게 보낸 편지들은 플로베르도 이 공식을 확신했다는 사실을 증명한다. 예컨대, 플로베르는 다음과 같이 썼다.

유일하게 합당한 것은 고급지식인들이 운용하는 정부이고 또 앞으로도 언제나 그럴 것인데, 왜냐면 고급지식인들은 무언가를 알 수 있는 자들로, 아니, 더 많은 것을 알 수 있는 자들로 증명되었기 때문입니다 …… 성직자들의 설교를 듣기만 하기보다는 읽을 수도 있는 농민들이 더 많으냐 더 적으냐 여부는 사소한 문제입니다만, 르낭과 리트레[25] 같은 사람들이 많이 살아갈 수 있고 그들의 의견이 경청될 수 있느냐 여부는 헤아릴 수 없이 중요한 문제입니다. 이제 우리의 구원은 합법적 귀족정치에 달려있습니다.[26]

---

23) Ernest Renan(1823~1892): 프랑스 비판철학파의 대표자로 알려진 철학자, 역사학자, 종교학자.

24) 【르낭, 『대화들과 철학단편들Dialougues et Fragments Philosophiques』, p. 103.】

25) Paul-Émile Littré(1801~1881): 서양의 가장 우수한 언어사전들 중 하나로 평가되는 『프랑스어 사전Dictionnaire de la langue francaise』(1863~73)을 편찬한 프랑스의 언어학자, 사전편찬자, 철학자.

26) 조르주 상드의 1871년 4월 28일자 편지에 대한 플로베르의 답장. 조르주 상드 & 귀스타브 플로베르, 『조르주 상드와 귀스타브 플로베르가 주고받은 편지들Correspondance entre George Sand et Gustave Flaubert』(Paris: Calmann-Lévy, 1904), p. 251.

르낭도 플로베르도 '국가는 자연이 위인 십여 명을 생산하기 위해 걸어가는 우회로이다'라는 니체의 근본사상에 동의했을 것이다.

실제로 이런 니체의 사상을 지지한 사람이 없지는 않았지만, 그런 사실이 그의 사상을 유럽 철학계의 지배적인 사상으로 만들지는 못했다. 독일에서, 예컨대, 철학자 에투아르트 폰 하르트만Eduard von Hartmann(1842~1906)이 생각한 역사의 목표는 전혀 달랐다. 역사의 목표에 관한 그의 발언들은 인쇄되고 출간되어 널리 알려졌다. 언젠가 어느 대화석상에서 그는 다음과 같이 말함으로써 자신의 사상이 태동한 과정을 암시하기도 했다.

'역사는, 혹은 더 광범한 표현을 사용해서 말하자면, 세계과정은 어떤 목표를 가진 것이 틀림없고, 이 목표는 부정적인 것일 수밖에 없다'는 것을 나는 오래전부터 분명히 알았습니다. 왜냐면 황금시대란 너무나 어리석은 허구이기 때문입니다.

그리고 그가 피력한 세계파멸의 전망들은 대부분의 재능인들도 자발적으로 피력한 것들이었다. 이런 맥락에서 그가 주장한 학설은 '인류는 성년기에 갓 접어들었다'는 것, 다시 말해서, '인류는 천재들에게 필수적으로 요구되는 발달단계를 통과했다'는 것이었다.

세계과정, 곧 '파멸이나 ― 심지어 실존에 속박되어 고뇌하는 신神의 해방도 포함하는 ― 해방'이라는 목표를 둘러싸고 이렇듯 온갖 전망들이 분분한 와중에도 니체는 '인류의 목표는 미래로 무한히 미뤄지기보다는 인류자체의 최고모범인간들 사이에서 찾아져야 한다'고 소박하게 믿으며 매우 차분하고 현명한 태도를 취했다.

　이런 분위기에서 니체는 '문화란 무엇인가?'라는 질문에 대한 결정적
해답을 발견했다. 그 해답의 근거들은 '문화의 근본개념'과 '문화가 인
간에게 부과하는 의무들'이다. 그는 문화가 '위인의 이상理想들과 인간
자아를 인간의 고유한 활동으로써 결합시킬 의무'를 인간에게 부과한다
고 본다. 그래서 문화의 근본개념은 바로 '문화를 위해 일하고 문화에
동참하기를 소망하는 모든 개인'에게 '각자의 내면 및 외부에서 사상가
와 예술가, 진리 및 아름다움의 애호자, 순수하고 좋은 개성인격자를
생산하려고 노력할 의무'를 부과하는 것, 그리하여 '완벽한 자연을 목표
로 삼아 자연을 완성하려고 노력할 의무'를 부과하는 것이다.

　그렇다면 문화상태文化狀態는 언제 보편화되는가? 한 공동체의 구성
원들이 독립적 위인들을 꾸준하게 열심히 생산할 때 그리된다. 이 최상
목표에서 다른 모든 하위목표가 파생한다. 그렇다면 문화상태로부터
가장 멀어진 상태는 어떤 것인가? 그것은 공동체구성원들이 담합하여,
한편으로는 천재들의 성장에 필요한 토양의 개선을 방해하고 다른 한
편으로는 천재의 모습을 띠고 그 구성원들의 눈앞에 등장하는 모든 것
을 완강하게 반대하는 식으로, 위인들의 출현을 강력히 저지하는 상태
이다. 그런 상태와 문화의 간격은 순전한 야만상태와 문화의 간격보다
도 훨씬 더 넓다.

　그런데 '과연 그런 상태가 존재하는가?'라는 의문을 제기할 사람들
도 있을지 모른다. 인구소국人口小國들의 국민대다수는 자국의 역사에서
이 의문의 해답을 찾을 수 있을 것이다. 그런 국가들의 분위기는 점점
더 "정제精製"될 것이고, 그럴수록 정제된 분위기는 점점 더 널리 확산되

면서 천재에게 점점 더 불리해질 것이다. 더구나 그런 분위기는 갈수록 더 짙어진다. 왜냐면 많은 사람들은 '현대에는 당장 세계지배권을 공유하는 민족들 중에도 인구를 몇 백만 명밖에 보유하지 못한 소규모 정치공동체가 최고급정신들을 충분히 생산하기는 거의 불가능하다'고 생각하기 때문이다. 그래서 많은 사람들은 '천재들을 생산할 수 있는 인구는 적어도 3~4천만 명은 되어야 한다'고 생각하는 듯하다. 이런 생각에 비춰보면, 시인 겸 극작가 헨리크 입센을 가진 노르웨이와 메테를랭크 Maurice Maeterlinck(1862~1949)와 베르하른Émile Verhaeren(1855~1916)을 가진 벨기에는 예외적인 인구소국들이다. 이것이 바로 소규모 인구공동체일수록 오히려 문화적 활동능력을 최대로 발휘해야 하는 까닭이다.

근래에 우리는 '목표로 삼아야 할 것은 행복, 즉 모든 사람의 행복이나 최다수자의 행복이다'라고 생각하는 데 익숙해졌다. 행복해진 곳에서 행복이 토론주제가 되는 경우는 드물어지겠지만, '낙원에서 지내는 한 해, 한 날, 한 시간이 안온한 난롯가에서 지내는 일평생보다 더 행복할까?'라는 질문은 결코 회피될 수 없을 것이다. 그래도 '낙원이 더 행복할 수 있다'라는 답변도 나올 수 있다. 왜냐면 '우리는 모든 국민 또는 대다수 국민을 위해 희생해야 한다는 통념에 익숙해서 한 사람은 다른 몇 사람을 위해 살아야 할 뿐더러 문화향상을 위해서라도 자신의 일평생을 바쳐 다른 몇 사람에게 헌신해야 할 의무를 짊어져야 한다'는 식의 논리는 불합리하게 보이기 때문이다. 물론 그럴지라도 문화의 본령 — 개인의 삶이 가장 높은 가치와 가장 중대한 의미를 획득할 수 있는 방법 — 을 묻는 질문의 해답은 분명히 말해질 수 있다. 그 해답은 바로 '가장 희귀하고 가장 높은 가치를 지닌 인간들을 위한 삶'이다. 그런 삶은 개인이 최다수인간의 삶에 가치를 부여할 수 있는 최선의 방법이기도 할 것이다.

오늘날 이른바 문화제도文化制度는 고귀한 목적들을 달성하려고 노력하는 모든 고독하고 완고한 개인들을 밀치고 촘촘한 계급사다리의 상층으로 올라가려는 "문화를 습득한" 자들한테 유리하게 조직화된다고 말해질 수 있다. 그래서 심지어 학자들조차 '갓 싹트기 시작한 천재를 인지하는 감각'과 '동시대의 고군분투하는 천재를 아끼는 감정'을 대체로 상실해가는 듯하다. 그리하여 모든 기술적·전문적 분야들이 명백히 꾸준하게 발전하는 와중에도 위인들이 출현하는 데 필요한 조건들은 나아질 기미를 전혀 보이지 않을 뿐더러 천재에 대한 반감反感도 줄어들기보다는 오히려 늘어나는 실정이다.

예외적인 개인은 국가에 많은 것을 기대할 수 없다. 그는 국가의 배려와 혜택을 거의 누리지 못한다. 국가가 그에게 제공할 수 있는 유일한 혜택은 '완전한 독립심'뿐이다. 그래서 오직 진정한 문화만이 그가 너무 일찍 기진맥진해지거나 탈진해버리는 사태를 예방할 수 있을 것이고, 또 그런 문화만이 그를 문화속물근성에 대항하는 소모전消耗戰의 희생자로 전락시키지 않을 수 있을 것이다.

니체는 이런 진정한 문화의 전달자들 중 한 명이기 때문에 유가치한 인물이다. 즉 니체는 자주독립해서 독립심을 확산시킬 수 있기 때문에 유가치한 인물이고, 청년 니체에게 해방정신이 되어준 쇼펜하워처럼, 타인들에게 해방정신이 되어줄 수 있는 정신의 전달자이기 때문에 유가치한 인물이다.

2

니체는 1873~1876년 집필하여 각각 단행본들로도 출간한 논문 4편을 "반시대적 고찰들"이라는 제목으로 총칭했다. 이 제목은 일찍이 시대의 유행을 거스르기로 다짐한 청년 니체의 결의를 표현한다.

니체가 독일의 시대정신과 대결할 무대로 설정한 분야들 중 하나는 교육이었다. 왜냐면 니체는 '독일의 자랑거리로 과시되며 모든 곳에서 대체로 바람직하게 여겨지던 역사교육체계 전체'를 가장 단호하게 비난했기 때문이다.

니체는 '마치 죄수가 자신의 발목에 채워진 쇠사슬에 달린 쇠공을 질질 끌고 다니듯이, 국민들이 자신들의 과거사에 속하는 너무나 많은 것들을 질질 끌고 다닌다는 사실'이 '국민들의 자유로운 호흡과 대담한 의욕을 가로막는 것이다'고 생각한다. 그리고 니체는 '역사교육이 국민들을 향락 겸 행동에만 몰입시킨다'고 생각한다. 왜냐면 현재에 몰입할 수도 없고 또 오직 현재에만 살아갈 수도 없는 니체는 자신의 행복을 느낄 수도 없을뿐더러 타인들을 행복하게 해줄 어떤 일도 할 수 없기 때문이다. 역사를 망각할 능력을 지니지 못한 인간은 행복을 느끼지 못한다. 똑같은 견지에서 말하자면, '망각'은 — 혹은 더 정확히 말하면, '과거를 모르는 무지無知'는 — 모든 행동의 근원이다. 망각상태 — 역사 망각상태 — 는, 비유하자면, '봉인된 공기空氣' 같은 것 또는 '고독한 삶을 개시할 수 있는 분위기' 같은 것이다. 이런 상태는 '한 여인을 애모하는 열정에 사로잡힌 청년의 상태'나 '자신의 일에만 열중하는 사람의 상태'를 상상해보면 이해될 수 있다. 이런 상태에서 두 사람은 자신들을 이런 상태에 빠뜨린 원인을 망각해버린다. 그런데 이런 상태(상상될 수 있는 가장 심한 역사망각상태)에서도 모든 행동이, 모든 위대한 행동이, 발상되고 완수된다. 니체는 바로 이런 상태와 상응하는 역사지식이 존재한다고 말한다. 그것은 바로 인간의 활력을 약화시키고 국가의 생산력들을 사멸시킬 수도 있는 역사지식이다.

이런 추론에서 우리는 독일의 박식한 고전문헌학자가 품은 견해들을 발견할 수 있다. 그런 견해들의 대부분은 그가 독일의 학자들과 예술가들을 관찰한 결과들에서 비롯되었다. 그래서 '독일의 상인들이나 농민들, 군인들이나 공장주들이 역사문화과잉현상 때문에 괴로워한다'는 가설은 이치에 맞지 않을 것이다. 그러나 심지어 독일의 학자들, 작가들, 예술가들마저 괴롭히는 이런 현상의 병폐는 단순히 역사교육만 철폐된다고 해소되지는 않을 본성을 내재한 것일 수 있다. 그래서 역사학들이 억제하거나 사멸시켜온 생산욕구의 소유자들은 이미 무기력해지고 무능해져서 그들의 생산물들도 세계를 풍요롭게 만들지 못할 것이다. 더구나 역사학들이 주로 마비시키는 것은 (통치행위들, 정치술수들, 군사업적들, 예술양식들 따위들에 관한) '이미 죽어버린 갖가지 이질적인 역사지식들의 뭉텅이'라기보다는 오히려 '과거에 살았던 몇몇 위대한 정신들에 관한 지식'이다. 그런 정신들의 생산물에 비하면 현재 살아있는 인간이 생산할 수 있는 어떤 것도, 그의 노고가 빛을 보느냐 마느냐 여부의 문제를 어찌되건 상관없게 만들어버리는 만큼, 무의미한 것으로 보인다. 오직 괴테만이 독일의 청년시인을 절망에 빠뜨릴 수 있었다. 그러나 니체 같은 영웅숭배자는 가장 위대한 것에 관한 우리의 지식을 삭감하려는 욕망을 시종일관 품을 수는 없었다.

예술가의 용기와 지식인의 호방함을 급감시키는 원인들은 확실히 더욱 심층적인 것들이다. 그것들 중 첫손에 꼽힐 만한 원인은 바로 현대사회질서가 수반하기 마련인 '개성붕괴個性崩壞'이다. 그런 반면에 강력한 개성인격자들은 생활력을 상실하지 않고도 역사라는 무거운 짐을 운반할 수 있다.

그러나 '삶이 역사학을 이용할 수 있는 범위'에 대한 니체의 탐구는 니체의 지식관知識觀 전체를 흥미롭고 의미심장하게 만들어준다. 니체가 생각하는 역사학은 '위대한 전투를 치르는 와중에도 본받을 자들, 스승들, 위안자慰安者들을 찾지만 동시대인들 사이에서는 그런 자들을 발견하지 못하는 사람'에게 속한다. 역사학이 없으면 수천 년간 이어져온 위인들의 위대한 순간들로 형성된 산맥은 지금 내 앞에 선명히 생생하게 버텨서있을 수 없었을 것이다. 겨우 100명 남짓한 사람들이 르네상스 문화를 일으켰다는 사실을 우리가 안다면, 예컨대, '새로운 양식에 숙달한 생산적인 정신의 소유자가 100명만 있어도 문화속물근성을 종식시키는 데 충분하리라'고 쉽게 예상할 수 있을 것이다. 그러나 역사학이 비생산적인 인간들의 수중에 떨어지면 치명적 결과들을 초래할 수 있다. 그리되면 젊은 예술가들은 자연 속으로 나아가는 대신에 각종 전시장들을 찾아 몰려다니고, 아직 미숙한 정신만 지닌 채로 예술의 중심지들에 내던져져서 용기를 상실해버린다. 그렇게 비생산적인 모든 역사학은 삶을 인간들에게 부적합한 것으로 만들 수 있다. 니체는 그런 역사학들을 세 부류로 나눈다. 첫째, **기념비적** 역사학은 '이미 확정되어 역사적 결합을 거듭하는 것들이 존재하므로 과거 한때 존재할 수 있던 것은 완전히 변화된 조건들에서도 다시 존재할 수 있다'고 여기는 착각을 조장한다. 둘째, **골동품적** 역사학은 '오래된 과거의 것들을 경건하게 신봉하는 감정'을 유발한다. 그런 감정은 그 감정의 일부나 다른 비슷한 감정들을 언제든지 모욕하기 마련인 '행동형 인간'을 마비시킨다. 셋째, **비판적** 역사학은 '우리가 극복하려고 애쓰는 과거의 잘못들이 우리의 혈통으로 유전되어 우리의 자녀들에까지 영향을 끼치므로 우리는 옛 본성과 새로운 본성 사이에서 끊임없이 내면적 갈등을 겪으며 살아갈 수밖에 없다'고 느끼는 침울한 감정을 유발한다.

이런 의미에서, 다른 분야들에 관한 논의들로도 이미 암시되었다시피, 니체의 최종공격목표는 바로 '오늘날 탈진하여 헐떡이는 교육'이다. **교육**과 **역사교육**이 오늘날 거의 동의어들이나 다름없어졌다는 사실은 니체에게는 암울한 징조로 보인다. '모름지기 고대 그리스인들의 문화와 같아져야 하는 문화'라는 목표 — 행동원인, 결심을 자극하는 요인 — 는 돌이킬 수 없이 망각되었다. 그리하여 오늘날 문화는 이미 죽어버린 체내종양體內腫瘍 같아서 그 종양의 소유자를 자극하지 못하기 때문에 흔히 내면적인 것으로 묘사된다. "교육받은" 자들의 대부분은 걸어 다니는 백과사전들이다. 설령 그들이 행동하더라도, 보편적으로 인정되는 조야한 인습을 따르느라, 아니면, 단순한 야만근성에 휘둘려서 그리할 따름이다.

의심될 여지없이 일반적으로 적용될 수 있는 이런 비난은 특히 독일의 문학계가 유발할 수밖에 없는 불평과 결부된 것이다. 그것은 옛 시대의 위대한 것들이 발휘하는 강박효과에 대한 불평이다. 그런 강박효과는 '자신을 더 위대한 시대의 뒤처진 동참자이자 유복자로 여기는 현대인은 자신이 실제로 역사를 독학獨學할 수는 있으되 결코 생산할 수는 없다고 확신한다'는 사실로 증명된다.

니체는 '독일의 대학교들에서는 심지어 철학마저 수박겉핥기식으로 다뤄지면서 모든 것에 관한 모든 사람의 생각을 가르치는 철학역사학으로 차츰차츰 변질된 결과 "대학교수-노인들과 대학생-젖먹이들이 주고받는 해롭지 않은 농담의 일종"으로 전락해버렸다'고 불평한다. 그리하여 '다양한 국가들에서 사상자유가 존재한다는 사실이 곧 명예의 지표이다'고 자랑스럽게 떠벌여진다는 것이다. 그러나 현실에서 그런 자유는 빈약한 자유일 따름이다. 왜냐면 생각은 100가지 방식으로 행해질 수 있어도 행동은 오직 단 한 가지 방식으로만 행해질 수 있기 때문이다. 바로 그런 단 한 가지 행동방식이 이른바 "문화"로 속칭되는 것이고 현실에서는 "유일한 형식이요 더 나쁜 형식이자 획일적인 형식"이다.

니체는 '역사지식을 아는 인간을 가장 올바른 인간으로 보는 관점'을 공격했다. 우리는 대개 아무것도 낳지 못하는 순수한 지식만 추구하는 역사학자를 존경한다. 그러나 많은 사소한 진리들이 존재하는데, 모든 탐구집단이 그런 사소한 진리들에 일제히 매달린다면, 비록 그런 옹색한 정신을 가진 자들의 집단이 정직한 인간들에 속할지라도, 결국 재난을 초래하고 말 것이다. 더구나 역사학자가 자신의 생존시대에 유행하는 여론들을 기준으로 삼아 과거사를 평가하면 객관적 역사학자로 간주되고, 그리하지 않으면 주관적 역사학자로 간주된다. 객관적 역사학자로 간주되는 인간은 '과거의 어떤 시대로부터 조금도 영향을 받지 않고 그 시대를 묘사하는 데 가장 적합한 인간'으로 여겨진다. 그러나 오직 미래를 건설하는 데 이바지하는 인간만이 과거사의 정체를 파악할 수 있고, 역사학은 그렇게 파악된 과거를 예술작품으로 변형시킬 때 비로소 본능들을 각성시키거나 심지어 육성할 수도 있다.

지금 행해지는 역사교육이 전염시키는 많은 감동들은 참으로 과대해서 마비된 감각을 양산한다. 그런 감각은 이미 노쇠한 가문에서 노쇠하게 태어난 인간의 감각처럼 무기력한 감각이다. 그런데 '실제로는 저마다 아직 서른 살도 되지 않았는데 무려 일흔 살 먹은 노인들처럼 보이는 자들의 인생들'이 우리시대의 출발점과 우리를 완전히 분리해버려도, 이런 마비된 감각은 여전히 양산된다. 그리고 이런 실태는 보편적 역사의 가치와 의미를 신봉하는 엄청난 미신迷信과 결부된다. "세계의 역사는 세계의 법정이다"라는 쉴러Johann Friedrich Schiller(1759~1805)의 명제는, 마치 사상이 아닌 다른 역사의 법정이 존재할 수 있다는 듯이, 끊임없이 반추된다. 그래서 역사를 '신이 스스로를 점점 더 확실히 계시하는 과정'으로 보는 헤겔의 역사관은 완강히 고수되어왔지만, 그런 역사관은 단순히 성공을 찬양하는 관점 — 즉, 결코 잔인하지 않은 모든 사실을 승인하는 관점 — 으로 서서히 변질되었을 따름이다. 그러나 위대성은 결과들이나 성공과 전혀 무관하다. 아무것도 실현하지 못한 웅변에만 진력한 그리스의 데모스테네스Demosthenes(서기전384~322)는 연전연승하던 필립포스 2세[27]보다 더 위대한 인물이었다. 오늘날 모든 것은 완성된 사실들이기만 하면 바람직한 것들로 생각된다. 심지어 천재 한 명이 지닌 능력들을 충분히 발휘하다가 죽어도 그가 제때 죽었다고 증언하는 자들이 곧바로 나타난다. 그래서 우리가 보유한 역사의 파편에 "세계과정"이라는 이름이 붙는다. 이제 사람들은 하르트만처럼 세계과정의 기원과 최종목표를 발견하려고 애쓰느라 각자의 머리를 쥐어짜며

---

27) Philippos II(서기전382~336): 고대 그리스 전역에 대한 지배권을 확립하여 아들 알렉산드로스 3세 Alexandros III(서기전356~323: 서기전336~323재위)의 대제국건설을 위한 토대를 마련한 마케도니아 Macedonia의 제18대 왕(서기전359~336재위).

생각에 잠기지만, 그런 노력은 시간낭비로 보인다. 키에그고도 니체도 '당신의 존재이유를 당신에게 미리 알려줄 수 있는 사람은 세상에 없다'고 말한다. 그러나 당신은 존재하기 때문에 '당신의 자아실현'을 '당신이 달성할 수 있는 고결하고 숭고한 목표'로 삼는 식으로 당신의 존재에 의미를 부여하려고 애쓴다.

니체의 귀족성향을 의미심장하게 만드는 것은, 여기서는 간략히 말해두자면, '현대 역사학자들이 민중들에게 표하는 존경심'에 대한 '니체의 분노'이다. 니체는 '예로부터 역사는 지배자들의 관점에서 기록되었다'고 주장한다. 지배자들이 아무리 평범하거나 불량했어도, 어쨌건, 그들이 역사를 배타적으로 점유했다는 것이다. 그러나 이제 역사는 민중들의 관점으로 이양되었다. 그럴지라도 민중들은 세 부류 중 한 부류로만 간주될 수 있을 따름이다. 즉 그들은 위인들의 복사본들 — 더구나 빈약한 재료로 꼴사납게 만들어진 조악한 복사본들 — 이거나, 아니면, 위인들의 장신구들이거나, 아니면, 위인들의 도구들일 수밖에 없다는 것이다. 그것도 아니라면 민중들은 이른바 '민중본능들 — 흉내본능, 나태본능, 식욕, 성욕 — 에 내재된 역사법칙들'을 발견하려는 통계학자들의 연구대상들일 따름이다. 그래서 민중들을 일정한 시간에나마 활동시킬 수 있는 것이 이른바 '위대한 것'으로 일컬어진다. '위대한 것'이란 일종의 역사권력에 붙여지는 이름이다. 예컨대, 어떤 민중집단이 어떤 종교관념을 자신들의 욕구들에 충당하거나 합치시키고 완강히 방호하면서 수세기간 질질 끌고 다닐 때 그 종교관념의 창시자는 '위대한 자'로 일컬어진다. 이런 원리는 수천 년의 세월로써 증명되었다고 우리는 배웠다. 그러나 니체도 키에그고도 '최고최상의 것은 당장에도 나중에도 민중들에게는 아무런 영향을 끼치지 못한다'고 생각한다. 그러므로 어떤 종교의 역사적 성공, 강인함, 내구력은 그 종교에 유리한 증거가 되기보다는 오히려 그 종교창시자의 위대성을 깎아내리는 불리한 증거가 된다.

역사적으로 드물게도 완벽히 성공한 기획들 중 하나가 예시될 필요가 있을 때 흔히 선택되는 예가 바로 종교개혁이다. 그런데 니체는 '종교개혁이 거둔 성공의 중요성을 반대하는 자들이 주로 인용하는 사실들'을 강조하지 않는다. 다시 말해서, 니체는 '루터Martin Luther(1483~1546)가 종교개혁을 일찍 세속화시켜버렸다거나, 그가 권력자들과 타협했다거나, 군왕들이 교회의 지배권을 벗어나 교회재산들을 몰수하는 동시에 성직자들을 국가로부터 독립시키기보다는 국가에 복종시키고 의존시키도록 규제하기를 원했다'거나 하는 따위의 사실들을 강조하지 않았다. 고대 그리스에서는 새로운 종교들을 창시하려는 많은 시도들이 실패했다. 물론 피타고라스Pythagoras(서기전582~500)와 플라톤Platon(서기전427~347) 같은 인물이나 어쩌면 엠페도클레스Empedocles(서기전490~430) 같은 인물도 종교창시자로 인정될 만한 자격을 지녔을 것이다. 그렇지만 그런 인물이 상대해야 하던 개인들은 너무나 다채로운 본성들을 타고났으므로 그런 개인들에게는 신앙과 희망을 가르치는 공통적 교리가 소용없었다. 이런 경우와 대조적으로 북유럽에서 루터가 주도한 종교개혁의 성공은 북유럽문화가 남유럽문화보다 뒤쳐진다는 사실을 암시한다. 민중들은 자신들에게 하달되는 명령을 양떼처럼 맹종하고, 개종改宗이 양심의 문제가 될 경우에는 매우 동질적인 정신욕구들을 지닌 자들로 보일만큼 개성들을 거의 드러내지 않는다. 똑같은 맥락에서 고대 페이건들의 최초개종은 오직 로마인들과 바바리안들[29]의 혼혈이 대규모로 진행되었기 때문에 성공될 수 있었다. 바바리안들과 노예들은 새로운 교리를 받아들임으로써 세계의 주인들에게 압력을 행사할 수 있었다.

이 대목에서 니체가 '역사학은 흔히 생각되는 만큼 건강하지도 않고 교육요인을 강화하지도 않는다'는 자신의 명제를 뒷받침하느라 채택한 논거들이 예시될 수 있다. 그런 논거들 중 하나는 '오직 삶을 이해하는 방법을 배운 사람만이 행동을 준비하고 역사의 가치를 인정하며 역사를 응용할 수 있다'는 것이다. 그렇지 못한 자들은 역사에 강박되어 스스로를 후발주자로 느끼는 비생산적인 자들이 되거나 모든 분야에서 성공을 숭배하는 자들로 왜소해진다는 것이다.

이 문제를 해결하는 데 이바지한 니체의 공로는 모든 종류의 역사적 낙천주의를 반대한 그의 항변에서 발견된다. 그렇지만 그는 평범한 낙천주의마저 데카당스의 결과 — 본능들이 퇴화하거나 쇠약해진 결과 — 로 간주하여 강력히 거부했다. 그는 용맹한 신진세대가 수용한 고대 그리스 정신을 부활시킬 수 있는 비극문화의 승리를 모색하자고 청년답게 열광적으로 설파했다. 그때 이미 그는 모든 체념을 몹시 혐오했으므로

---

28) pagan: 이 단어는 지금까지 한국에서 '이교도異敎徒'로 번역되어왔다. 그런데 이 번역어는 '페이건'의 파생어 '페이거니즘paganism'의 주요 번역어인 '이교異敎'와 함께 많은 오해의 소지를 유발해왔다. 왜냐면 본시 '중동지역에서 태동한 이른바 "3대 유일신교唯一神敎" — 유대교, 기독교, 이슬람교 — 와 그것들의 신자들이 아닌, 다른 종교들 — 비非유대교, 비非기독교, 비非이슬람교, 고대의 다신교多神敎, 샤머니즘, 토테미즘 등 — 과 그것들의 신자들'을 총칭하는 '페이거니즘'과 '페이건'이라는 단어들을 단순히 '이교'와 '이교도'로만 번역하는 것은 오직 '3대 유일신교의 관점'만 반영하는 것이기 때문이다. 그렇다고 모든 경우에 이처럼 3대 유일신교의 관점만 반영하는 '이교'와 '이교도'라는 번역어를 대신하여 '비非____교'나 '비非____교도'라는 식으로 번역할 수만도 없는데, 왜냐면 그리하다가는 번역과정뿐 아니라 독자들이 번역문을 읽는 과정도 지극히 번거로워질 수밖에 없기 때문이다. 그래서 번역자는 '페이건'을, 3대 유일신교의 관점이 반영되지 않는 문장에 한해서는, 단어의 뜻을 충분히 살림과 동시에 이해 가능성과 가독성을 높일 수 있게 번역하지 않고 그대로 사용했다.

29) Barbarian: 여기서 이 단어는 "비非로마인 및 비非기독교도"의 통칭으로 사용되었다.

쇼펜하워의 염세주의를 거부했다. 그러나 니체는 건강한 염세주의, 강대한 역량에서 파생한 염세주의, 넘치는 권력에서 파생한 염세주의를 추구했고, 고대 그리스인들을 연구하면서 그런 염세주의를 발견했다고 자신했다. 청년 니체는 자신이 발견한 고대 그리스인들의 염세주의를 설명하느라 집필한 해박하고 심오한 저서 『비극의 탄생』에 이른바 **아폴론적인 것**과 **디오니소스적인 것**이라는 두 용어를 도입했다. 고대 그리스의 양대 예술신藝術神들인 아폴론과 디오니소스는 저마다 조형예술과 음악예술의 대조적인 성질들을 대표한다. 아폴론은 '꿈꾸는 상태'와 상응하고 디오니소스는 '도취상태'와 상응한다. 인간들의 꿈속에서 신들은 최초로 모습을 드러낸다. 그래서 꿈들은 '비현실적으로 아름다운 형상들'의 세계들이다. 그런 반면에 우리가 생각할 수 있고 상상할 수 있는 영역들의 저변으로 우리의 시선을 돌려 인간의 가장 깊은 심층들을 내려다본다면, 우리는 무시무시하면서도 황홀한 세계를, 디오니소스 왕국을 목격할 것이다. 저 위쪽 아폴론 왕국에서는 아름다움, 운율, 비례比例가 군림한다. 그런 반면에 저 아래쪽 디오니소스 왕국에서는 과잉한 자연이 쾌락과 고통의 격랑들을 따라 자유분방하게 떠돈다. 장년기 니체의 관점을 감안하면, 우리는 니체가 고대 그리스 문화를 이렇게 열심히 탐구한 더욱 깊은 원인을 알 수 있다. 물론 청년기에도 이미 니체는 '도덕으로 회자膾炙되는 것은 자연을 반대하고 비난하는 어떤 원리를 머금었으리라'고 의심했다. 그래서 그 원리의 근본적 반대원리를 찾던 그는 기독교를 가장 멀리하는 순수예술원리를 발견했고 그것을 '디오니소스적 원리'라고 불렀다.

이 대목에서 니체의 주요한 심리적 특징들이 마침내 뚜렷하게 드러난다. 속물근성에 대한 이토록 격심한 혐오감을 심지어 다비트 슈트라우스에게마저 드러내는 본성은 과연 어떤 부류의 본성일까? 그것은 예술가의 본성이 분명하다. 그토록 굳건한 확신을 품고 역사문화의 위험들을 우리에게 경고하는 저자는 과연 어떤 부류의 저자일까? 그런 저자는 그런 위험들을 직접 체험했고 자신을 단순한 반추자反芻者로 전락시킬 위기를 실감했으며 역사학의 성공을 숭배하고 싶은 유혹을 느껴보았던 문헌학자가 확실하다. 그토록 열렬하게 문화를 천재숭배로 규정하려는 본성은 어떤 부류의 본성일까? 그것은 에커만의 본성이 아니라 열광자의 본성이 분명하다. 그런 본성은 처음부터 자신의 주인행세를 하는 편견에게 명령하지 못하면 그 편견을 재빨리 인정함과 아울러 '인류는 고대의 대립적 명령복종관계를 절대로 벗어나지 못한다'고 알아차려서 그 편견에 기꺼이 복종해버린다. 다른 많은 사람들도 그랬듯이 니체도 나폴레옹의 출현을 바로 이런 본성의 증거로 간주했다. 왜냐면 나폴레옹은 타인 수천 명에게 전율스러운 희열을 안겨주는 '명령할 줄 아는 개인'으로 보였기 때문이다.

그러나 윤리영역에서 니체는 복종을 설교하지 않으려고 했다. 그런 반면에, 이미 알려졌다시피, 니체는 우리의 현대 도덕 — '자신의 고유한 도덕명령을 자신에게 내릴 수 있는 권력'을 떠받드는 대신에 실제로 여전히 '복종'을 최고도덕명령으로 여겨서 떠받드는 도덕 — 을 '무감각하고 비천한 도덕'으로 간주한다.

1870~1871년 군사훈련을 받고 전쟁에도 잠시나마 참전한 니체의 경험이 어쩌면 니체에게 자신의 씩씩하고 사나이다운 자질을 발견하는 계기를 제공함과 아울러 연약하고 나약한 모든 것에 대한 극심한 혐오감

도 심어주었을 것이다. 니체는 이전에 자신이 똑같이 경의를 표했던 '쇼펜하워 철학에 담긴 연민도덕憐憫道德'도 '바그너 음악에 담긴 낭만주의-가톨릭 요소'도 모두 혐오하고 외면해버렸다. 니체는 자신이 필요한 것들에 맞춰 두 거장을 변형시켰다는 사실을 분명히 자각했고, 그런 변형과정에서 작동한 자신의 자기보존본능도 매우 잘 이해했다. 상승하는 야심만만한 정신은 자신에게 필요한 도우미들을 창조하기 마련이다. 그리하여 니체는 볼테르 사망 100주년(1878년)에 출간한 『인간적인 너무나 인간적인』을 자신의 동시대인들 사이에 존재할지 모를 "자유정신들"에게 헌정했다. 그것은 곧 니체의 꿈들이 니체가 살아있을 때 발견하지 못하던 조력자들을 창조했다는 것을 의미했다.

니체가 서른두 살일 즈음 발병하여 니체를 오랫동안 은둔자로 만든 심각하고 괴로운 질병은 니체를 모든 낭만주의와 결별시켰고 모든 연민의 굴레에서 해방시켰다. 질병은 "병자에게는 염세주의를 품을 어떤 권리도 없다"고 자부하고 자긍하는 사상을 니체에게 심어주었고, 그런 사상 덕분에 니체는 염세주의를 멀리할 수 있었다. 그리고 질병은 니체를 엄밀한 의미의 철학자로 만들어주었다. 그의 사상들은 금지된 길들을 은밀하고 집요하게 탐구했다. 그런 탐구는 '가치탐구'로 이어졌다. 우리는 가치를 전복시킬 수 있는가? 전복된 가치가 선善으로 간주된다. 그것이 오히려 악惡은 아닌가? ― 신은 논박되지 않는가? 그런데 우리는 악마에 관해서도 그토록 많이 말할 수 있는가? ― 우리는 기만당하지 않는가? 그리고 우리 모두는 '기만당하는 기만자들'은 아닌가?……

그리하여 건강을 원하는 열망을 부추기는 기나긴 투병생활을 견디고 회복하는 병자는 삶, 빛, 온기, 정신의 자유와 여유, 사상의 산맥과 지평, "새로운 서광들이 밝히는 전망들," 창조력, 시詩의 위력을 두루 느끼는 희열을 누린다. 그러면서 그는 고결한 자신감을 품고 오랫동안 거침없이 집필에 몰두하는 황홀경으로 진입한다.

3

여기서는 니체의 모든 저작을 살펴볼 수도 없을 뿐더러 그럴 필요도 없을 것이다. 여전히 읽히지 않는 저자에 대한 관심을 촉발하려면 그 저자의 가장 특징적인 사상들과 표현들만 부각시켜보여도 충분할 것이고, 또 그래야만 그 저자의 사고방식과 정신적 특성이 독자들에게 비교적 쉽게 이해될 것이기 때문이다. 이 과업은, 니체가 자신의 사상들을 잠언들에 담았다는 사실 때문에 달성되기 힘들어 보일 수 있지만, 자신의 모든 사상을 강조하여 경이적인 것들로 보이게 만드는 니체의 습관 덕분에 달성되기 쉬워 보이기도 한다.

잉글랜드의 공리주의는 독일에서 거의 수용되지 않았다. 현재 비교적 해박한 사상가들 중에는 오이겐 뒤링Eugen Dühring(1833~1921)이 공리주의의 대표적 옹호자이다. 프리드리히 파울젠Friedrich Paulsen(1846~1908)도 잉글랜드의 공리주의자들을 지지한다. 하르트만은 문화와 행복을 동시에 촉진하기는 불가능하다는 것을 증명하느라 노력했다. 니체는 행복의 개념을 분석하다가 새로운 난제들을 발견한다. 공리주의의 목적은 인류에게 최대쾌락과 최소고통을 제공하는 것이다. 그러나 쾌락과 고통이 실타래처럼 뒤얽혀있기 때문에, '자신이 원하는 모든 쾌락을 능력껏 누리려는 인간은 자신이 누리려는 쾌락들에 상응하는 고통들도 감수해야 한다'면 어쩌겠는가? 클뢰르헨은 "최대쾌락은 최대고통을 요구해요[30]"라고 노래했다. 그런데 최대고통이 최대쾌락의 조건인지 아닌지 여부를 누가 알겠는가? 고대 스토아 학자들은 이 조건을 믿었으므로 고통회피를 소망하여 인생에서 최소쾌락만 구했다. 그래서 어쩌면 오늘날 심한 고통들을 겪지 않도록 보장받은 자들에게까지 강렬한 쾌락들을 제공하기로 약속하는 자들도 역시 어리석은 자들일 것이다.

우리는 니체가 이 문제를 최고급정신의 단계로 이동시켰다는 사실을 안다. 물론 그런 단계는 '굶주림, 육체피로, 건강을 해치는 중노동 같은 가장 저급하고 가장 평범한 불행들은 그런 불행들을 당하는 자들에게 어떤 강렬한 쾌락도 보상해주지 않는다'는 사실과 무관하다. 왜냐면 비록 모든 쾌락을 비싸게 구매한 사람이 강렬한 쾌락을 누리더라도 그런 쾌락이 모든 고통을 저지하고 상쇄하지는 못할 것이기 때문이다.

그래서 니체는, 자신의 귀족성향을 어기지 않고, 벤담Jeremy Bentham(1748~1832)의 "최다수를 위한 최대행복"이라는 명제를 공격한다. 이상理想은 당연히 '모두를 행복하게 해주는 것'이다. 그러나 이런 이상은 실현될 수 없기 때문에 "최다수를 위한 최대행복"이라는 명제가 설정된 것이다. 그렇다면 왜 하필 최다수를 위한 행복일까? 우리는 가장 뛰어나고 가장 고결하며 가장 유능한 자들을 위한 행복을 상상할 수도 있을 것이다. 그래서 우리는 '문화의 부단한 향상을 강제하는 가축몰이용 작대기 같이 기능하는 행운의 불평등'보다 '소박한 행복과 소박한

---

30)   Himmelhoch jauchzend, zum Tode betrübt: "하늘만큼 기쁘려면 죽도록 슬퍼야 해요"로도 직역될 수 있는 이 문구는 괴테의 희곡『에그몬트Egmont』(1788) 제3막에서 죽을 위기에 처한 에그몬트 백작 Count Egmont(1522~1568)을 구하려다가 실패한 연인 클뢰르헨Klärchen이 부르는 노래의 한 소절이다. 에그몬트 백작은 실제로 네덜란드를 침공한 에스파냐의 알바 공작Duke of Alba(1507~1582)에게 항전한 인물로 유명하다.

안락'이 더 나을 수도 있지 않으냐고 의문할 수 있을 것이다.

이 대목에서 이타심을 가르치는 학설이 등장한다. 그 학설은 '도덕적 삶은 이타적 삶이다'고 가르친다. 우리는 '이타적 삶이 선善한 삶이다'고 배운다. 하지만 이타심 ─ 선善 ─ 의 의미는 무엇인가? 그것은 누구를 위한 선인가? 그것은 '자기희생자를 위한 선'이 아니라 '자기희생자의 이웃을 위한 선'이다. 이타심의 미덕을 찬양하는 자는 '공동체에게는 이롭고 개인에게는 해로운 것'을 찬양한다. 그래서 이타적 사랑을 받고 싶어 하는 이웃은 이타적인 자가 아니다. 이런 도덕의 근본모순은 '타인의 이기심을 위해 자신의 이기심을 포기하라고 요구하며 명령한다'는 데서 비롯된다.

니체의 관점에서 보면, 모든 도덕의 본질적이고 헤아릴 수 없이 귀중한 요소는 처음부터 이토록 간단한 것, 즉 모든 도덕은 '장기간 지속되는 억제상태'에 불과하다는 것이다. 언어가 시詩를 억제하여 위력과 자유를 획득하듯이, 조형미술과 음악과 춤에서 발견되는 모든 자유와 세련미가 독단적 법칙들의 결과이듯이, 인간본성도 오직 억제된 상태에서만 발달한다는 것이다. 이것은 자연의 도덕적 지상명령처럼 보인다. 그런 명령은 (칸트가 생각한) 정언명령도 아니고 (자연은 개체를 배려하지 않으므로) 개인에게 하달되는 명령도 아닌 국가들, 계급들, 시대들, 민족들 ─ 사실상 인류 ─ 에게 하달되는 명령처럼 보인다. 다른 한편으로, 이런 관점에서 보면, 개인의 이익과 행복을 위해 개인에게 교시敎示되는 모든 도덕은 단순히 가정생활에 필요한 세부적인 지침들과 조언들로, 혹은 '폭출暴出되기를 원할 수도 있는 열정들'을 억제하기 위한 처방들로 환원된다. 그래서 모든 도덕은 모든 인간에게 교시되기 때문에, 그리고 보편화될 수 없는 것을 보편화시키기 때문에, 주객전도主客顚倒된 형식을 띤다. 칸트는 자신이 발견한 정언명령으로 이루어진 안내규칙을 우리에게 제시한다. 그러나 그 규칙은 우리를 실망시켰다. 그것은 우리에게 전혀 도움이 되지 않는 규칙이다. 그 규칙대로 행동할 수 있으려면 그 규칙이 아닌 다른 규칙들대로 행동해야 한다. 왜냐면 우리는 '똑같은 행동들 같은 것들'은 존재하지도 않고 존재할 수도 없다는 것, 그러나 '모든 행동은 본성상 유일한 것들'이라서 여느 명령도 오직 '개시되지 않은 조야한 잠재적 행동들'에만 적용될 수 있다는 것을 알기 때문이다.

그렇다면 양심의 목소리와 양심의 판단은 어찌될까? 우리는 이 질문에 답변하기 어려워한다. 왜냐면 우리는 실제로 우리의 양심에 가려진 또다른 양심을, 즉 도덕적 양심에 가려진 '지성적 양심'을 겸비했기 때문이다. 우리는 '어떤 사람이 내린 양심적 판단의 과거역사는 곧 그 사람의 본능들, 원초적 공감들이나 혐오감들, 풍부하거나 모자란 경험들의 과거역사이다'고 말할 수 있다. 우리는 '고결하고 선善한 것에 관한 우리의 의견들 및 도덕적 가치평가기준들'이 '행동을 유발할 수 있는 강력한 지렛대들'이라는 사실을 매우 잘 이해할 수 있다. 그러나 우리는 먼저 이런 의견들을 정제하고 우리를 위한 새로운 가치들의 목록들을 독립적으로 창조하는 작업부터 시작해야 한다.

윤리교사들이 모든 인간을 위한다며 떠벌이는 도덕적 설교들은 어디까지나 사교모임 참석자들끼리 개인적으로 수군대는 도덕적 험담들만큼 헛된 것들이다. 이 대목에서 니체가 도덕학자들에게 들려주는 훌륭한 조언은 '인류를 교육하려고 애쓰느니 차라리 단 한 사람을 교육하는 데 전력투구했던 17~18세기의 교육자들을 모방해보라'는 것이다. 그러나 도덕을 강조하느라 목의 핏대를 세우는 자들일수록 대체로 무지몽매한 자들일 가능성이 매우 높고, 그런 자들의 자식들이 도덕적으로 평민들의 수준을 능가하는 경우도 드물기 그지없다.

마음 깊은 곳에서부터 '나는 남들과 비교될 수 없다'고 느끼는 인간은 스스로 지켜야 할 법률을 스스로 제정하는 자기입법자自己立法者가 될 것이다. 그리고 자기입법자가 되려는 인간은 반드시 자신의 성격에 표현양식을 부여해야 한다. 이것은 예술적인 활동에 속한다. 이런 활동을 실행할 수 있는 인간은 자신의 본성에 겸비된 강한 면과 약한 면을 분별할 수 있는 안목을 가지고 '자신의 본성에서 불필요한 이런저런 속성들'을 제거함과 동시에 그것들을 '자신의 제2본성들이 되어갈 속성들'로 교체하는 작업을 날마다 습관적으로 실천할 수 있다. 다시 말해서, 그런 인간은 자신의 본성을 자신의 법률에 완전히 복종시킴으로써 자신을 질서정연한 억제상태로 유지할 수 있다는 말이다. 오직 그런 인간만이 자족할 수 있고, 또 오직 그런 인간만이 타인들에게도 거북스럽지 않게 받아들여질 수 있다. 왜냐면 불만족자들과 실패자들은 대체로 자신들의 원한들을 타인들에게 풀기 때문이다. 원한을 품은 자들은 자신들의 조악한 처지와 무기력증을 포함한 모든 것에서 독毒을 뽑아먹고, 자신들의 관점에서 의심스러워 보이는 조화로운 본성의 소유자들에게 원한풀이하기를 끝없이 갈망하면서 살아간다. 그래서 원한을 품은 자들일수록 언제나 미덕을 빌미 삼는 훈계들을 더 열심히 떠벌여대며 생활한다. 그들은 도덕, 엄숙, 순결, 생활용 권리들을 줄기차게 반복적으로 떠벌여댄다. 그들의 심정은 '삶을 향락할 수 있는 매우 조화로운 사람들'에 대한 끝없는 질투심으로 불탄다.

수천 년간 도덕은 '관습에 대한 복종'과 '계승된 관례에 대한 존중'을 의미했다. 그래서 '자유롭고 예외적인 인간'은 전통 — 즉 '타인들이 미신迷信하고 두려워해서 존중하는 전통' — 을 파괴한다고 여겨져서 '부도덕한 인간'으로 간주되었다. 그런데 부도덕한 인간도 역시 타인들의 것과 똑같은 도덕관道德觀을 가져서 자신이 유발한 두려움에 사로잡히는 경우가 매우 흔했다. 그렇듯 민중들의 관습도덕은 '같은 종족에 속하는 모든 인간의 무의식'에 동화同化된다. 그래서 '죄와 벌 사이에 있으리라고 추정되는 의심스러운 관계'의 새로운 사례들과 증거들이 언제든지 발견될 수 있다는 이유로 당신이 만약 그런 관계를 이런저런 식으로 믿는다면, 사태는 당신에게 불리하게 돌아갈 것이다. 더구나 그런 불리한 사태가 보편화되면 '의심스러운 것으로 추정된 그런 관계'는 지속적으로 긍정될 것이다. 그리하여 민간요법의 수준을 넘지 못하는 사이비과학에 불과한 민중도덕도 지속적 근거를 획득할 것이다.

예의범절들과 관습들은 '이롭거나 해롭다고 추측된 것들에 관한 구세대들의 경험들'을 대표하는 것들이다. 그러나 도덕적 의미는 이런 경험들 자체에는 부여되지 않고 오직 '구세대들의 노령老齡과 노회老獪 및 그것들의 명명백백함'에만 부여된다. 장기간 지속되는 전쟁상태에서 사방의 적들로부터 위협당하는 종족은 가장 엄격한 관습도덕의 지배를 받기 때문에 학대행위보다 더 즐거운 향락행위를 모른다. 학대행위는 인류의 가장 오래된 축제용 및 승전축하용 향락행위들 중 하나이다. 심지어 '신들도 자신들을 위해 자행되는 학대행위들을 구경하면 흥겨운 축제를 즐기듯이 흡족해하리라'고 생각되었다. 그리하여 '자발적인 자학自

虐, 금욕고행과 절욕節慾도 징벌들이 아니라 신의 향락꺼리들이므로 심히 유가치한 행위들이다'고 보는 관념이 세계에 은근히 심어졌다.

지난날 하나의 종교로서 기독교는 영혼들을 고문하는 학대행위를 부단히 자행하고 설교했다. 이 대목에서, 예컨대, '나는 앞으로 영원한 고통을 벗어날 수 없으리라'고 생각했을 중세 유럽의 어느 기독교신자의 상태를 상상해보자. 그의 상상 속에서 에로스Eros와 아프로디테Aphrodite는 무서운 악마들이었을 것이고 죽음은 끔찍한 공포였을 것이다.

학대행위의 도덕은 연민도덕으로 계승되었다. 연민도덕은 이타적인 것으로 찬미되었는데, 쇼펜하워가 특히 찬미했다.

하르트만은 사려 깊은 저서 『도덕의식현상학Phänomenologie des sittlichen Bewusstseins』(1878)(pp. 217~240)에서 '쇼펜하워가 품었을 연민은 유일한 도덕본능도 아니려니와 도덕본능들 중 가장 중요한 것으로 간주될 수도 없다'고 이미 증명한 바 있다. 니체는 연민도덕을 다른 관점들에서 공격한다. 니체는 '연민도덕은 이타적인 것이 결코 될 수 없다'고 증명한다. 타인의 불행은 우리의 감정을 괴롭히고 우리에게 불쾌감을 줄 뿐 아니라, 혹시라도 불행한 타인을 돕지 않을 수도 있을 우리에게 비겁자들이라는 오명을 씌울 수도 있을 것이다. 또 다른 경우에 타인의 불행은 우리에게 닥칠 수 있는 위험을 암시할 수도 있다. 그럴지라도 우리는 특히 '자신의 상태'와 '불행한 타인의 상태'를 비교할 때 — 즉, 불행한 타인에게 우리가 강자이자 조력자로서 간섭할 수 있을 때 — 쾌감을 느낀다. 왜냐면 우리가 타인에게 제공하는 도움은 우리에게 행복감을 안겨주기도 하겠지만, 어쩌면 단순히 우리를 권태지경에서 구제해주는 것에 불과할지도 모르기 때문이다.

실제로 고통을 공유하는 형식을 띠는 연민은 나약함일 뿐 아니라 차라리 불행일 수도 있다. 왜냐면 그런 연민은 세계의 고통을 증가시킬 수 있기 때문이다. 자신의 주위에서 발견하는 모든 불행에 진지하게 완전히 공감하는 사람은 그런 공감 때문에 쉽사리 파멸할 수 있다.

야생인들 사이에서 연민을 자극하는 생각은 끔찍한 것으로 여겨진다. 그래서 연민을 자극하는 자들은 혐오된다. 야생인들의 통념들에 비춰보면 '한 사람에 대한 연민은 곧 그 사람에 대한 혐오감이다.' 그런데 야생인들은 혐오스러운 사람의 고통을 보면서 쾌감을 전혀 느끼지 않는다. 그렇지만 '고통에 시달리면서도 스스로를 포기하지 않고 긍지를 지키려는 적敵의 모습'을 바라보는 야생인들은 쾌감을 느낌과 동시에 감탄한다.

연민도덕은 대개 '너희의 이웃을 사랑하라'는 관용구 형식으로 설교된다.

니체의 공격목표들은 **이웃**이라는 단어로 집약된다. 키에그고처럼 니체도 당면목표를 달성하기 위해 먼저 도덕을 무시해야 했다. 그래서 니체는 '도덕의 진정한 본성은 우리의 행동들에서 직접 초래된 결과들을 성찰하는 것이므로 우리가 마땅히 순응해야 할 것으로서 유지되어야 한다'는 논리에도 격분했다. 니체는 이런 도덕에 내재된 옹색하고 기만적인 논리를 반대하여 이런 직접결과들과 열망들을 넘어서, 심지어 이웃을 괴롭히는 수단을 이용해서라도, 더욱 심원한 목표들을 지향한다. 예컨대, 지식증진知識增進도 그렇게 지향되어야 할 심원한 목표이고, 그것을 지향하는 의지意志가 비록 우리 이웃들의 애처롭고 미심쩍으며 사악한 정염情炎들로 끝내 귀결될지라도 우리는 의지를 꺾지 말아야 한다는 것이다. 우리는 이런 견지에서 연민을 억지로 떨쳐내야 하지는 않더라도 우리의 연민을 목적달성용 포로捕虜로 삼을 수는 있다.

그래서 이제 연민을 이타심으로 칭하며 신성시하려고 애쓰는 일은 무분별한 짓이듯이, 일련의 행동들을 '이기행동利己行動들로 간주되어 비방된다'는 단순한 빌미로 '사악한 양심'에 맡겨버리는 일도 똑같이 무분별한 짓이다. 이런 맥락에서 근래에는 자기부정본능自己否定本能과 자기희생본능을 포함한 이타적인 모든 것이 마치 지극한 도덕가치라도 되는 듯이 찬양되어왔다.

현재 유럽의 도덕학계를 지배하는 잉글랜드의 도덕학자들은 윤리의 기원을 다음과 같은 식으로 설명한다.

원래부터 이타행동利他行動들은 이타목적利他目的들을 지향했고, 그런 행동들의 수혜자들은 그런 행동들을 선善으로 통칭했다. 그 후 세월이 흐르고 그런 행동들을 칭찬받게 하던 이타목적들이 망각되면서 오직 '그런 행동들 자체들'만 선으로 생각되기 시작했다.

니체는 어느 날 자신의 친구이자 잉글랜드에 호의적인 독일인 학자 파울 레의 저서 『도덕감정들의 기원Der Ursprung der moralischen Empfindungen』(Chemnitz, 1877)을 읽었다. 그리고 니체는 '레의 저서가 자신(=니체)으로 하여금 맹렬하고 구체적인 반론을 촉발시켰지만, 도덕감정의 기원에 관한 자신의 기존 견해들을 깨끗이 정돈하여 발전시키고 싶은 자신의 충동에 불을 질렀으므로 자신이 고맙게 여겨야 할 책이다'라는 식으로 진술했다.

그런데 몇 년 후에 다소 놀라운 일이 벌어진다. 『도덕감정들의 기원』에 만족하지 못한 파울 레는 똑같은 주제를 다룬 훨씬 더 중요한 저서 『양심의 기원Die Entstehung des Gewissens』(Berlin, 1885)을 집필했다. 이 저서에서 레는 니체의 관점과 상반되는 자신(=레)의 관점을 포기했고, 자신의 주요개념들과 상반되게 니체가 발전시킨 주요개념들을 내세웠으며, 자신이 다양한 저자들과 인간들을 탐구해서 발견한 많은 증거들로써 니체의 개념들을 뒷받침했다.

이 두 철학자는 개인적으로 친했다. 나는 두 철학자를 모두 알지만, 『양심의 기원』에 관해서는 둘 중 누구에도 질문할 기회를 얻지 못했다. 그래서 혹자는 나에게 다음과 같이 질문할 수도 있으리라. 둘 중 누가 누구에게 영향을 주거나 받았느냐? 1887년의 니체는 '파울 레가 2년 전에 출간한 저서(『양심의 기원』)에서 이미 피력한 관점'과 '니체 자신의 관점'이 얼마나 근접해졌는지 여부는 언급조차 하지 않으면서도 왜 하필 '1877년의 레가 주장했던 견해들'을 혐오하는 기색만 내비쳤느냐?[31] 그러나 아쉽게도 이 질문들에 대해 내가 할 수 있는 대답은 하나도 없다.

파울 레는 일찍이 '고대의 다양한 민족들 대다수는 인간들을 고귀한 자들과 평범한 자들, 강자들과 약자들로 분류하는 방법을 제외한 다른 어떤 도덕적 인간분류법도 몰랐다는 것, 그리하여 고대 그리스에서도 아이슬란드에서도 **선**善의 가장 오래된 의미는 고귀함, 강력함, 풍부함이었다는 것'을 수많은 예를 들어 증명했다.

니체가 자신이 수립한 이론의 전체골격을 떠받치는 토대로 삼은 것

---

31)　니체, 『도덕들의 계보Zur Genealogie der Moral』(1887) 「서문」 제4절 참조.

이 바로 이런 파울 레의 예증이다. 그리하여 니체의 사상은 다음과 같이 전개된다.

선善이라는 아슬아슬한 단어는 선한 것을 목격한 사람들로부터 유래하지 않았다. 이 단어의 가장 오래된 개념은 '고급인간들, 즉 더 강력하고 더 높은 위상을 차지한 더 높은 정신의 소유자들이 자신들 및 자신들의 행위들을 모든 저급한 것 및 저급한 정신의 소유자들보다 더 **좋다** — 고급하다 — 고 생각했다'는 사실에서 유래한다. 고귀한 계급의 계급의식을 의미하는 '고귀함'은 원래 '정신적으로 귀족다움'을 의미하는 **좋음**에서 발달한 개념이다. 저급한 것들은 — '악惡하다'가 아닌 — **나쁘다**고 말해졌다.[32] 그 후 오래 지나지 않아 **'나쁘다'**라는 단어는 '꾸밈없고 값싸다'는 의미를 얻었다. 민중들은 이 단어를 칭찬하는 의미로 사용했다. 그래서인지 독일에서는 슐레히트schlecht(나쁜)와 슐리히트schlicht(꾸밈없는, 소박한)는 동의어들로 사용된다(슐레히트베크schlechtweg와 슐레히터르딩스schlechterdings도 '꾸밈없이, 무조건'을 뜻하는 동의어들이다).[33]

지배계급은 때로는 그냥 '강자'로만 자칭自稱하거나 때로는 그냥 '진실한 자'로만 자칭하기도 했다. 테오그니스가 대변하던[34] 고대 그리스 귀족들도 그렇게 자칭했다.[35] 테오그니스는 "아름답다, 좋다, 고귀하다"를 언제나 "귀족답다"는 의미로 사용했다. 귀족의 도덕가치평가는 "그렇다"고 말하는 승자의 긍정으로 시작된다. 호메로스의 영웅들은 "우리, 고귀하고 아름다우며 용감한 자들 — 우리는 좋은 자들이고 신들의 사랑

---

32)   앞 책, 「첫째 에세이」 제2절.

33)   앞 책, 「첫째 에세이」 제4절.

34)   Theognis(?~?): 서기전6세기말엽~5세기초엽에 그리스 아테네 근처 메가라Megara에서 활동한 시인.

35)   앞 책, 「첫째 에세이」 제5절.

을 받는 자들이다"고 말한다. 그들은 강자들이고, 넘치는 역량의 소유자들이며, 전쟁 같은 활동들을 즐기는 자들이고, 활동하는 행복을 즐기는 자들이다.

물론 이런 귀족들도 자신들이 다스리는 서민군중을 오판하고 얕보는 경우가 있기 마련이다. 또한 귀족들도 '탄압받는 계급이나 중노동에 시달리는 노역자들과 가축들'을 보면 대체로 연민을 느낄 수 있고, 안식하는 행복을 바라는 자들에게는 모든 활동을 불허하는 안식일Sabbath을 허락하는 아량을 베풀 수도 있을 것이다.

그런 한편으로 하층계급들 사이에서는 '하층민들의 증오심과 앙심快心이 왜곡한 지배계급의 이미지'가 필연적으로 유행하기 마련이다. 이런 왜곡과정에는 보복심報復心이 작동한다.[36]

귀족의 가치평가기준(좋다=고귀하다, 아름답다, 행복하다, 신들의 총애를 받는다)과 상반되는 것이 바로 노예도덕이다. 노예도덕은 '오직 비천한 자들만 선善한 자들이며 오직 괴로운 자들과 억눌린 자들과 병자들과 추레한 자들만 경건한 자들이다'고 말하면서 '너희, 고귀하고 풍요로운 자들은 모조리 악惡한 자들, 잔인한 자들, 탐욕스러운 자들, 불경스러운 자들, 죽으면 지옥에 떨어질 자들이다'고 비난한다.[37] 그래서 귀족도덕은 부단히 "그렇다"고 말하는 위대한 자긍심의 표현인 반면에 노예도덕은 줄기차게 "아니다, 너는 그러지 말아야 한다"고 말하는 부정심否定心의 표현이다.

---

36) 【니체는 이 가설을 뒷받침하느라 다소 의심스럽고 부정확한 어원학적 사례들을 동원하는데, 그것들의 가치는 별로 높지 않아 보인다.】

37) 앞 책, 「첫째 에세이」 제7절.

좋은 것과 **나쁜 것**(나쁜 것=무가치한 것)을 분별하는 귀족의 가치평가 기준은 **선한 것**과 **악한 것**을 분별하는 노예도덕과 상반된다. 그렇다면 이런 피억압자들의 도덕(=노예도덕)에서 악인들로 분류되는 자들은 누구일까? 그들은 다른 도덕(=귀족도덕)에서 선인들(=좋은 자들)로 분류되는 자들과 정확히 일치한다.

예컨대, '아이슬란드의 사가saga들을 읽고 그것들에 담긴 고대 북유럽인들의 도덕을 고찰한 결과들'과 '바이킹족Viking族의 악행들에 대한 타민족들의 불평불만들'을 비교해보는 사람이 있다고 가정해보자. 그 사람의 눈에는 '다양한 방식으로 고귀하게 행동하던 이 귀족들'도 '서로를 적대시하여 경쟁하는 사나운 맹수들'과 똑같아 보일 것이다. 이 귀족들은, 마치 독수리들이 어린양들을 습격하듯이, 기독교세계의 해안지역주민들을 습격했다. 혹자는 '이 귀족들이 독수리의 이상理想 같은 것을 신봉했다'고 말할지 모른다. 그렇지만, 그래서 오히려, '그토록 무서운 공격들에 노출된 주민들이 완전히 (귀족들의 이상과) 상반되는 도덕이상道德理想 — 즉 어린양들의 도덕이상 — 을 더욱 합심하여 신봉했다'는 사실이 우리에게는 당연하게 보인다.

잉글랜드의 정치경제학자 존 스튜어트 밀은 자신의 저서『공리주의』(1863) 제3장에서 '정의감正義感은 상처를 입거나 먹이를 빼앗긴 동물의 보복본능에서 발달했다'는 견해를 입증하려고 애썼다. 오이겐 뒤링은 자신의 저서『삶의 가치Der Wert des Lebens』(1865) 초판본을 보완하려고 집필한 '보복감정의 초월적 충족'을 주제로 삼은 에세이에서 존 스튜어트 밀의 견해를 좇아 '보복본능에서 생겨나는 징벌이론'을 완성하려고 노력했다. 하르트만은『도덕의식현상학』에서 '이런 보복본능은 엄밀히 말하면 옛 고통과 옛 상처를 보상해줄 영원한 만족을 추구하느라 새로운 고통과 새로운 상처만 수반할 따름이므로 보복원칙은 단일하고 명백한 원칙이 결코 될 수 없다'고 증명했다.

니체는 현대 도덕들의 총체적 허위성을 보복본능 탓으로도 일반적인 보복감정 탓으로도 돌리지 않는 대신에 '우리가 앙심, 질투, 억하심정 rancune 등으로 속칭하는 더욱 협소한 보복본능' 탓으로 돌리려고 맹렬히 열정적으로 노력했다. 니체가 노예도덕으로 지칭한 것은 니체에게는 순전히 '앙심-도덕'이다. 니체는 이런 도덕을 짧막한 희곡형식으로 묘사한다. 그것은 다음과 같이 요약될 수 있다.

앙심-도덕은 모든 이상理想에 새로운 명칭들을 부여했다. 그러자 '어떤 보복도 시도하지 않는 무기력함'은 '선善함'으로, '소심한 비열함'은 '겸손'으로, '무서운 자에 대한 굴복'은 '복종'으로, '자기주장을 못하는 무능력'은 '자기주장을 억지로 삼가는 자제력으로, 용서로, 원수 怨讐들에 대한 사랑'으로 변해갔다. 또한 '신은 자신이 사랑하는 자를 단련시킨다'고 상상된 덕분에 '불행'은 일종의 '영예'로, 아니면 '준비, 시련, 훈련'으로, 심지어 더 나은 것 — 향후 언젠가는 이익을 더해주거나 축복을 안겨줄 어떤 것 — 으로 변해갔다. 그리하여 온갖 증오심과 앙심을 가득 품은 가장 저열하고 비루한 자들이 "우리, 선한 자들이여, 우리는 정의로운 자들이다"고 말할 수 있어졌다. 그들은 자신들의 원수들을 증오하지 않았고 불의不義와 불경죄不敬罪를 증오했다. 그들이 염원한 것은 보복의 꿀맛이 아니라 정의正義의 승리였다. 그들이 사랑하려고 세상에 남겨둔 자들은 그들의 증오하는 형제자매들이었고, 그들은 그렇게 남겨둔 자들을 그들의 사랑하는 형제자매들로 호칭했다. 그들이 기대한 미래는 '그들의 왕국이 다가올 미래'로, 그리하여 '신의 나라가 재림할 미래'로 일컬어졌다. 그런 미래가 그들 앞에 도착할 때까지 그들은 믿음, 소망, 사랑을 품고 살아간다.[38]

만약 이런 묘사에 담긴 니체의 계획이 역사상의 기독교를 습격하기 위한 것이었다면, 니체는 우리에게 ─ 누구나 알아볼 수 있을 만한 ─ 18세기의 정신과 유행을 풍자적으로 묘사한 그림을 보여준 셈이다. 그러나 니체가 묘사한 자들이 '양심-도덕' 전도사들의 한 유형類型과 거의 일치한다는 사실은 부정될 수 없다. 그리고 도덕설교의 저변에 잠복했을 모든 자기기만自己欺瞞이 이런 니체의 묘사에서보다 더 단호하게 폭로된 경우는 거의 없었다.(『선악을 넘어서』와 『도덕들의 계보』를 비교해보라.)

4

니체는 인간을 '약속들을 할 수 있고 지킬 수 있는 동물'로 정의定意할 수 있다고 보았다.

니체는 '무언가를 약속할 수 있고 약속한 것을 스스로 보증하여 책임질 수 있는 인간의 능력'에 '인간의 진정한 고귀성高貴性'이 내재한다고 보았다. 왜냐면 인간이 이런 능력을 발휘하려면 자기지배력自己支配力도 당연히 습득해야 할 뿐더러 '외부환경들에 대한 지배력'과 '단기간만

---

38) 앞 책, 「첫째 에세이」 14절 참조.

유지되는 의지력을 보유한 다른 생물들에 대한 지배력'도 반드시 습득해야 하기 때문이다.

지배하는 인간은 이런 책임의식을 자신의 양심으로 일컫는다.

그렇다면 책임의식의 과거역사, 즉 양심의 과거역사는 어떤 역사일까? 그것은 장구하고 잔인한 역사이다. 암묵적으로든 명시적으로든 일단 이행하기로 약속하거나 결심한 것을 기억하도록 인간들을 훈련시키느라 역사적으로 끔찍하게 잔인한 수단들이 사용되었다. 인간은 수천년간 '관습도덕'이라는 죄수복에 속박되었고 잔인한 형벌들에 시달렸다. 투석형投石刑, 윤형輪刑, 화형火刑, 생매장형生埋葬刑, 능지처참형, 수장형水葬刑, 태형笞刑, 박피형剝皮刑, 낙인형烙印刑 — 이 모든 속박과 형벌은 '망각하는 동물'인 인간으로 하여금 약속을 오래 기억시키기 위한 수단들이었다. 왜냐면 약속을 기억하는 인간만이 사회구성원으로서 혜택들을 누릴 수 있었기 때문이다.

이런 니체의 견해대로라면, 죄의식罪意識의 기원은 바로 부채의식負債意識이다.[39] 채권자와 채무자의 계약관계는 구매, 판매, 물물교환 따위로 이루어지는 인간교섭관계의 가장 원시적인 형식들만큼 오래된 관계인데, 이것이 바로 부채의식의 저변에서 작용하는 관계라는 것이다. 채무자는 자신의 채무상환약속을 믿게 하기(신용을 창출하기) 위해 자신이 소유한 것(자신의 자유, 자신의 여자, 자신의 목숨 등)을 (채권자에게) 담보로 잡힌다. 그런 담보로도 모자라면 채무자는 '자신의 채무에 상당하는 만큼의 살점을 자신의 몸에서 잘라갈 수 있는 권리'를 채권자에게

---

39)   앞 책, 「둘째 에세이」 제4절.

부여한다. (이른바 '로마12표법'에 명시된 이 권리는 셰익스피어의 희곡 『베니스의 상인The Merchant of Venice』에도 언급된다.)

지금의 우리에게 다소 낯설어 보이는 이 부채논리는 '빚을 돌려받지 못한 채권자는 일종의 육감적 흥분 — 자신의 권력을 무권력자無權力者에게 행사할 수 있는 쾌락 — 을 빚 대신 받을 수 있다'는 것이다.

니체는 인류가 이런 논리 — 즉 '괴로워하는 타인들의 모습은 구경꾼을 유쾌하게 해준다'는 논리 — 를 수천 년간 견지했다고 단정하는데,[40] 이 논리를 뒷받침할 만한 증거는 파울 레의 저서 『도덕감정들의 기원』(p. 13 이후)에서 발견된다.

타인들을 괴롭히는 과정은 그것을 구경할 수 있는 행운을 잡은 인간이 유쾌한 권력감정權力感情을 만끽하는 축제의 일종이다. 또한 '연민, 공평함, 자비심慈悲心을 느끼는 본능들은 훗날에는 미덕들로 예찬되지만 애초에는 거의 모든 곳에서 도덕적으로 무가치한 것들로, 아니면, 차라리 나약함의 징후들로 간주되었다'고 보는 견해를 뒷받침할 만한 증언도 파울 레의 저서에서 발견된다.

니체의 견해대로라면, 모든 것을 심리학적으로 접속시킬 뿐 아니라 가장 오래된 사회조직형식이기도 한 '매매관계'는 '보상, 평가, 정의正義, 의무'의 기원들을 내포한다. 매매관계를 시작한 인간은 얼마 지나지 않아 '가치평가인價値評價人'으로서 자부심을 품기 시작했다. 가장 오래된 매매인들 중 한 세대가 이런 자부심을 품었다. 모든 것에 가격이 매겨졌다. 그래서 '모든 것은 값을 치르면 매매될 수 있다'고 여기는 생각은 가

---

40)   앞 책, 「둘째 에세이」 제6절.

장 오래된 가장 순진한 정의규범正義規範이었다.

사회가 차츰 발달하면서 '사회전체와 사회구성원들의 관계'도 '채권자와 채무자의 관계'와 차츰 똑같아진다. 사회는 사회구성원들을 보호한다. 사회구성원들은 — 사회에게 자신들이 했던 약속들을 파기하지 않는다는 조건으로 — 사회로부터 추방되지 않을 권리를 보장받는다. 자신의 약속을 파기한 자 — 범죄자 — 는 사회로부터 추방되어 법익法益을 박탈당한 무권리자無權利者로 전락한다.

니체는 심리학적 측면만 너무 중시해서 모든 학문적 부수사항을 무시해버렸기 때문에 자신이 펼치는 주장들의 정확성을 직접 검증할 수 없었다. 그렇지 않았다면 니체는 검증용 역사적 근거들을 파울 레의 저서 중 원한감정怨恨感情과 정의감正義感을 다룬 문단들에서나 보복면제용 금품들이나 벌금들을 다룬 단락들에서 수집할 수 있었을 것이다.

니체뿐 아니라 다른 (하르트만과 파울 레 같은) 사상가들도 '정의관념正義觀念이 원한감정에서 비롯된다'고 보는 견해를 맹렬히 공격했지만,[41] 니체는 자신이 행하는 공격의 타당성을 뒷받침할 수 있는 참신하고 납득할 만한 어떤 증거도 거의 제시하지 못했다. 그러나 그토록 맹렬히 공격하는 니체의 개인적 과잉정념過剩情念이야말로 작가로서 니체의 성격을 특징한다. 왜냐면 그런 니체의 공격은 분명히 현대 민주주의의 논리와 관련되어있기 때문이다.

정의를 부르짖는 현대의 수많은 함성은 결국 서민대중의 양심과 시기심이 내지르는 것들이다. 현대의 많은 중류계급이나 중하류계급 출신

---

41)   앞 책, 「둘째 에세이」 제11절.

학자들은 '오랫동안 탄압받아온 자들 사이에서 유행하는 격세유전隔世遺傳된 감정들 — 증오와 억하심정, 앙심과 보복열망 — 이 부당하게 중요시된다'고 무의식적으로 생각한다.

니체는 보복이 유일한 인과응보로써 행해지는 상황들에 잠시도 마음을 빼앗기지 않았다. 왜냐면 생사결투는 주인에 대한 노예의 증오심을 표현하는 행위가 아니라 동등한 자들의 명예관념들을 표현하는 행위이기 때문이다. 니체는 지배계급과 노예계급을 대조하는 데 유달리 몰두했고, '자신의 동시대인들 중 진보적인 자들로 하여금 서민군중의 본능들을 관대하게 봐주고 지배정신들을 의심하거나 적대시하게끔 조장하는 학설들'에 대한 분노를 줄기차게 반복하여 표출했다. 그러면서 니체는 '피억압계급이나 피억압종족의 억눌린 원한감정이 **노예도덕**을 낳았다'는 이유로 그들을 오로지 경멸하거나 멸시하기만 하는 반면에 '지배계급이 행사하는 권력의 쾌락'과 '지배계급이 살아가는 건강하고 자유로우며 솔직담백하고 진실한 분위기'를 적극적으로 즐기는 특유의 습관에 물들었다. 바로 이런 습관을 통해 니체의 순전히 개인적인 특성 — 비非철학적이고 기질적인 특성 — 이 드러난다. 니체는 지배계급의 전제주의적인 행위들마저 변호하거나 관대하게 봐준다. 그가 볼 때 '지배계급이 자신들을 위해 만든 노예계급의 이미지'는 '노예계급이 만든 주인계급의 이미지'보다 위조된 성격을 훨씬 적게 지닌다.

그래서 니체의 견해대로라면, 지배계급이 저지른 어떤 현실적 불의도 심각한 문제가 될 수 없다. 왜냐면 본래부터 '옳은 것 자체'도 '틀린 것 자체'도 없기 때문이다. 타인들에게 상해를 입히거나 그들을 강제로 종속시키거나 착취하거나 절멸시키는 행위자체는 틀린 것도 아니고 틀린 것이 될 수도 없다. 왜냐면 삶의 본질과 근본기능들을 감안하면 삶은 '억압, 착취, 절멸'에 불과하기 때문이다. 그래서 정의의 조건들은 예외조건들 — 바꿔 말하면, 현실적 '삶욕망'의 한계들, 권력이 행사될 수 있는 대상對象의 한계들 — 이 아닌 다른 어떤 조건도 결코 될 수 없다.

니체는 쇼펜하워의 "삶의지"와 다윈Charles Darwin(1809~1882)의 "생존투쟁"을 "권력의지"로 대체한다. 니체에게 '투쟁'은 삶을 위한 — 가까스로 생존하기 위한 — 투쟁이 아니라 권력투쟁이다. 그래서 니체는 '잉글랜드인들이 생존투쟁의 가장 소박한 개념이나마 설정하려면 반드시 고려해야만 했을 빈약하고 초라한 조건들'에 관해 — 다소 뜬금없게도 — 상당히 많이 말한다. 니체에게 잉글랜드인들은 '모든 인간이 육체와 영혼을 합치시킬 수만 있다면 유쾌하게 살아갈 수 있는 세상'을 상상해 온 듯이 보인다. 그러나 '삶'은 최소한의 표현일 따름이다. '삶자체'는 단지 자기보존만 추구하기보다는 오히려 자기증대自己增大를 추구하는데, 자기증대를 추구하는 것이 바로 "권력의지"이다. 그래서 새로운 표어와 옛 표어의 차이는 원칙적으로 존재하지 않는 것이 확실하다. 왜냐면 생존투쟁은 필연적으로 세력갈등과 권력투쟁으로 귀결되기 때문이다. 이런 견지에서 보면 이제 정의체계正義體系야말로 세력갈등의 요인이다. 그래서 '최상의 대책이자 모든 종류의 투쟁을 해결할 대책으로 생각되는 체계가 오히려 삶을 적대시하고 인류의 미래를 파괴하며 인류의 진보를 가로막는 원리가 될 수 있다'는 것이다.

이것은 독일의 사회주의자 페르디난트 라살이 '정의에 얽매이는 관점은 국가들의 존속을 위협하는 나쁜 관점이다'고 선언했을 때 가졌던 견해와 유사하다. 니체가 근대 인도주의적 관점과 대조되는 '투쟁을 위한 투쟁'의 애호자였다는 사실은 의미심장하다. 니체는 '어떤 운동의 위대성은 그 운동에 요구되는 희생자들을 기준으로 가늠될 수 있다'고 본다. 그는 '차라리 죽게 놔두는 편이 좋을 허약하고 무익한 인간 수백만 명을 연명시키는 위생학은 참된 진보의 소산이 결코 아니다'고 본다. 그는 '오늘날 우리가 인간들로 지칭하는 비루한 생물들의 최다수에게 보장되는 평범하고 쩨쩨한 행복은 정녕코 참된 진보의 결과일 수 없다'고 본다. 그런 반면에 그는, 르낭도 그랬듯이, '현재 우리를 둘러싼 인류보다 더 고귀하고 더 강력한 인간종족(이른바 "초인")을 육성하는 과업이야말로, 비록 그것이 우리가 아는 인간들을 대량으로 희생시켜야만 성취될 수 있는 과업일지라도, 위대하고 실질적인 진보일 수 있다'고 본다. 니체가 가장 진지하게 주장한 이른바 '초인육성 및 초인의 세계지배'라는 꿈들은 르낭이 — 『철학적 대화들Dialogues philosphiques』(p. 117)에서 — 농반진반弄半眞半으로 말했던 '새로운 아스가르트'나 '에시르 양성소'[42]를 건설하는 꿈들과 매우 유사하다. 그러므로 우리는 르낭의 꿈들이 니체의 꿈들에 영향을 끼쳤다는 사실을 거의 의심할 수 없다. 그런데 르낭이 파리코뮌Paris Commune(1871)의 압도적 영향을 받아 — 더구나 특히 찬성과 반대를 동시에 용납하는 대화형식으로 — 집필한 것을 니체는 독단적 확신으로 결정화시켜버렸다. 그래서 니체가 오직 르낭을 마지못해 시기하듯이 언급했을 뿐이라는 사실을 알면 놀라거나 불쾌할 사람도 있을 것이다. 니체는 르낭의 지성에 내재된 귀족적 성격을 거의 언급조차 하지 않았다. 그러면서도 니체는 '르낭이 모든 곳에서 — 지복

---

42)　'아스가르트Asgard(고대 노르웨이어로는 Ásgardr)'는 북유럽 신화에 나오는 게르만족의 최고신 오딘 Odin을 위시한 신들이 향연을 즐기면서 향후 거인족을 상대로 치를 전쟁을 위한 무기들을 만들기도 하는 신들의 거주지이고, '에시르Aesir'는 아스가르트에 거주하는 신들의 총칭이다.

至福한 초인들의 지배체제를 건립하자는 르낭 자신의 희망과 명백히 모순되는 — 천민들의 복음에 대한 존경심을 표했다'는 이유로 르낭을 심하게 비난하기도 했다.

르낭과 그의 추종자 이폴리트 텐은 프랑스 혁명으로 전진하던 새로운 유럽에서 오랫동안 환영받던 거의 모든 종교감정에 반발했다. 르낭은 프랑스 혁명이 때마침 국민의 지지를 받았다는 사실을 유감스럽게 생각했다. 텐은 처음에는 프랑스 혁명에 열광했지만, 혁명을 더욱 면밀히 연구한 끝에 생각을 바꾸었다. 니체도 르낭과 텐의 전철을 밟았다. 프랑스 혁명의 자녀들로 자처하는 현대의 작가들은, 당연하게도, 혁명을 주도한 위대한 반항자들에게 공감한다. 그래서 그런 작가들은 현재 유럽의 혁명반동상태를 초래한 책임이 자신들에게 있다는 사실을 단연코 인정하지 않는다. 그러나 이른바 '카이사르주의Caesarism'라는 정치은어政治隱語로 지칭되는 것을 두려워하고 대중운동들을 미신하는 그런 작가들은 '단결한 오합지졸들이 아닌 소수의 위인들 — 즉, 왜소하고 졸렬한 인간들이 아닌 정의와 복지와 지식발전을 타인들에게 선사하는 위대하고 후덕한 인간들 — 이야말로 가장 위대한 혁명자들이자 해방자들이라는 사실'을 간과했다.

혁명정신의 소유자들은 두 부류로 나뉜다. 한 부류는 브루투스 Marcus Junius Brutus(서기전85~서기전42)에게 이끌리는 본능의 소유자들이고, 다른 부류는 카이사르에게 매료되는 본능의 소유자들이다. 카이사르는 위인의 전형이다. 그래서 프리드리히 대왕Friedrich der Grosse(1712~1786)도 나폴레옹도 카이사르보다는 위대할 수 없었다. 1840년대의 현대시現代詩들에는 브루투스를 찬양하는 노래들이 가득하지만 같은 시대의 어떤 시인도 카이사르를 노래하지 않았다. 민주주의를 거의 애호하지 않았던 셰익스피어 같은 시인조차 카이사르의 위대성을 전혀 인식하지 못했다. 셰익스피어는 '카이사르를 깔아뭉개는 식으로 브루투스를 드높이고 예찬한 플루타르코스Plutarchos(46~119)의 인물묘사기법'을 본받아 카이사르를 볼품없고 우스꽝스러운 인물로 전락시켰다. 셰익스피어는 '카이사르가 자신의 인생에 걸었던 기대는 자신의 하찮은 암살자에게 걸었던 기대와 매우 달랐다'는 것조차 몰랐다. 카이사르는 아름다움의 여신 비너스Venus의 자손이었다. 그래서 그의 외모는 우아했다. 그의 정신은 가장 위대한 자의 표식인 장엄한 단순미를 지녔다. 그의 본성은 고결했다. 오늘날에도 모든 최상권력자의 칭호로 사용되는 이름의 최초 소유자인 그는 최고지휘자와 최고지배자가 보유하는 모든 속성을 지녔다. 르네상스 시대 이탈리아인들 중 극소수의 천재성만이 카이사르의 천재성과 동등해질 수 있었다. 카이사르의 인생은 자신의 시대에 달성될 수 있던 모든 진보를 보증하는 것이었다. 브루투스의 본성은 교조주의적인 것이었고, 그의 특성들은 이미 무효해진 조건들을 복원하느라 애쓰며 우연하게라도 유명해질 수 있는 기회들을 엿보는 옹졸함과 편협성이었다. 그의 외모는 인색하고 투박한 인상을 풍겼고, 그의 정신은 창조성을 결여해서 경직되었다. 그의 악습은 탐욕이었고, 고리대금은 그의 향락이었다. 그에게 로마의 속주屬州들은 로마의 통치력으로써 다스리지 못할 정복지들로 보였다. 그는 그리스의 살라미스Salamis 섬 원로원의원 다섯 명에게 봉급을 지급할 수 없다면서 그들을 굶겨죽였다. 그러나 '아무것도 성취하지 못했을 뿐더러 저지하기로 했다던 어떤 것도 저지하지 못한 단도-찌르기' 덕분에 그의 경직된 두

뇌도 자유의 천재에 속하는 부류로 회자되어왔다. 왜냐면 민중들은 단순해서 '가장 강대하고 가장 풍요로우며 가장 고귀한 본성에 최상권력을 맡겨야 한다'라는 금언의 의미를 이해하지 못했기 때문이다.

우리가 이미 살펴봤다시피, '니체는 보복감정들을 언제나 저급한 것들로 간주하기 때문에 오직 능동적인 감정들에서만 정의正義를 도출한다'는 사실은 쉽사리 이해될 수 있다. 그러나 니체는 이런 정의관正義觀에 얽매이지 않는다. 그보다 이른 시기부터 활동한 지식인들은 보복본능에서 형벌의 기원을 찾았다. 『공리주의』에서 존 스튜어트 밀은 보복용이 아닌 예방용으로 미리 정해진 형벌규정들jussum에서 정의justum를 도출했다. 『양심의 기원』에서 파울 레는 존 스튜어트 밀의 명제와 비슷한 '형벌은 정의감의 결과가 아니라 원인이다'라는 명제를 지지했다. 잉글랜드의 철학자들은 일반적으로 형벌에서 양심가책감養心呵責感을 도출한다. 그들은 '형벌의 가치는 범죄자의 죄의식을 각성시키는 데 있다'고 가정한다.

니체는 바로 이런 견해들을 반박하기 시작한다. 그는 '형벌은 다만 인간을 단련시키고 마비시킬 따름이다'고 주장한다. 실제로 사법절차司法節次 자체는 '범죄자가 자신의 행위를 비난받아 마땅한 짓으로 생각할 여지'를 미리 차단해버린다. 그러면 범죄자는 '정의를 명분으로 자신에게 자행될 경우 합법적으로 허용되는 ― 간첩행위, 함정수사, 기만작전, 고문을 포함한 ― 모든 행위도 결국 자신이 저지른 행위들과 똑같다'고 항변할 것이다. 더구나 기나긴 세월이 흐르는 동안에도 범죄자의 "죄"가 대관절 무엇인지 아무도 정확히 말할 수 없었다. 범죄자는 죄인이 아닌 유해한 자로 여겨졌고 운명의 편린片鱗으로 간주되었다. 물론 범죄자도 자신에게 부과된 형벌을 자신을 엄습한 운명의 편린으로 받아들였고, 그런 형벌을 '러시아인들이 지금까지 견뎌온 것과 똑같은 숙명론'에 기대어 참고 견뎠다. 그래서 우리는 대체로 '형벌이 인간을 유순하게 길들이기는 하되 "더 좋은 인간"으로 만들지는 못한다'고 말할 수 있다.

그런데도 여전히 양심가책감은 해명되지 않는다. 여기서 니체는 훌륭한 가설을 제시한다. 양심가책감은 평생 처음 경험하는 가장 급속한 변화의 압박에 시달리는 인간의 내면에서 ― 그 인간이 거역할 수 없는 사회 안에 영원히 구금되었다고 느낄 때 ― 표출되는 뿌리 깊은 고질병의 조건이다. 과거 어느 시대까지는 여전히 명예롭게 여겨졌을 뿐 아니라 실제로 권장되기도 하던 모험욕구, 호전성, 교활성, 강탈욕구, 권력욕 등을 포함한 모든 강력한 야생본능은 어느 날 갑자기 위험한 것들로 비하되기 시작한 후부터 차츰 부도덕하고 범죄적인 것들로 낙인찍혀갔다. 전쟁과 모험으로 이루어지는 방랑생활에 적응하던 피조물들은 어느 날 불현듯 '자신들의 모든 본능이 무가치하다, 아니, 차라리 금지되었다'고 자각했다. 그러자 그들은 엄청난 실망감과 극심한 우울감에 휩싸였다. 그리하여 외부로 결코 배출되지 못하게 차폐된 이 모든 본능은 증오감, 학대감정, '변덕, 도박, 폭력, 박해, 파괴'를 즐기는 감정들로 변질되어 인간의 내면에 적체積滯되면서 양심가책감을 발생시켰다.

'루소와 그의 동시대인들이 가정한 사회계약'이 아닌 '정복자들이 자신들보다 훨씬 많기는 하되 덜 조직되어서 지리멸렬한 피정복자들에게 자행한 무서운 폭정'이 국가를 존재시키기 시작했을 때부터 피정복자들의 모든 자유본능은 차폐되어 내면화되기 시작했다. 그렇게 내면화된 활동력과 권력의지는 이제 그것들을 내면화한 인간을 역습하기 시작했다. 그리고 이런 내면상태는 자기부정, 자기희생, 이타심 같은 미덕의 이상理想들을 생장시키는 토양이 되었다. 자기희생자의 쾌감은 그가 학대받는 순간에 생겨난다. 그래서 양심가책감은 자신을 학대하려는 자학의지自虐意志의 일종이다.

그 후 세월이 흐르면서 과거인간들 즉 선조들은 죄를 빚으로 느끼기 시작했다. 그 빚은 희생물들 — 즉, 애초에는 가장 조야한 의미의 음식물들에 속하던 제물들 — 과 존경의 표시들, 복종으로써 갚아져야 할 것이었다. 왜냐면 모든 관습은 선조들의 업적들인 동시에 명령들이기 때문이다.[43] 그래서 후손들은 선조들에게 진 빚을 충분히 갚지 못할까봐 끊임없이 두려워하여 인간의 첫 자식이나 동물의 첫 새끼를 희생시켜 선조들에게 제물로 바친다. 종족의 시조始祖에 대한 두려움은 종족의 권력이 증대할수록 커진다. 그런 시조는 이따금 신神으로 탈바꿈하는데, 그런 경우가 바로 '공포심이 신을 탄생시켰다'는 사실을 뚜렷이 증명해준다.

'신적神的인 존재에게 빚졌다'고 느끼는 감정은 수세기간 증대했고, 마침내 기독교의 신이 우주신宇宙神으로 인정되면서 죄책감은 사상최대로 폭증했다. 지금에 와서야 비로소 이런 죄책감이 눈에 띌 만큼 위축되었다는 것이 사실로 확인될 따름이다. 그러나 죄의식이 극대화된 곳에서는 양심가책감이 암세포처럼 증식한다. 그 결과 '빚을 갚아야 — 속죄해야 — 한다'고 느끼는 책임감이 극대화되어 최종적으로 영원한 형벌의 개념과 합체한다. 이제 '종족의 시조(아담Adam)는 저주받았다'고 상

---

43)　【이 문장은 로마의 초기 종교에 관한 페르디난트 라살의 이론과 비교될 수 있다. 브란데스, 『페르디난트 라살』(London & New York, 1911), pp. 76 이후 참조.】

상되고, 모든 죄는 원죄原罪가 된다. 바야흐로 악惡의 원리는 '인간을 잉태하는 자궁을 가진 자연에 태초부터 내재된 것'으로 생각된다. 그리하여 우리는 '기독교계가 물경 2천 년간이나 괴로워하면서도 잠시나마 위안을 얻고자 떠올린 패러독스paradox하고 편리한 발상'을 발견하는데, 그것이 바로 '신은 자신의 살과 피로써 인류의 죄를 대속代贖한다'는 발상이다.

이런 과정에서 내면으로 돌려진 잔인한 학대본능은 자학본능으로 변했고, 모든 인간의 동물본능들은 신에 대한 죄악들로 재해석되었다. 이제 '자신의 본성과 자신의 현실존재 일체'를 "아니다"고 극구 부정하는 인간은 '먼저 신의 신성과 심판능력과 집행능력에 덧입혀지고 이어서 영생에 — 끝없는 고통과 지옥의 영원한 형벌을 견뎌야 하는 "내세來世"에 — 덧입혀지는 현실성'을 "그렇다"고 긍정하느라 발악한다.

우리가 금욕주의이상禁慾主義理想들의 기원을 정확히 이해하려면 무엇보다도 먼저 '정신적·명상적 본성들을 최초로 획득한 세대들은 — 사냥꾼들과 전사戰士들에게는 치욕스러운 감정으로 느껴졌을 — 두려움의 압박감에 짓눌려 살았다'는 것을 숙고해봐야 한다. 그런 세대들의 비호전적非好戰的 요소는 비겁한 것으로 간주되었다. 그들의 자기보호수단은 오직 두려움을 유발하는 수단뿐이었다. 그래서 그들은 스스로를 학대하고 은둔생활을 하면서 금욕고행과 자기수련밖에 할 수 없었다. 그들은 성직자들, 점쟁이들, 요술사들처럼 서민대중들을 미신적 공포심에 휩싸이게 만들었다. 금욕적 성직자는 나중에 건강한 철학자로 변태하는 꼴사나운 애벌레 같은 존재였다. 성직자들이 지배하는 우리의 지구는 금욕적 행성으로 변해갔다. 그런 행성은 우주를 질주하는 더러운 동물

우리[動物畜舍], 같아서 그곳에 서식하는 불만을 가득 품은 거만한 동물들은 삶을 혐오하고, 자신들이 생존하는 눈물의 골짜기 같은 세상을 멸시하며, 아름다움과 쾌락을 질투하고 증오하는 자신들의 원한감정들에 사로잡혀 자신들끼리 최대한 많은 해를 입히느라 분주하다.

그럴지라도 우리가 금욕주의에서 발견하는 자기모순 — '삶을 **반대하는** 삶' — 은 당연히 겉보기현상에 불과하다. 실재로 금욕주의이상은 치유와 위안을 염원하는 데카당한 생명의 심층욕구와 상응한다. 그것은 우울상태와 탈진상태를 지향하는 이상理想이다. 생명은 이런 이상의 도움을 받아 죽음에 대항하여 싸운다. 생명이 자기보존을 위해 발명한 것도 바로 금욕주의이상이다. 그런 이상의 필수전제조건이 바로 온순하게 길든 인간의 병적인 조건인 '삶에 대한 혐오감'이다. 이 혐오감은 '현재의 자신이 아닌 다른 것이 되기를 원하고 현재 있는 곳이 아닌 다른 곳에 있기를 원하는 욕망'과 결합하면 감정 및 정념의 최고치로 비등한다.

금욕적 성직자는 바로 이런 욕망의 화신이다. 그는 낙심하고 의기소침하며 좌절하고 실패한 피조물떼거리 전체를 삶에 단단히 포박해두기 위해 성직자의 권력을 행사한다. 특히 그 자신이 병자라는 사실이 바로 그를 피조물떼거리를 이끄는 타고난 목자牧者로 만들어준다. 만약 그가 건강했다면, 그는 나약함, 질투심, 위선, 허위도덕에 미덕의 딱지를 다시 붙이려는 이 모든 금욕적 열망을 몹시 혐오하며 외면해버렸을 것이다. 그렇지만 그가 바로 병자이기 때문에 '죄인들의 종합병원인 교회'에 상주하는 의사가 되어달라고 부탁받는다. 그는 '자신들이 느끼는 고통의 원인을 자신들의 외부에서 찾으려는 환자들'을 열심히 치료한다. 그는 '환자들을 고통스럽게 만드는 원흉인 죄악은 바로 환자들 자신의 것이다'고 환자들에게 가르친다. 그러면서 그는 환자들의 원한감정을 다른 방향으로 돌리고 그 감정의 대부분을 환자들의 내면에 적체시킴으로써 환자들을 온순한 자들로 만든다. 그런 금욕적 성직자는, 정확히 말하면, 의사로 호칭될 수 없다. 왜냐면 그는 '고통을 완화시키고 마취제와 흥분제를 겸한 모든 종류의 위로수단을 발명하는 자'에 불과하기 때문이다.

문제는 대규모 인간떼거리를 유행병처럼 엄습하는 피로疲勞와 절망에 맞서 싸워야 한다는 것이었다. 그러느라 많은 처방들이 시도되었다. 첫째 처방은 생명력을 최저치最低置로 억누르기 위해 시도되었다. 그것은 곧 의욕도 욕망도 품지 않고 일도 생각도 아무것도 하지 않는 상태, 즉 모든 것에 무감각한 상태 ― 파스칼Blaise Pascal(1623~1662)이 말한 "얼빠진 상태Il faut s'abétir" ― 를 조장하는 처방이었다. 그 처방의 목적은 모든 정신생활을 경건하게 관장灌腸시키고 최면에 빠뜨려 모든 의지를 이완弛緩시킴으로써 마침내 고통에서 해방시키는 것이었다. 둘째 처방으로 채택된 기계적 활동은 우울상태들을 해소시켜주는 마취제 같아서 "노동의 축복"으로 일컬어졌다. 빈민계급들의 환자들을 주로 다뤄야 할 금욕적 성직자는 자신이 감당해야 할 불행하고 단조로운 과업을 재해석함으로써, 그 과업을 수행하는 자신을 은혜로운 자로 보이게 만든다. 그리하여 소소하고 감동되기 쉬운 쾌감유발용 처방이 우울을 해소시키는 데 또다시 애용된다. 그 처방은, 예컨대, 타인들을 기쁘게 해주고 이웃사랑으로써 돕는 봉사활동들로 이루어진다. 마지막 결정적인 처방은 모든 병자를 하나의 거대한 병원에 소속시키고 조직하여 단합된 하나의 집단을 결성시키는 것이다. 그리되면 스스로를 '약자'로 느끼는 감각에 동반되는 싫증도 해소된다. 왜냐면 내부적으로 응집한 거대집단에 소속된 약자는 자신을 '강자'로 느끼기 때문이다.

그런데 금욕적 성직자가 애용하는 처방은 무엇보다도 죄책감을 "죄"로 재해석하는 특유의 해석기술이었다. 내면의 고통은 형벌의 일종이었다. 병자는 죄인이었다. 니체는 '자신의 양심가책감들에 대한 이런 재해석을 수용하는 불행한 자'를 '자신의 둘레에 분필로 둥글게 그려진 금을 벗어나지 못해 뱅글뱅글 맴돌기만 하며 금 밖으로 나갈 엄두도 내지 못하는 암탉'에 비유했다. 우리는 수세기간 모든 곳에서 — 욥은 그리[44] 하지 않았거늘 — 죄를 고통의 유일한 원흉으로 지목하여 노려보아온 '죄인의 최면 걸린 근시안近視眼'을 발견한다. 사악한 양심과 천벌과 응징과 탄식과 분노가, 그리고 "더 심한 고통! 더 아픈 고통!"을 애원하며 울부짖는 자들이 도처에서 발견된다. 모든 것이 금욕주의이상에 바쳐진다. 그리하여 순교자 비투스의 춤병[舞病][45], 채찍질고행자들의 심병心病, 마녀들의 히스테리, 망상적妄想的 종파들의 (구세군처럼 전혀 다른 식으로 수익을 얻게끔 훈련된 단체들에서는 지금도 잔존하는) 완전한 정신착란 같은 전염병들이 창궐했다.

금욕주의이상은 아직도 진정한 공격자들을 만나지 못했다. 왜냐면 새로운 이상을 설파할 단호한 예언자가 아직 없기 때문이다. 만약 코페르니쿠스의 시대부터 과학이 '인간의 고유한 중요성을 믿던 인간의 옛

---

44)   Job: 유대교-기독교경전인 『구약전서』에 포함된 「욥기」의 주인공.

45)   순교자 비투스Saint Vitus(?~303)는 이탈리아 시칠리아 섬 출신의 기독교성자로 알려진 인물이다. 그는 로마 제국의 공동황제들인 디오클레티아누스와 막시미아누스가 주도한 기독교도박해를 받아 순교했다고 한다. 특히 그는 "춤병St. Vitus's dance"을 앓았기 때문에 기독교도들은 그를 춤병환자의 수호성인으로 섬긴다.

신념'을 인간으로부터 박탈하는 데 지속적으로 전념해왔다면, 과학의 영향력은 금욕주의에 가장 유리하게 작용해온 셈이다. 현재 금욕주의이상을 공격하는 유일하게 실재하는 적敵들과 침식자侵蝕者들은 오히려 그런 이상을 도용하여 협잡을 일삼는 돌팔이들 사이에서, 그리고 그런 이상을 불신하도록 자극하고 조장하면서도 옹호한다고 떠들어대는 위선자들 사이에서, 발견될 것이다.

금욕주의이상은 '고통을 못 느끼는 무감각상태가 치유상태로 느껴졌다'는 이유로 무감각상태에 의미를 부여했다. 그런데 그런 상태가 유의미하다면, 그 까닭은 실제로 그런 상태가 무통상태無痛狀態보다 더 낫기 때문이 아니라 새로운 고통의 홍수를 초래하기 때문이다. 그래서 오늘날 새로운 이상은 고통 속에서 삶의 조건과 행복의 조건을 발견하면서, 그리고 새로운 문화를 명분으로 내세워 '우리가 여태껏 문화로 지칭해온 모든 것'에 맞서 분투하면서, 형성되는 과정에 있다.

5

니체의 저서들 중에는 『차라투스트라는 이렇게 말했다』(이하 『차라투스트라』로 약칭)라는 제목을 가진 이색적인 저서가 있다. 니체가 1883~1885년에 집필한 이 저서는 4부로 구성되었고, 각 부마다 집필하는 데 열흘 남짓씩 걸렸는데, 각 부에 속한 단원들 각각의 모든 문장 하나하나가 — 그가 나에게 보낸 편지에도 썼다시피 [46] — "영감靈感에 사로잡혀 빠른 걸음으로 장시간 산책하던" 그의 두 귀[耳]에 "마치 나를 향해 외쳐진 커

---

46) 본서 제2부 10번 편지.

다란 함성처럼 들려왔"다고 한다.

『차라투스트라』의 화자話者와 형식의 일면은 고대 페르시아 종교경전 아베스타Avesta에서 차용된 것이다. '차라투스트라'라는 이름은 우리가 흔히 조로아스터교Zoroaster敎(=배화교拜火敎)로 지칭하는 종교의 신비한 창시자 조로아스터Zoroaster(서기전628경~551경)에서 유래했다. 그의 종교는 청렴결백을 가르친다. 태어나면서 웃었다는 그의 탄생설화대로 그의 지혜는 쾌활하고 용감하다. 그의 본성은 빛과 불[火]이다. 산정동굴에서 그와 동거하는 독수리와 뱀 ─ 동물들 중 가장 높은 긍지를 가진 동물과 가장 지혜로운 동물 ─ 은 고대 페르시아의 상징들이다.

『차라투스트라』는 종교형식을 띤다고 말해질 수 있는 니체의 가르침을 포함한다. 니체가 남겨야 했던 저서는 코란(=이슬람교경전) 같은, 아니면, 차라리 아베스타 같은 저서였다. 그래서『차라투스트라』는 모호하면서도 심오하고, 현실로부터 드높이 치솟음과 동시에 아득히 멀어지며, 미래를 예언함과 아울러 미래에 도취하고, 거듭 완전히 자족하는 저자의 개성인격이 넘쳐나는 저서이다.

『차라투스트라』에서 채택된 바와 같은 상징적이고 우의적인 어조語調와 문체를 채택한 근대의 저서들 중에 손꼽힐 만한 것들은 미츠케비치의『폴란드 국가와 순례여행을 위한 책The Book of the Polish Nation and Polish Pilgrimage』[47](1832), 스오바츠키의 산문시집『안헬리Anhelli』[48](1838), 미츠케비치의 영향을 받은 라메네의 잠언집『한 신앙인의 발언Paroles[49]

---

47)　Adam Bernard Mickiewicz(1798~1855): 폴란드의 가장 위대한 시인으로 추앙되는 극작가, 문학평론가, 언론인, 번역가, 정치운동가.

48)　Juliusz Słowacki(1809~1849): 폴란드의 낭만파 시인이자 현대 폴란드 희곡의 아버지로 추앙되는 극작가.

49)　Felicite de Lamennais(1782~1854): 프랑스의 가톨릭교 성직자, 철학자, 정치이론가.

d'un croyant』(1834)이다. 니체는 카를 슈피텔러의 우의적인 산문시집 『프로메테우스와 에피메테우스Prometheus und Epimetheus』(1881)도 알았다.[50] 그러나 이 모든 저서는, 슈피텔러의 것을 제외하면, 저자들 각자의 모국어로 집필된 종교경전의 성격을 띤다. 그런 한편에서 『차라투스트라』는 자유정신들을 계발하기 위한 저서이기도 하다.

니체는 자신의 저서들 중 『차라투스트라』를 최상위에 올렸다. 나는 물론 이런 니체의 견해에 공감하지 않는다. 『차라투스트라』의 근간根幹을 이루는 상상력은 창의력을 충분히 발현하지 못하고, 약간 단조롭게 느껴지는 어조는 '전형적인 상징들을 이용하는 고풍스러운 연출법'과 불가분한 것으로 보이기 때문이다.

그래도 『차라투스트라』는 니체의 특유의 독창적 사상들을 파악하기 어려운 사람들이 신뢰하고 의존할 수 있는 탁월한 저서이다. 이 저서는 시를 낭송하는 형식으로 설파되는 니체의 모든 근본사상을 포함한다. 이 저서의 장점은 처음부터 끝까지 위풍당당하고 낭랑하며 씩씩한 어조를 과시하는 문체에 있다. 그래서인지 이 저서에서 호전적인 판단들과 비난들이 포함된 대목들은 이따금 오히려 다소 유들유들한 어조로 표현되기도 한다. 또한 이 저서에서는 자족적 희열감이 — 아니, 차라리, 자아도취감이 — 시종일관 표현되기는 할망정 대담무쌍한 표현들만큼이나 섬세하고 미묘하며 자신만만한 표현들이 풍부할 뿐 아니라 때로는 위대한 표현들도 발견된다. 이런 문체의 배후에는 고요한 산봉우리의 공기가 — 너무나 상쾌하며 에테르ether처럼 맑고 시원한 공기가 —

---

50) Carl Friedrich Georg Spitteler(1845~1924): 1919년 노벨 문학상을 수상한 스위스의 시인.

감돌기 때문에 어떤 전염병균도 박테리아도 서식할 수 없고 어떤 잡음도 악취도 먼지도 침범할 수 없을 뿐더러 그곳으로 곧장 뛰어오를 수 있는 어떤 길도 존재하지 않는다.

그런 산봉우리 위쪽의 청명한 창공과 저 아래쪽 산기슭에 맞닿은 광활한 대양은 빛의 하늘도, 빛의 심연도, 하늘빛 종鐘도,[51] 포효하는 격랑들과 거대한 산맥들 위로 드리워진 둥근 하늘의 침묵도 모두 아우른다. 차라투스트라는 그런 산봉우리들에서 오직 청명한 공기를 한껏 깊이 들이쉬고 내쉬는 자신만, 떠오르는 태양만, 신선한 것들의 부패를 막아주는 한낮의 열기만, 밤하늘에 반짝이는 별들의 목소리들만 상대하며 고독하게 살아간다.

그래서 『차라투스트라』는 탁월하고 심오한 책이다. 그것은 삶의 환희를 노래하므로 밝은 책이고, 수수께끼들을 던지므로 어두운 책이며, 정신적 등산자들과 무모한 모험자들을 위한 책이고, 군중인간들을 지독히 경멸하는 인간의 위대한 경멸에 숙달된 극소수자들을 위한 책이며, 다만 더 고귀하고 더 용감한 인간들의 출현을 기대하고 그런 인간들을 육성하여 훈련시키려고 애쓰느라 군중인간들을 극심하게 경멸할 따름인 인간의 위대한 사랑에 숙달된 극소수자들을 위한 책이다.

차라투스트라는 쩨쩨한 행복과 자잘한 덕목들에서 풍기는 역겨운 악취를 피해 자신의 동굴로 들어가서 은거하고자 했다. 그는 '인간들이 신봉하는 덕목과 평안의 교리'가 인간들을 끊임없이 더 왜소하게 만든다고 보았다. 그들의 선善은 대체로 '아무도 그들에게 해를 입히지 않기

---

51)   니체, 『차라투스트라』 제3부 「해뜨기 전에」.

를 바라는 소망'에 담겨있다. 그래서 그들은 타인들에게 먼저 쩨쩨한 선심善心을 베풀어 타인들의 환심을 선점先占한다. 이것은 비겁한 선행善行이지만 덕행德行으로 지칭된다. 진실로 말하자면, 그들은 공격행위와 상해행위를 동시에 아주 서슴없이 해치운다. 그런데 그들은 오직 그들이 한동안 마음대로 조종할 수 있고 무례하게 처우해도 무방한 사람들에게만 이런 공격상해행위를 감행한다. 그들은 이런 행위를 용감한 행위로 과칭誇稱하지만, 이런 행위는 용감하기는커녕 저열하기 그지없는 비겁행위이다. 그러나 차라투스트라가 인간들 사이에서 비겁한 악마들을 축출하려고 노력할 때면 그를 반대하여 "차라투스트라는 불경스러운 무신론자이다"라고 성토하는 외침이 비등한다.

차라투스트라는 고독하다. 왜냐면 그의 옛 동료들 모두가 변절해버렸기 때문이다. 그들의 혈기왕성하던 심장들은 노쇠했고, 아직 노쇠하지 않은 심장들도 이미 지쳐서 나태해졌을 따름이요 진부해졌을 따름이다. 이런 상태를 그들은 '다시 경건해진 상태'라고 말한다. "한때 그들은 모기들과 젊은 시인들처럼 빛과 자유의 주위를 맴돌며 열심히 날갯짓했다. 그러다가 그들은 나이를 조금 더 먹자마자, 그리고 각자 지녔던 혈기도 조금 잦아들자마자, 야바위꾼들, 중상모략꾼들, 부엌데기들로 전락해버렸다." 그들은 자신들의 나이를 잘도 헤아렸다. 그들은 때를 잘 선택했다. "왜냐면 이제 밤새[夜鳥]들이 일제히 다시 날갯짓을 시작했기 때문이다. 그리하여 빛을 두려워하는 모든 족속을 위한 시간이 시작되었다.[52]"

---

52) 앞 책, 제3부 「변절자들」.

차라투스트라는 은거자들의 사상들에 비하면 지옥이나 다름없는 대도시를 몹시 혐오한다. (차라투스트라는 대도시의 관문에서 만난 "차라투스트라의 원숭이"로 호칭되는 바보로부터 다음과 같은 말을 듣는다.) "이곳에는 모든 욕망과 악습이 있습죠. 그런데 이곳에는 유덕한 자들도 있고 공인될 만하고 또 공인된 덕목들도 많답니다. 글을 쓰는 손가락들을 가진 덕목들도, 앉아서 기다리는 엉덩이군은살들을 가진 덕목들도, '작은 별들이 달린 가슴'과 '두툼한 속속곳에 감싸여 봉긋해 보이는 납작한 엉덩이'를 가진 딸들 덕분에 축복받는 덕목들도 많습죠. 게다가 이곳에는 만군의 주 야훼 앞에서 경배하는 덕목들도, 야훼의 침 [唾]마저 핥아대며 야훼에게 아첨하는 헌신적인 덕목들도 많답니다. 왜냐면 '높은 곳으로부터' 별과 은혜로운 침이 똑똑 떨어지는데 별을 달지 못한 모든 가슴은 높이 오르기를 갈망하기 때문입죠.⁵³⁾"

차라투스트라는 국가도 몹시 혐오하는데, 헨리크 입센도 차라투스트라처럼 국가를 몹시 혐오할 뿐 아니라 더 지독하게 혐오한다.

차라투스트라에게 국가는 모든 냉혹한 괴물 중 가장 냉혹한 괴물이다. 국가의 근본거짓말은 '국가는 국민이다'라는 거짓말이다. 그러나 국가는 국민이 아니다. 왜냐면 창조정신들이 국민을 창조하고 국민에게 하나의 신앙과 하나의 사랑을 베풀어주었기 때문이다. 그래서 창조정신들은 삶에 이바지했다. 모든 국민은 저마다 독특한 개인이지만 모든 국가는 어디서나 동일하다. 차라투스트라에게 국가는 "모든 국민의 완만한 자살이 삶으로 과칭되는 곳"이다. 국가는 민중이 감당하기 벅찬 것이다. 오직 국가가 종식되는 곳에서만 쓸모없지 않은 인간이 출범할 수

---

53)   앞 책, 제3부 「지나가는 길에서」.

있다. 그런 인간은 '초인'을 향해 가는 인간이 건너야 할 교량橋梁이다.[54]

국가들을 벗어난 차라투스트라는 자신의 산으로, 자신의 산정동굴로 올라갔다.

관용과 연민은 차라투스트라의 최대위험들이었다. 그는 인간들 사이에 머물 때면 연민을 곁들인 자잘한 거짓말들로 자신의 풍요를 숨겼다.

나의 머리부터 발끝까지 마구 쏘아대는 독毒파리떼 사이에서 원한을 머금은 무수한 빗방울들에 얻어맞아 곰보로 변해가는 돌멩이처럼 앉아있던 나는 '모든 왜소한 것은 자신들의 왜소함을 모르므로 결백하다'고 혼잣말했다. 특히나 선인善人으로 자처하는 그들, 완전히 결백하게 쏘아대는 그들, 완전히 결백하게 거짓말해대는 그들, 그들이 어찌 나를 공정하게 대우할 수 있겠는가?

그가 선인들 사이에 머물 때 연민은 그에게 거짓말하는 법을 가르쳤다. 연민은 모든 자유로운 영혼을 질식시키는 유독한 공기를 내뿜었다. 왜냐면 선인들의 어리석음은 불가해한 것이기 때문이다.

……

나는 그들의 경직된 현자들을 '현자들'로 호칭했지 '경직된 자들'로 호칭하지 않았다. 그러면서 나는 듣는 자가 분명히 알아듣지 못하게 재빨리 말하는 법을 배웠다. 나는 그들의 무덤굴착자掘鑿者들을 연구자들 및 시험하는 자들로 호칭했다. 그러면서 나는 얼버무려 말하는 법을 배웠다.

---

54)   앞 책, 제1부 「새로운 우상」.

무덤굴착자들은 자신들이 걸릴 질병들을 굴착한다. 굴착되는 썩어 문드러진 폐물들은 지독한 악취를 머금었다. 그런 폐물들을 들쑤시지 말아야 한다. 그래서 산에 올라가서 살아야 한다.[55]"

차라투스트라는 그렇게 자신의 축복받은 콧구멍들로 산악山岳의 자유를 다시금 호흡한다. 그의 코는 이제 인간적인 모든 잡동사니의 냄새에서 해방된다. 그는 '자신이 박살내버린 낡은 계명誡命들이 새겨진 서판 쪼가리들'과 '새로운 계명들을 반쯤 새겨 넣은 서판들'을 자신의 주위에 늘어놓고 앉아 자신의 시간을 기다린다. 그 시간은 신사답고 강력한 사자獅子가 비둘기떼를 거느리고 와서 그에게 경의를 표할 시간이다.[56] 그리고 차라투스트라는 다음과 같은 계명들을 새겨 넣은 새로운 서판 하나를 인간들에게 건네준다.

가장 멀리 있는 자들로 향하는 나의 위대한 사랑은 "그대들의 이웃을 아끼지 말라!"고 가르친다. 인간은 초월되어야 할 어떤 것이기 때문이다.

"나는 내가 대접받고 싶은 대로 타인들을 대접할 것이다"고 말하지 말라. 그대가 하는 행위는 아무도 그대에게 똑같이 반복할 수 없는 행위이다. 그래서 보복은 결코 실현되지 않는다.

"그대가 강취强取할 수 없는 것도 있다"고 믿지 말라. 그대가 강취할 수 있는 권리가 그대에게 증여될 여지를 절대로 용납하지 말라.

---

55) 앞 책, 제3부 「귀향」.
56) 앞 책, 제3부 「옛 서판과 새로운 서판」 제1절.

선인善人들을 조심하라. 그들은 결코 진리를 말하지 않는다. 왜냐면 그들이 악惡으로 간주하는 모든 것 — 대담무쌍한 모험, 꺼지지 않는 불신, 잔인하게 "아니다"고 말하는 부정否定, 인간들에 대한 극심한 혐오, 진실을 파헤치려는 의지와 권력 — 이것들은 모두 하나의 진리가 태어나는 곳에는 반드시 현존해야 하는 것들이기 때문이다.[57]

......

모든 과거사는 인간의 뜻대로 좌우된다. 그런데 이것이 사실이라면, 서민군중이 주인으로 등극하고 모든 시간이 얕은 여울물에 익사해버리든지 아니면 폭군이 모든 것을 찬탈하는 사태가 발생할지도 모른다.[58]

......

그래서 우리에게 필요한 것은 모든 서민군중과 모든 폭군에 대적할 수 있고 새로운 서판들에 "귀족"이라는 단어를 각인할 수 있는 새로운 귀족계급이다. 그런 귀족계급은 돈으로 매매될 수도 없고 애국심이라는 덕목을 구비하지도 않은 계급이 확실하다. 그래서 차라투스트라는 차라리 "그대들(새로운 귀족계급)은 그대들의 아버지들과 조상들이 살던 땅으로부터 추방된 자들이어야만 한다"고 가르친다. 그대들이 사랑해야 할 땅은 그대들의 아버지들이 살던 땅이 아니라 그대들의 자손들이 살아갈 땅이다. 이것이 바로 새로운 귀족계급의 사랑, 새로운 땅에 대한 사랑, 바다 건너 가장 멀리 있는 아직 발견되지 않은 머나먼 땅에 대한 사랑이다. 그대들은 그대들의 아버지들의 자

---

57) 앞 책, 제3부 「옛 서판과 새로운 서판」 제7절.
58) 앞 책, 제3부 「옛 서판과 새로운 서판」 제11절.

식들로서 겪은 불행에 대한 보상을 그대들의 자손들에게 해주어야 한다.[59]

차라투스트라는 충분한 자비심을 지녔다. 사람들은 "그대는 불륜행위를 저지르지 말아야 한다"고 말해왔다. 그러나 차라투스트라는 정직한 자들은 서로에게 다음과 같이 말해야 한다고 가르친다.

우리의 사랑이 얼마나 오래 지속될지 알아봅시다. 우리가 일정한 기간을 정해서 사랑한다면 우리가 서로를 얼마나 더 오래 원할지 알 수 있을 테니까요.[60]

휘어질 수 없는 것은 부러질 것이다. 그래서 어느 여자는 차라투스트라에게 다음과 같이 말했다.

나는 결혼을 망쳤지만, 진짜로 말하면, 결혼이 먼저 나를 망쳤답니다.[61]

차라투스트라는 무자비하다. '기울어진 짐마차를 밀지 말라'는 것이 여태껏 금과옥조로 여겨졌다. 그러나 차라투스트라는 "곧 자빠질 것이라면 밀어 자빠뜨려야 한다"고 말한다. 오늘날에 속하는 모든 것은 추락하고 몰락한다. 그것들의 추락을 아무도 막을 수 없지만, 차라투스트

---

59)   앞 책, 제3부 「옛 서판과 새로운 서판」 제12절.
60)   앞 책, 제3부 「옛 서판과 새로운 서판」 제24절.
61)   앞 책.

라는 오히려 그것들의 추락을 더 급격해지게끔 도울 것이다.

차라투스트라는 용감한 자를 사랑한다. 그러나 용감한 자는 모든 도전을 무조건 다 받아들이는 자가 아니다. 더 높은 가치를 지닌 적敵을 상대하기 위해 사소하고 무익한 싸움들을 자제하고 피해가며 자신의 역량을 비축해두는 자가 더 용감한 자인 경우가 드물지 않기 때문이다. 차라투스트라는 "너의 원수들을 사랑하라"고 가르치지 않으며 단지 "네가 멸시하는 적들을 상대로 싸우지 말라"고 가르칠 따름이다.

"왜 그토록 단단한가?" 사람들은 차라투스트라에게 소리쳐 질문한다. 차라투스트라는 다음과 같이 대답한다.

언젠가 숯도 다이아몬드에게 "왜 그토록 단단한가? 우리는 같은 원소로 만들어진 친족이 아닌가?"라고 물었소. 그러자 다이아몬드가 대답했소. "창조자들은 단단하다네. 왜냐면 다행히도 그들은 밀랍을 단단히 뭉치듯 미래의 세기들을 단단히 뭉칠 수 있는 강력한 악력握力을 가진 손들을 타고났기 때문이네.[62]"

차라투스트라는 '삶은 헛되고 무의미하다'는 주장을 가장 혐오한다. 차라투스트라에게 그런 주장은 노인들의 허튼소리들, 노파들의 잔소리들로 들릴 따름이다. 그래서 '삶은 혐오스러운 것이다'고 서둘러 결론 짓고 존재의 비참함을 역설하는 염세주의자들은 차라투스트라에게는 '실증적 혐오'의 대상들이다. 차라투스트라는 허무와 고통 중 하나를

---

62)   앞 책, 제3부 「옛 서판과 새로운 서판」 제29절 참조.

선택해야 한다면 차라리 고통을 선택한다.

　이토록 엄청난 삶사랑[愛生]은 니체의 친구 루 살로메가 짓고 니체가 오케스트라합창용 곡을 붙인 시詩 「삶을 위한 기도」에서도 똑같이 표현된다. 이 시의 전문全文은 다음과 같다.

　　진정한 친구가 진심으로 친구를 사랑하듯

　　나는 그대를 사랑하렵니다. 오, 신비막측한 삶이여!

　　그대가 나를 기쁘게 해도 괴롭혀도

　　그대가 나를 흥겹게 웃겨도 서럽게 울려도

　　나는 그대의 모든 변덕을 사랑하렵니다.

　　그러나 그대의 운명이 나를 떠나보내야 한다면

　　진정한 친구가 슬픔을 삼키며 친구를 떠나야 하듯

　　나도 슬픔을 삼키며 그대를 떠나야 하겠지요.

　　그래도 나는 온힘을 다해 그대를 부둥켜안으리니

　　그대의 불꽃으로 나의 정신을 작렬시켜

　　그대의 포화난무砲火亂舞하는 전쟁에 나를 참전시켜

　　그대의 신비막측한 수수께끼를 풀게 해준다면

　　나는 수천 년간 명상하며 살아가렵니다.

　　그러나 그대가 전쟁에서 모든 것을 소진해버렸다면

　　나에게 안겨줄 행복마저 깡그리 소진해버렸다면

　　그랬다면! 이제 그대의 고통을 나에게 안겨주소서!

　그리스 신화의 영웅 아킬레우스Achilleus가 망령들의 왕국에서 왕이 되느니 차라리 지상에서 일용노동자가 되기로 선택했을 때 사용한 표현도 고통마저 갈망할 만큼 패러독스하게 들리는 루 살로메의 이 격정적 표현에 비하면 미약할 따름이다.

하르트만은 "세계과정"의 시작과 종말을 믿는다. 그는 우리의 배후에 어떤 영원성도 존재할 수 없다고 결론짓는다. 왜냐면 영원성이 존재할 경우에 발생 가능한 모든 일이 이미 발생했어야 했지만, 실제로 ─ 그의 주장대로라면 ─ 발생하지 않았기 때문이다. 다른 쟁점들에서도 그랬듯이 이 쟁점에서도 하르트만과 첨예하게 대립하는 차라투스트라는, 이를테면, 다소 얕아 보이는 신비주의적인 태도 ─ 고대 피타고라스학파의 역사순환관념에서 유래했고 「전도서」[63]에 담긴 유대민족의 인생철학으로부터 영향을 받은 태도 ─ 를 취하면서 영원회귀를 가르친다. 이 가르침은, 요컨대, '만물은 영원히 회귀하고 그것들과 함께 우리도 영원히 회귀하므로 우리는 이미 무한히 반복하여 존재해왔고 만물도 우리와 함께 무한히 반복하여 존재해왔다'는 것을 의미한다. 차라투스트라에게 장대한 우주시계는 끝없이 반복하여 다시 또다시 돌아가는 모래시계 같은 것이다. 이 영원회귀론은 하르트만의 우주파멸론과 정면대립한다. 그런데 거의 비슷한 시기에 프랑스의 두 사상가도 영원회귀를 ─ 블랑키Louis-Auguste Blanqui(1805~1881)는 『별들의 영원성L'Éternité par les Astres』(1871)에서, 귀스타브 르 봉Gustave Le Bon(1841~1931)은 『인간과 사회들L'Homme et les Sociétés』(1881)에서 ─ 주장했다는 사실은 매우 흥미롭다.

차라투스트라는 죽으면서 다음과 같이 말할 것이다.

---

63)   Ecclesiastes(= Qoheleth = Koheleth): 유대교-기독교의 『구약전서』에 속하는 경전.

지금 나는 죽으며 사라져가네. 나는 곧 순식간에 없어지리라. 왜냐면 영혼도 육체처럼 필멸必滅하기 때문이지. 그렇지만 나를 얽매는 원인들의 타래는 영원히 회귀하여 나를 영원히 재생시키리라.[64]

『차라투스트라』 제3부의 끝에서 두 번째 단원에는 "두 번째 춤을 위한 노래"라는 제목이 붙어있다. 니체는 '춤'이라는 단어를 언제나 지구의 중력과 모든 어리석고 무거운 진지함을 박차고 드높이 솟구치는 정신의 고귀한 경쾌함을 표현하는 데 사용한다. 경이롭기 그지없는 언어로 짜인 이 노래는 시詩를 최고경지로 드높여 날아다니게 만드는 문체의 탁월한 표본이다. '삶'은 차라투스트라 앞에 한 '여인'의 모습으로 나타난다. 그녀는 딸랑이를 흔들어 연주하고, 차라투스트라는 그녀와 함께 춤추며 삶에 대한 모든 분노와 삶에 대한 모든 사랑을 격발시킨다.

최근에 나는 그대의 두 눈을 들여다보았네. 오, 삶이여! 나는 그대의 심야深夜 같은 두 눈동자 속에서 반짝이는 황금을 봤고 ― 나의 심장은 너무나 기뻐서 아직도 벅차게 뛴다네.

내가 봤던 것은 아득한 심야의 바다에서 가라앉았다 솟았다 취한 듯 흔들리며 깜박이는 자그마한 황금돛배였지.

춤에 도취된 나의 두 발을 흘긋 바라보는 그대의 두 눈은 웃는 듯 질문하듯 애수에 젖은 듯 흔들거렸네.

그대의 자그마한 두 손은 딸랑이를 딱 두 번밖에 흔들지 않았고

---

64) 『차라투스트라』 제3부 「쾌유快癒하는 자」 제2절.

— 나의 두 발은 이미 춤의 광기에 휩싸여 날뛰었다네.

……

나는 그대와 가까워지면 그대를 두려워하고 그대로부터 멀어지면 그대를 사랑한다네. 그대가 나를 피해 달아나면 나는 그대에게 매혹되고 그대가 나를 추격하면 나는 그대에게 붙잡히고 말지. 나는 괴롭다네. 그러나 내가 어찌 그대를 기쁘게 견디지 않으랴!

그대, 그대의 냉혹함은 나를 뜨겁게 달구고, 그대의 증오심은 나를 현혹하며, 그대의 도주행각은 나를 결박하고, 그대의 조롱은 나를 희열에 빠뜨리거늘, 내가 어찌 그대를 기쁘게 견디지 않으랴!

막강하게 결박하고 휘감으며 유혹하고 추격하며 발견하는 그대 위대한 여인이여, 뉘라서 그대를 증오하지 않으랴! 순결하고 성마르며 질풍 같고 어린애의 눈을 가진 그대 죄지은 여인이여, 뉘라서 그대를 사랑하지 않으랴!"[65]

이렇게 삶(여인)은 그녀의 애인(차라투스트라)과 함께 춤추다가 다음과 같이 말한다.

오, 차라투스트라여, 그대는 나를 사랑한다고 말했지만 그대의 예술은 나를 전혀 사랑하지 않아요. 그대의 예술은 나에게 충분한 믿음을 주지 못해요.

천둥소리를 내지르는 오래되고 육중한 괘종시계가 있어요. 그 시

---

65) 앞 책, 제3부 「두 번째 춤을 위한 노래」 제1절.

계가 밤에 내지르는 괘종소리는 당신의 동굴에까지 울려 퍼져요.

심야에 당신이 그 괘종소리를 들으면 당신은 어서 빨리 나를 버리고 떠나야겠다고 대낮에까지 생각하겠죠.[66]

그리고 춤이 끝나갈 무렵 이 오래된 심야괘종시계가 노래하기 시작한다.[67] 그런데 제4부의 끝에서 두 번째에 배치된 "취가醉歌"라는 제목이 붙은 단원에서는 이 심야괘종시계가 부르는 노래의 짤막한 가사들이 하나씩 해석된다. 반쯤은 중세의 야경꾼이 부르던 단조로운 찬송가 같고 반쯤은 신비주의자의 찬송가 같은 이 「취가」는 가장 간결한 공식들로 집약된 니체의 밀교적密教的 신조를 형성한 신비주의정신을 머금었다.

「취가」에서, 심야가 다가오는 동안, 심야괘종이 은밀하고 경이로우면서도 기운찬 음조로 차라투스트라에게 들려준 노래를, 차라투스트라는 자신이 "더 고귀한 인간들"로 호칭하는 자들에게 들려준다.

심야에는 낮에 들릴 수 없는 소리들이 들린다 …… 그래서 심야는 노래했다. "오, 인간이여, 청각聽覺을 곤두세워라!"[68]

……

시간은 어디로 가버렸나? 나는 깊은 우물에 빠지지 않았나? 세계는 잠들었다. 그러다가 문득 잠깬 세계가 몸서리치며 질문한다. 누가 세계의 주인이 될 것인가? "심야는 뭐라고 말했나?"[69]

---

66)   앞 책, 제3부 「두 번째 춤을 위한 노래」 제2절.
67)   앞 책, 제3부 「두 번째 춤을 위한 노래」 제3절.
68)   앞 책, 제4부 「취가」 제3절.
69)   앞 책, 제4부 「취가」 제4절.

……

괘종이 울리고 나무좀은 나무를 갉아먹으며 심장벌레는 심장을 갉아먹는데, "아! 세계는 깊다."[70]

……

그러나 오래된 괘종은 낭랑한 타악기 같은 것이거늘, 모든 고통은, 아버지들과 선조들의 고통들은, 괘종의 심장을 잠식蠶食해왔다. 그리고 모든 쾌락은, 아버지들과 선조들의 쾌락들은, 괘종을 흔들어왔다 …… 흔들리는 괘종이 오래된 행복의 장미향과 황금포도주향 같은 영원의 향기를 발산하면서 노래한다. "아! 세계는 깊고, 게다가 낮이 생각하던 것보다 훨씬 더 깊다."[71]

……

낮의 거칠고 투박한 손들에 비하면 나는 너무나 순수하다 …… 가장 순수한 자들, 널리 인식될 수 없는 자들, 최강자들, 심야영혼들, 여느 낮보다 더 밝고 더 깊은 자들이야말로 세계의 지배자들이 되어야 한다 …… "깊음은 세계의 고통이다."[72]

……

그러나 "쾌락은 마음의 고통보다 더 깊어진다."[73] …… 왜냐면 고통은 이렇게 말하기 때문이다. "찢겨라, 나의 마음이여! 훨훨 날아 가버려라, 나의 고통이여!" …… 그러므로 "고통이 말하노니, 썩 꺼져라!"[74]

---

70) 앞 책, 제4부 「취가」 제5절.
71) 앞 책, 제4부 「취가」 제6절.
72) 앞 책, 제4부 「취가」 제7절.
73) 앞 책, 제4부 「취가」 제8절.
74) 앞 책, 제4부 「취가」 제9절.

그래도, 그대들 더 고귀한 인간들이여, …… 그대들은 단 한 가지 쾌락도 긍정하여 언제나 "그렇다"고 말하면서 모든 고뇌도 역시 긍정하여 "그렇다"고 말했다. 왜냐면 쾌락과 고통은 서로 사귀고 서로에게 매료되어 찰싹 달라붙어 결코 분리될 수 없기 때문이다 …… 그래서 모든 것이 다시 시작되고 모든 것이 영원하다. …… "모든 쾌락은 영원을 욕망한다. 깊디깊은 영원을!"[75]

그리하여 심야는 다음과 같이 노래한다.

오, 인간이여! 청각을 곤두세워라!
심야는 뭐라고 말했나?
나는 잠잤고, 잠자던 나는
깊은 꿈에서 깨어났는데
아! 세계는 깊다
게다가 낮이 생각했던 것보다 훨씬 더 깊다.
깊음은 세계의 고통이다
쾌락 — 이것은 마음의 고통보다 더 깊어지는데
고통이 말하노니, 썩 꺼져라!
그래도 쾌락은 영원을 욕망한다
깊디깊은 영원을![76]

---

75) 앞 책, 제4부 「취가」 제10절.
76) 앞 책, 제3부 「두 번째 춤을 위한 노래」 제3절.

6

이렇게 노래하는 호전적인 신비주의자요 시인이자 사상가이면서 비도덕주의자인 니체는 절대로 설교하려고 애쓰지 않는다. 잉글랜드의 철학자들에게 신선한 인물로 보이는 니체는 다른 낯선 세계로 유배된 인물로도 보인다. 잉글랜드인들은 어떤 법칙을 발견하려고 사소한 사실들을 대량으로 수집하여 조사하는 성향을 타고난 온갖 근면한 정신들의 소유자들이다. 그들 중에도 가장 우수한 자들은 아리스토텔레스Aristoteles(서기전384~322)의 정신을 소유한 자들이다. 그렇지만 그들 중에는 우리를 매료시킬 만하거나 매우 복잡한 개성인격의 소유자로 보이는 자들은 극히 드물다. 왜냐면 그들의 개성인격보다는 그들의 행동이 더 강한 영향력을 발휘하기 때문이다. 그런 반면에 니체는 쇼펜하워처럼 사색자思索者이자 관찰자요 예술가라서 자신의 행동보다 자신의 개성인격에 더 많은 관심을 보인다.

니체는 스스로를 독일인으로 거의 생각하지 않았지만, 독일 철학의 메타자연학적이고 직관적인 전통도 계승할 뿐더러 모든 공리주의적 관[77)]

---

77) Metaphysics: 이 용어는 지금까지 한국에서 이른바 "형이상학形而上學"으로 번역되어왔다. 이렇게 번역된 정확하고 세세한 곡절이야 어찌되었건, 하여간, 고대 중국 춘추시대의 유학자儒學者 공쯔孔子(서기전551~479)가 『주역周易(=역경易經)』에 붙인 해설문解說文으로 알려진 『계사전繫辭傳』의 상편上篇 우제12장右第十二章에 나오는 "형이상자形而上者 위지도謂之道 형이하자形而下者 위지기謂之器"라는 문장에서 유래한 것으로 추정되는 이 "형이상학"이라는 번역어는 "메타피직스"의 본의를 그야말로 "형이상학"적으로 왜곡해온 듯이 보인다. 왜냐면 "메타피직스"의 본의를 감안하면 이것의 더 정확한 번역어는 "메타자연학"이나 "메타물리학" 아니면 차라리 "후後자연학"이나 "후後물리학" 아니면 "본질학本質學"이나 "무형학無形學"이나 "정신학精神學" 같은 것들로 보이기 때문이다. 더구나, 만약, 혹시라도, "형이상학"이라는 것이 분명히 존재한다면, 그것은 "형이하학形而下學"이라는 것의 존재를 전제前提하거나 가정하는 것일 수밖에 없을 터인데, 그렇다면 "형이하학"이란 대관절 또 무엇일까? 그것이 결국 "피직스Physics" 즉 "자연학"이나 "물리학" 혹은 — 굳이, 기어이, 기필코, "형形"이라는 단어를 사용해야 한다면 — "유형학有形學"이 아니라면 또 무엇일까? 이런 어이없는 사태를 차치하더라도, 어쨌든지, "메타피직스"는 글자 그대로 '반드시 "자연학"이나 "물리학"을 토대로 삼아야만(답파/섭렵/편력하고 나야만) 이해될 수 있다'는 의미를 함유한 것인 반면에, 한국에서 여태껏 관행적으로 상용/통용되어온 이른바 "형이상학"은 지금까지 자연학이나 물리학을 거의 도외시한 이른바 "뜬구름 잡는 상념학想念學이

점에 대한 독일 사상가들의 극심한 혐오감도 공유한다. 그가 구사하는 열정적 잠언형식은 의심할 여지없이 독창적인 것이다. 그의 근본사상은 동시대에 활동한 다른 많은 독일 작가들 및 프랑스 작가들의 근본사상을 상기시킨다. 그렇지만 그는 '자신은 동시대의 어떤 것에도 고마워해야 할 필요가 전혀 없다'고 생각할 사람이 분명하다. 그래서인지 그는 자신과 조금이라도 닮아 보이는 모든 사람에게는 마치 독일인처럼 호통을 치기도 한다.

나는 앞에서 니체의 '문화개념'과 '세계지배력을 거머쥘 수 있는 지식귀족들의 등장을 기대하는 희망'이 르낭의 개념과 희망을 강하게 상기시키는 까닭을 언급했다. 그럴지라도 니체는 르낭에게 고맙다는 말을 일절 하지 않는다.

나는 앞에서 하르트만이 쇼펜하워의 연민도덕을 니체보다 먼저 공격한 선배였다는 사실도 암시했다. 그렇지만 비록 놀라운 명성을 얻은 만큼 중요시되지는 못할망정 명백한 재능을 타고난 하르트만도 니체에게는 독일의 무비판적이고 편파적인 일개 대학교수이자 돌팔이학자로밖에 보이지 않았을 것이다. 하르트만의 본성은 니체의 본성보다 더 무거웠다. 하르트만은 무겁고 답답하며 자아도취적이고 독선적인 튜턴족Teuton族(=게르만족)의 기질을 타고나서, 니체와 상반되게, 프랑스의 정신과 남유럽의 햇살에 전혀 감동하지 않았다. 그러나 니체와 하르트만은

나 관념학觀念學" 같은 것으로 이해되어온 나머지 "메타피직스"의 본의를 그야말로 "형이상학"적 편견들로써 왜곡하거나 희석해왔는데도, 조금이라도, 그것을 의혹하거나 의심하거나 의문하는 경우를 찾아보기 어려운 지경이다. 물론 번역자의 이런 짤막한 각주/각설/객설만으로는 이런 요령부득한 번역어가 탄생하여 관행적으로 상용/통용된 과정이나 사연을 검토하고 해명하기는 불가능할 것이다. 그래서 번역자는 다만 앞으로 이 번역어에 대한 자칭타칭 전문가들의 재검토가 충분히 이루어지기를 기대할 따름이다.

유사점들도 공유한다. 그런 유사점들은 두 사람이 태어나서 자란 독일의 역사적 조건들에서 비롯된 것들이다.

첫째, 니체와 하르트만은 비슷한 학교교육을 받았고 군대에서는 포병대에 근무하는 등 비슷한 인생이력을 가졌다. 둘째, 같은 문화에서 성장한 두 사람은 모두 쇼펜하워를 출발점으로 삼았으되 헤겔에 대한 커다란 존경심을 오랫동안 유지했고, '적대적 형제 같던 쇼펜하워와 헤겔'을 그런 존경심 속에 통합하고자 했다. 또한 니체와 하르트만은 기독교의 연민과 기독교의 도덕을 똑같이 멀리했을 뿐 아니라 근대 독일을 특징짓는 모든 종류의 민주주의를 똑같이 혐오했다.

하르트만과 비슷하게 니체도 사회주의자들과 아나키스트Anarchist들을 공격했지만, 하르트만은 학자의 태도를 더 많이 드러내는 반면에 니체는 아나키스트들과 똑같이 국가를 혐오하면서도 그들을 "아나키스트 개들"로 비아냥대며 즐거워하는 악취미를 드러낸다. 또한 니체는 역시 하르트만과 비슷하게 평등과 평화라는 이상들의 실현불가능성을 증명하려고 애쓰기를 거듭한다. 니체는 삶이란 '불평등과 전쟁'에 불과하므로 평등과 평화라는 이상들은 실현될 수 없다고 보면서 다음과 같이 말한다.

무엇이 선善인가? 용감함이 선이다. 나는 "선한 명분이 전쟁에 거룩한 정당성을 부여하는 것이 아니라 오히려 선한 전쟁이 모든 명분에 거룩한 정당성을 부여하는 것이다"고 말한다.[78]

---

78) 『차라투스트라』 제1부 「전쟁과 전사戰士들」.

하르트만처럼 니체도 '권력투쟁의 필연성'과 '문화전쟁의 추정가치'를 숙고하고 강조한다.

　신비주의적 자연철학자로 호칭될 수 있는 하르트만과 신비주의적 비도덕주의자로 호칭될 수 있는 니체는 각자의 철학을 상당히 독립적으로 전개하면서도 신생新生 독일제국의 전면적 군국주의를 공통적으로 반영한다. 그런데 하르트만은 독일의 속물적 민족감정에 다분히 친근하다. 그러나 니체는 그런 속물적 민족감정을 원칙적으로 반대하면서 독일의 정치인을 "독일인들을 위해 새로운 바벨탑을 쌓는 자, 영토와 권력의 한계를 벗어나지 못하는 괴물, 그렇기 때문에 거물로 과칭되는 자"로 규정한다. 물론 그럴지라도 하르트만과 니체의 저작들에는 비스마르크 O. E. L. Bismark(1815~1898)의 정신과 닮은 어떤 것이 은근히 스며있다. 전쟁문제에 대한 하르트만과 니체의 유일한 견해차는 '니체가 바라는 전쟁은 허황한 세계구원을 위한 것이 아니라 용감한 인간의 멸종을 예방하기 위한 것이다'는 사실에서 생겨난다.

　또한 하르트만도 니체도 모두 여성을 멸시하고 여성해방을 위한 노력들을 비난하지만, 역시 둘 다 쇼펜하워를 상기할 경우에만 그리하는데, 이런 맥락에서 하르트만은 쇼펜하워의 모방자이다. 그러나 이 경우에 하르트만은 학자 특유의 다소 공격적인 기세로 도덕을 가르치는 교조주의자의 면모를 띠지만, 니체가 여성의 섹스에 가하는 공격들의 저변에서는 '고통스러운 경험과 직결되는 여성 특유의 미묘한 위험감각'이 발견될 수 있다. 니체가 실제로 교제한 여성들은 많아 보이지는 않아도 몇 명 있기는 있었다. 그러나 그가 교제한 여성들을 사랑하면서도 증오했다는 것은 분명한 사실이고 특히나 경멸했다는 것은 가장 분명한 사실이다. 그는 '자유롭고 위대한 정신에게 결혼은 부적합하다'고 누차 강조했다. 니체의 이런 결혼관은 매우 개인적인 기록들에서 많이 발견되고, 특히 사상가를 위한 고독한 삶의 필요성을 집요하게 강조하는 대목들에서는 더욱 자주 발견된다. 그러나 여성들에 대한 니체의 다소 비개인적인 견해들은, 하르트만의 그것들과 마찬가지로, 구세계 독일인들의 견해들을 대변하는 듯이 보인다. 프랑스 및 잉글랜드의 여성들과 대조되는 독일의 여성들은 수세기간 '가내생활'과 '철저한 폐쇄생활'만 허락받았다. 우리는 니체와 하르트만 같은 독일의 사상가들도 대개는 '남성과 여성의 관계'를 '근본적으로 대립하는 영원한 전쟁관계'로 간주한다는 사실을 인식할 수 있다. 물론 잉글랜드의 존 스튜어트 밀은 남녀관계를 이런 식으로 바라보는 관점을 알지도 이해하지도 못했다. 그렇지만 밀은 칭찬받을 만하게도 여성해방을 위해 노력했고, 그 결과 남성이 불공정하게 대우받거나 여성이 오히려 온건하고 공정하게 대우받는 경우들도 이따금 발생했다. 이런 견지에서 밀의 여성관은 "옛 아시아의 광대한 지역에서 통용되던 상식"대로 여성을 다루자고 주장하는 니체의 잔인하고 부당한 여성관보다 훨씬 더 선호될 만한 것이다.

마지막으로 주목될 만한 사실은 니체보다 앞서 오이겐 뒤링이 (특히 『삶의 가치』에서) 염세주의에 맞서 싸웠다는 것이다. 이런 사실 때문에 니체는 뒤링을 대단히 미워하는 악감정을 품어온 듯이 보이고, 실제로도 대단히 격분하여 급기야는 공개적인 방식으로, 그러면서도 자신의 본심은 숨기는 방식으로, 감행한 논박에서 뒤링을 '니체 흉내를 내는 원숭이'로까지 비하해버린다. 니체는 뒤링을 '서민대중, 반反유대주의자, 양심을 품은 기독교전도사, 잉글랜드인들의 제자, 콩트Auguste

Comte(1798~1857)의 신봉자만큼 지독히 혐오스러운 '자'로 간주한다. 그러나 니체는 이런 모멸적 비칭卑稱들이 적용되지 않는 뒤링의 매우 뛰어난 자질들에 관해서는 아예 침묵해버린다. 그래도 니체의 개인적 운명을 감안하면, 우리는 '맹목적 인간 뒤링, 공인된 학자들을 경멸하되 주목받지 못한 사상가 뒤링, 대학들의 바깥에서 가르치는 철학자 뒤링, 삶의 혜택을 거의 못 받았으되 자신의 삶을 사랑한다고 목청껏 선언하는 철학자 뒤링이 니체에게는 익살스럽게 묘사된 니체 자신으로 보일 수밖에 없었으리라'는 것을 쉽게 이해할 수 있다. 그러나 이것이 니체가 이따금 뒤링에게 가혹한 악담을 퍼부은 이유는 아니다. 이 문제와 관련하여 말해져야 할 것은, 니체는 존경받는 인물이 — 폴란드의 슐라흐치츠szlachcic(귀족)가, 세계의 유럽인이, 세계주의적인 사상가가 — 몹시 되고 싶었지만 언제나 독일의 대학교수로만 기억될 수밖에 없었다는 사실이다. 이런 맥락에서 그의 무례한 악담들은 그의 경쟁자들을 향한 그의 억제되지 않은 증오심이 찾은 배출구들이었던 셈이다. 그래서 결론적으로 말하면, 니체의 경쟁자가 될 만한 현대 독일 철학자들은 하르트만과 뒤링뿐이었던 셈이다.

니체가 프랑스의 '도덕학자들'과 '라로슈푸코La Rochefoucauld(1613~1680), 샹포르Nicolas Chamfort(1840~1894), 스탕달같은 심리학자들'로부터 아주 많은 것들을 배우면서도 그들의 표현형식을 규정하는 자제력만은 거의 습득하지 못했다는 사실은 기이하게 보인다. 니체는 프랑스의 문학풍조가 모든 작가에게 강요하는 억제된 진술들과 표현들에 결코 익숙해지지 않았다. 니체는 진정한 자아를 발견하기 위해, 그리고 완벽하게 진정한 자신이 되기 위해, 오랫동안 진력했을 것이다. 그는 진정한 자신을 발견하려고 자신의 산정동굴 속으로 들어간 차라투스트라처럼 자신의 고독 속으로 천천히 들어갔다. 그러면서 니체는 완전한 독립존재가 되는 데 성공했고, 자신의 내면에서 생성하는 독특하고 개인적인 사상의 윤택한 풍요를 음미했으며, 자신의 가치를 평가하는 모든 외부기준을 폐기해버렸다. 그동안 그를 둘러싼 세계로 통하던 모든 교량橋梁도 무너졌다. 그런 고독 속에서 그를 인식하고 인정한 것은 실제로 오직 그의 심대해진 자부심뿐이었다. 그래서였는지 그를 인식하고 인정하는 최초의 어렴풋한 암시조차도 그의 심대한 자부심을 드높게 고양시켰다. 하지만 그토록 드높아진 자부심은 끝내 그의 두뇌를 점령해버렸고 그토록 희귀하고 위풍당당하던 그의 지성을 암흑에 빠뜨려버렸다.

*

니체는 자신의 평생과업을 아직 완성하지 못했지만, 지금까지 그가 세상에 내놓은 결과들만 놓고 봐도 연구될 만한 가치를 충분히 지닌 작가이다.

내가 니체를 주목하는 중대한 까닭은 '나에게 스칸디나비아 문학은 최근 10년간 주장되고 토론된 사상들을 아주 오랫동안 충분히 섭취해온 듯이 보인다'는 것이다. 그런데도 이즈음 스칸디나비아 문학은 위대한 사상들을 발상하는 능력을 잃어가는 듯이 보일뿐더러 그런 사상들을 수용할 능력마저 급속히 잃어가는 듯이 보인다. 이런 와중에도 민중들은 똑같은 신조들, 막연한 유전이론遺傳理論들, 왜소한 다윈주의Darwinism, 미미한 여성해방, 쩨쩨한 행복의 도덕, 옹색한 자유사상, 졸속한 민주주의숭배 따위들에만 정신을 빼앗겨 휘둘릴 따름이다. 그리하여 우리의 이른바 "문화를 습득한" 자들의 문화에서는《르뷔 데 되 몽드》⁷⁹⁾로 얼추 대변되는 수준이 취미의 최고수준으로 여겨지는 위험한 사태가 임박한 듯이 보인다. 그래서인지 우리들 중 고급정신의 소유자들조차 '더 고상하고 유일하게 진정한 문화는《르뷔 데 되 몽드》를 아주 멀리하는 위대한 개성인격자들과 풍요로운 사상들에서 출발한다'는 것을 아직 분명히 자각하지 못하는 듯이 보인다.

스칸디나비아의 지식발달은 문학계에서 비교적 빠르게 진전되어왔다. 우리는 '위대한 작가들이 처음에는 모든 정통관행을 완전히 순진하게 믿는 신도들로서 출발했어도 끝끝내 그 모든 관행을 극복했다'는 사실을 안다. 물론 그런 극복은 아주 고귀한 일이지만, 향후 더욱 고귀한 일을 할 수 없는 작가들에게는 오히려 무의미한 일이다. 1870년대에 활동한 거의 모든 스칸디나비아 작가들은 자신들이 향후 아우크스부르크 제국의회⁸⁰⁾의 기준대로 집필하지 못하리라고 분명히 깨달았다. 그들 중에는 그 기준을 조용히 포기한 작가들도 있었고 다소 호들갑스럽게 반대한 작가들도 있었다. 그렇지만 그 기준을 포기한 작가들의 대부분은 대중여론을 반대하고 저마다 어린 시절에 품었던 양심가책감을 얼마간 반대하면서 이미 확립된 프로테스탄트 도덕의 배후로 숨어버렸고, 때로는 이른바 선善하고 매일 먹는 수프스톡⁸¹⁾ 같은 도덕 — 내가 그들의 도덕을 이렇게 지칭하는 까닭은 실제로 그 도덕이 다량의 수프를 공짜

---

79) Revue des deux Mondes: 프랑스 파리에서 1829년 창간된 대중적인 월간 문예잡지.

80) Diet(Reichstag) of Augsburg: 1552년 2월 5일 독일 남부에 있는 도시 아우크스부르크의 신성로마제국 국회에서 황제 카를 5세Karl V(1500~1558: 1519~1556재위)가 주관하여 개최한 제후들 및 성직자들의 회의.

81) soup-stock: 이것은 서양에서 수프의 기본재료로 사용되는 국물인데, 쇠고기·닭고기·생선이나 소·닭·생선의 뼈와 각종 야채로 푹 끓여서 만든다.

로 제공하기 때문이다 — 의 배후로 숨어버렸다.

그러나 아무리 그럴지라도 기존의 편견들을 공격하는 측과 기존의 제도들을 방어하는 측의 관계는 현재 단일하고 동일하며 흔해빠진 친목관계로 변질될 위험이 다분해졌다.

물론 나는 머잖아 우리가 '예술은 낡은 교리문답의 찌꺼기들에 만족할 수 없듯이 평균적이고 평범한 인간들을 위한 사상들과 이상理想들에도 만족할 수 없다'는 사실뿐 아니라 '위대한 예술은 가장 독창적인 개성인격자들의 것들과 동등한 예외성, 독립성, 도전성, 귀족적 자주권自主權을 보유한 지성인들을 요구한다'는 사실을 다시금 생생하게 실감할 수밖에 없으리라고 믿는다.

제2부

브란데스와 니체가 주고받은 편지들
(1899년 12월 정리)

프롤로그

나는 10여 년 전에 니체를 처음 주목하여 『귀족적 급진주의: 프리드리히 니체에 관한 시론』(이하 『귀족적 급진주의』로 약칭)을 집필했다. 그 시론은 유럽의 모든 지역에서 여태껏 발표된 니체에 관한 길거나 짧은 모든 연구결과 중 최초의 것이었다. 그 후 "니체"라는 이름은 세계각지로 알려지기 시작하여 현재 우리의 동시대인들 사이에서 가장 널리 알려진 이름이 되었다. 10여 년 전에는 거의 알려지지도 언급되지도 않았던 사상가 니체는 몇 해 지나지 않아 유럽의 모든 나라에서 유행하는 철학자가 된 것이다. 그토록 열망하던 세계적 명성을 어느 날 갑자기 획득한, 많은 자질을 타고난 이 위인은 자신이 세계적으로 유명해졌다는 사실을 추호도 의심하지 않고 살았으되 지금은 불치의 광기에 휩싸여 세계와 단절된 채로 시체처럼 연명하고 있다.

니체가 보유한 역량들을 유지하던 시절에 출간한 저작들은 그의 고향 독일에서 처음에는 전혀 인정받지 못했지만 이제는 모든 나라에서 인정받는다. 심지어 대체로 외국인을 인정하기 싫어할 뿐더러 독일인을 유달리 더 인정하기 싫어하는 프랑스에서도 니체의 영향력, 성격, 학설이 거듭 연구되고 해설되어왔다. 그래서 외국들뿐 아니라 독일에서도 '니체학파' 같은 것이 형성되어 니체의 권위에 호소하고 니체와 타협하는 경우도 드물지 않을 뿐더러 오히려 자발적으로 타협하는 경우도 상당히 잦다. 물론 (루트비히 슈타인처럼)[1] 진지하고 과학적인 노선들을 취하면서도 옹색한 교육학적 전제들을 들먹이거나 (막스 노르다우처[2]

---

1) Ludwig Stein(1859~1930): 독일과 스위스에서 유대교랍비, 언론인, 철학교수로 활동한 헝가리 태생 유대인.
2) Max Simon Nordau(1849~1923): 시온주의Zionism(유대민족주의)운동의 지도자, 의사, 작가, 사회평론자로 활동한 헝가리 태생 유대인.

럼) 변변찮은 무기들밖에 갖지 않았으면서도 뻔뻔한 서민들 특유의 가증스러운 우월감을 과시하는 식으로 니체를 반대하는 자들도 이따금 있기는 하다.

그렇지만 독일의 페터 가스트[3]와 루 살로메나 프랑스의 앙리 리탕베르제[4]는 니체에 관한 흥미로운 소품들과 저서들을 집필했다. 또한 니체의 여동생 엘리자베트 푀르스터-니체는 (니체의 청년기를 묘사한 해설문을 포함하는) 니체전집을 편찬했을 뿐 아니라 니체전기(傳記)도 집필했다(그리고 니체의 편지들도 편찬했다).

그러므로 나의 시론 『귀족적 급진주의』는 이미 오래전부터 다른 저작들에 따라잡히고 추월된 셈이다. 왜냐면 그런 저작들의 필자들은 니체의 작품들에 관해서 지난 10여 년간 축적되고 공인된 지식들을 입수할 수 있었고, 그래서 그런 지식들의 내용을 독자들에게 일일이 숙지시키지 않고도 니체의 저작들을 검토할 수 있었기 때문이다. 이 대목에서 기억될 만한 사실은 『귀족적 급진주의』는 내가 회프딩[5] 교수와 토론하다가 착안하여 집필했다는 것이다. 그 토론은 내가 나의 견해들을 더 확실히 가다듬고, 그런 나의 견해들과 니체의 견해들 사이에 존재하는 공통점들과 차이점들을 확인할 수 있는 기회였다.[6] 물론 그 토론에서 내가 했던 논쟁적 발언들은 외국어로 번역되지 않았기 때문에 그 발언들

---

3) Peter Gast(1854~1918): 본명은 '요한 하인리히 쾨젤리츠Johann Heinrich Köselitz'로 독일의 작가 겸 작곡가이다. '페터 가스트'라는 이름은 니체가 지어준 별명이다. 가스트는 1875년 스위스 바젤 대학에서 니체의 강의를 들으면서 처음 만난 니체와 끝까지 친구로 지냈다.

4) Henri Lichtenberger(1864~1941): 프랑스 소르본Sorbonne 대학교에서 독일문학과 교수를 역임한 철학자 겸 교육자로서『니체의 철학La Philosophie de Nietzsche』(1898)을 집필했다.

5) Harald Høffding(1843~1931): 코펜하겐 대학교에서 교수로 재직한 덴마크의 철학자 겸 신학자.

6) 【코펜하겐에서 발행된 문예잡지《틸슈쾨른Tilskueren》1889년 8월호와 11~12월호, 1890년 2~3월호, 4월호, 5월호 참조.】

을 주목한 외국인은 전혀 없었다.

그런 한편에서 『귀족적 급진주의』는 외국어로 빠르게 번역되어 나를 많은 공격들에 노출시켰다. 그렇지만 그런 공격들은 차츰 완전히 상투적인 판박이들로 변해갔다. 특히 짓궂은 심술쟁이가 되고 싶어 하던 어느 친親독일파 스웨덴인은[7] '내가 『귀족적 급진주의』에서 나의 과거와 결별했고 그때까지 내가 옹호하던 자유주의적인 견해들과 사상들을 단호하게 포기했다'는 식으로 나를 비꼬듯이 칭찬하는 논문도 발표했다. 그러나 설령 내가 비난받을 만한 다른 이유들이 있었을망정 '내가 독일의 사상들을 평생 딱 두 번 옹호했는바 청년기에는 헤겔의 사상들을 옹호했고 장년기에는 니체의 사상들을 옹호했다'는 사실만은 반드시 인정되어야 했다. 그 후 얼마 지나지 않아, 프랑스 파리에 거주하는 호들갑스러운 돌팔이학자 노르다우는 자신의 어느 저서에서 '만약 덴마크의 학부모들이 코펜하겐 대학교에 다니는 그들의 자녀들에게 내가 실제로 무엇을 가르치는지 짐작할 수 있었다면 그들은 길거리에서 나를 때려죽였을 것이다'고 주장했는데, 이따위 명백한 살인선동 자체도 우스꽝스러운 것이었지만 그런 선동을 위한 빌미는 실로 터무니없이 우스꽝스럽기 그지없는 것이었다. 왜냐면 나의 강의들은 예전에나 지금에나 모든 사람에게 개방되어 누구나 청강할 수 있고, 그 강의들의 강의록들 대부분이 인쇄되어 출판되었을 뿐 아니라, 20년 전부터 학부모들

---

7) 이 스웨덴인은 올라 한손으로 추정된다. 스웨덴의 시인이자 산문작가이고 문예평론가인 한손은 브란데스와 함께 북유럽에 니체의 저작들을 알리는 데 일조했다. 그러나 한손은 니체의 '초인사상'을 무분별하게 감상적으로 맹신하여 '게르만민족주의'와 결부시켜버리는 고약한 오해를 저지르고 말았다. 그런데 니체가 민족주의 또는 게르만민족주의를 극도로 혐오했다는 사실을 감안하면, 한손의 이런 무분별한 오해는 훗날 독일의 나치Nazi(국가사회주의자)들이 이탈리아의 파시스트들이 니체의 사상을 무분별하게 곡해하고 오용誤用해서 빚어지는 불상사를 예시한 최초의 징조로도 기억될 만하다.

도 매우 빈번하게 나의 강의들을 청강해왔기 때문이다. 그래도 노르다우의 저서는 '존 스튜어트 밀의 추종자이던 내가 『귀족적 급진주의』에서는 나의 과거를 등지고 니체의 옹호자로 자처했다'고 거듭 주장했다. 오스트리아 빈에 거주하는 어느 귀부인의 매우 유치찬란한 저서에도 노르다우의 주장이 토씨 하나 빠짐없이 그대로 인용되었다. 사실관계를 전혀 모르던 그녀는 독일의 대중을 위한 스칸디나비아 문학에 관한 글을 해마다 거르지 않고 부지런히 써댔다. 이따위 터무니없는 주장은 알프레트 입슨이[8] 1899년 런던의 문예잡지 《아테네움Athenæum》에 기고한 논문에서도 튀어나왔다. 그러나 덴마크 문학을 개괄적으로 논의하는 그 논문은 여러 가지 장점을 지녔으되 공정성을 상실한 것이었다.

비록 외국들에서 이런 주장들이 연이어 반복적으로 제기되어왔을지라도 나는 니체를 주목하고 그와 연락하면서 나의 원칙들은 조금도 변하지 않았다는 사실을 — 1890년 《틸슈쾨른》(p. 259)에도 이미 밝혔다시피 — 거듭 확인시켜줄 수 있다. 내가 니체를 알았을 때 나의 나이는 나의 근본적 인생관을 변경할 수 있을 나이보다 이미 훨씬 더 많았다. 게다가 나는 나를 반대하는 덴마크인들을 다년간 대응하면서도 '여느 철학서를 접하든 그것에 담긴 내용의 진위부터 먼저 의문시하는 생각을 결코 하지 않는 태도'를 유지했다.

나는 책의 이면裏面에 있는 저자를 향해 직진한다. 그러므로 나는 먼저 '이 저자는 어떤 가치를 지녔는가? 그는 흥미로운 저자인가 아

---

8)   Alfred Ipsen(1852~1922): 덴마크의 문학인.

닌가?'부터 의문한다. 그가 만약 흥미로운 저자라면 그의 저서들은 탐독될 가치를 지닌 것들이 틀림없다. 진위를 따지는 질문들은 최고 급지성의 영역들에는 거의 적용될 수 없고, 그런 질문들에 대한 답변들의 중요성도 상대적으로 미미한 경우가 드물지 않다. 그래서 내가 니체에 관해 처음 쓴 문장들도 바로 니체가 연구되고 **토론될** 자격을 지녔기 때문에 쓰인 것들이다. 나는 모든 강력하고 비범한 개성을 즐기듯이 니체를 즐겼다.

그리고 3년 후에 니체를 반동적이고 냉소적인 인물로 낙인찍으며 나의 견해를 공격한 스위스의 저명하고 유능한 어느 교수에게 나는 다음과 같이 응수했다.

니체의 견해들을 채택하려는 잠재적 의도를 품고 니체를 연구할 성숙한 독자는 없을뿐더러 니체의 견해들을 선전하려는 잠재적 의도를 품고 니체를 연구할 성숙한 독자는 더더욱 없을 것입니다. 우리는 교사들을 찾는 어린애들이 아니라 인간들을 찾는 의혹주의자疑惑主義者들이라서 인간 한 명 — 가장 희귀한 존재 — 을 발견하면 즐거워합니다.

이것은 내가 볼 때 옹호자의 언어가 전혀 아니므로, 나의 비판자들은 나로 하여금 나의 사상들을 단념시키려고 그들이 소모해야 할 화약과 탄환을 얼마간 절약할 수도 있을 것이다. 유럽의 언론매체들에 해마다 기고되어온 무근거한 모든 반론에 대한 직답直答을 이따금 강요당할 때면 나는 귀찮고 불쾌한 기분을 느낀다. 그러나 타인들이 어떤 개인에 관해서 완전히 무분별한 글을 써댈 때면 그 개인의 자기변호自己辯護는 때때로 그 개인이 짊어져야 할 의무가 되기 마련이다.

니체와 나의 개인적인 연락은 니체가 『선악을 넘어서』를 나에게 우송하면서부터 시작되었다. 처음에 나는 그 저서를 읽으며 비록 선명하지도 확실하지도 않되 강렬한 인상을 받았지만 다른 어떤 인상도 추가로 받지는 못했다. 그랬던 이유 한 가지는 그 당시에 나는 매일 너무 많은 책들을 우송받아서 일일이 탐독할 수 없었다는 것이다. 그러나 이듬해에 니체가 나에게 우송해준 『도덕들의 계보』는 나에게 훨씬 더 선명한 인상을 주었을 뿐 아니라 『선악을 넘어서』를 새롭게 조명해주었기 때문에 나는 니체에게 고마워하는 나의 마음을 알리는 편지를 보냈고, 그렇게 시작된 니체와 나의 편지교환은 13개월 후 니체가 광기의 공격을 받아 입원하기 직전까지 계속되었다.

니체가 선명한 의식을 가지고 생활하던 시절에 나에게 보낸 편지들의 심리학적·전기적傳記的 중요성은 결코 적잖아 보인다.

1. 브란데스가 니체에게 보낸 편지
1887년 11월 26일 코펜하겐에서.

처음 인사드립니다.

나는 1년 전에 당신이 출판사를 시켜서 나에게 보내준 흥미로운 저서 『선악을 넘어서』의 사본을 우송받았습니다. 근래에 똑같은 방식으로 당신의 최신저서사본을 우송받았습니다. 내가 소장한 당신의 다른 저서들 중에는 『인간적인 너무나 인간적인』도 있습니다. 내가 『도덕들의 계보』를 우송받았을 때는 하필이면 내가 가진 당신의 저서사본 두 권을 제본소에 갓 맡겼을 때여서 앞의 저서들과 비교하여 읽기로 했던 나의 계획을 실행할 수 없었습니다. 그러나 제본작업이 완료되는 대로 당신의 모든 저서를 주의 깊게 차근차근 읽어갈 것입니다.

그래도 나는 당신의 저서들을 나에게 보내준 당신에게 진심으로 고마워하는 마음을 이 편지로나마 먼저 알려드리고 싶습니다. 당신에게 내가 알려졌을 뿐 아니라 나를 당신의 독자讀者로서 맞이하기를 바라는 당신의 소망도 알았으니, 나는 그저 "영광스러울" 따름입니다.

나는 당신의 저서들에서 발산되는 새롭고 독창적인 정신의 기운을 만끽합니다. 물론 내가 읽은 당신의 저서들을 나는 아직 완벽하게 이해하지 못하고 또 당신의 의도들도 정확히 간파하지 못합니다. 그렇지만 나는 당신의 저서들을 처음 읽으면서도 나의 견해들과 부합하는 많은 견해들을 발견할 수 있었습니다. 그래서 예컨대, 금욕주의이상들에 대한 저평가低評價, 민주주의의 서민성庶民性에 대한 깊은 혐오감, 당신의 귀족적 급진주의에 나도 공감합니다. 그러나 연민도덕에 대한 당신의 경멸은 나에게 아직은 뚜렷이 와 닿지 않습니다. 당신의 다른 저작들에서 피력된 여성 전체에 대한 당신의 일반론적 견해들 중에는 나의 견해들과 부합하지 않는 것들도 있었습니다. 당신의 천성은 나의 천성과 전혀 달라서 내가 당신을 편안하게 대하기는 쉽지 않습니다. 당신은 보편성을 지녔기는 해도 당신의 사고방식과 저작방식은 당신을 거의 영락없는 독일인으로 보이게 합니다. 그럴지라도 당신은 내가 즐겁게 대화할 수 있을 극소수자들 중 한 명이 틀림없습니다.

나는 당신의 개인사에 관해서는 아무것도 모릅니다. 당신이 대학교수이자 박사라는 사실이 나에게는 놀랍게 보입니다. 그런데도 당신의 지성이 대학교수의 것으로는 거의 보이지 않으니 축하할 일입니다.

더구나 당신이 나의 저작들을 읽었는지도 나는 모릅니다. 나의 저작들은 소박한 문제들을 해결하기 위한 시도들에 불과합니다. 그 문제들의 대부분은 덴마크에만 있는 것들입니다. 나의 최우수 독자들은 슬라브계 국가들에 있다고 나는 믿습니다. 나는 2년간 폴란드의 바르샤바에서 강의했고, 올해에는 러시아의 상트페테르부르크 및 모스크바와 프랑스에서 강의했습니다. 나는 그렇게 외국에서 강의함으로써 나의 조국을 가둬온 옹졸한 한계들을 돌파하려고 진력합니다.

어느덧 청년기를 훌쩍 지나버리기는 했어도 나는 여전히 가장 뜨거운 탐구열정과 학습욕구의 소유자들 중 한 명입니다. 그러므로 나의 생각과 느낌이 당신의 것들과 다를 경우에도 나는 당신의 사상들을 결코 배척하지 않을 것입니다. 왜냐면 내가 어리석어지는 경우는 이따금 있을망정 조금이라도 옹졸하게 구는 경우는 결코 없기 때문입니다.

당신이 나의 이 짧막한 편지를 답장할 만한 가치를 지닌 것으로 생각해주신다면 나는 기쁘겠습니다.

당신의 호의를 고마워하는 마음을 전하며 이만 줄이겠습니다.

기오 브란데스 드림.

2. 니체가 브란데스에게 보낸 편지
1887년 12월 2일 니스에서.

참으로 반갑습니다.

내가 존경하는 견해를 가진 소수의 독자들만 있고, 그들을 제외한 어떤 독자도 없는 상황 — 이것이 바로 내가 진실로 바라는 상황입니다. 이 소망의 뒷부분과 관련하여 나는 요즘 그런 상황의 실현을 기대하는 나의 희망이 갈수록 줄어든다고 말하고 싶습니다. '소수자들만 있어도 만족스러운saits sunt pauci' 상황에서 나는 더욱 행복합니다. 왜냐면 소수자들pauci은 기대를 저버리지 않거니와 여태껏 나의 기대를 한 번도 저버리지 않았기 때문입니다. 그런 소수자들 중 현재 살아있는 사람들을 꼽으라면 나는 먼저 (당신이 안다고 확신하실 사람들만 거명하자면) 나의 고귀한 친구 야콥 부르크하르트, 한스 폰 뷜로[9], 이폴리트 텐을 거명하겠고, 이미 세상을 떠난 사람들을 꼽으라면 옛 헤겔주의자 브루노 바워[10]와 리하르트 바그너를 거명하겠습니다. 당신처럼 좋은 유럽인이자 문화전도사님도 그런 소수자들의 일원이 되신다면 나는 진심으로 기쁘겠습니다. 그래서 나는 당신의 뚜렷한 호의를 담은 편지를 보내주신 당신에게 진심으로 고마워합니다.

나는 혹여 당신이 난처하게 느끼시지나 않을까 염려합니다. 나 역시

---

9) Hans von Bülow(1830~1894): 낭만주의시대 독일의 지휘자 겸 작곡가 겸 피아니스트이다. 뷜로는, 헝가리의 유명한 피아니스트 겸 지휘가 겸 작곡가 프란츠 리스트Franz Liszt(1811~1886)의 딸이자 리하르트 바그너의 둘째부인 코지마 바그너Cosima Wagner(1837~1930)의 첫째 남편이었다.

10) Bruno Bauer(1809~1882): 헤겔의 제자로서 급진적 합리주의철학을 전개한 독일의 철학자 겸 역사학자. 그는 카를 마르크스Karl Marx(1818~1883) 및 프리드리히 엥겔스Friedrich Engels(1820~1895)와 교유하다가 결별했고 막스 슈티르너Max Stirner(1806~1856) 및 니체와 가까워졌다.

도 나의 저작들이 이런저런 측면에서 여전히 "영락없는 독일인"의 것들로 보일 수 있다는 사실을 전혀 의심치 않습니다. 확신컨대, 당신 특유의 어법에 너무나 충실한 당신은 이 사실을 더 뚜렷이 실감할 것입니다. 여기서 당신 특유의 어법이란 당신이 구사하는 자유롭고 우아한 프랑스식 어법 (나의 어법보다 더 숙련된 어법)을 가리킵니다. 내가 사용하는 대단히 많은 단어들은 '나의 혀와 나의 독자들의 혀들을 다양하고 이색적인 자극들과 맛들로 감싸는 외피外皮 같은 것'을 습득해왔습니다. 나의 경험들과 상황들을 지배하는 음정들은 보통의 중간음정들과 상반되는 더 희귀하고 더 아련하며 더 희박한 음정들입니다. 게다가 나는 (나의 진정한 실체일 수도 있는 '늙은 악사'처럼) 반반음정半半音程들마저 들을 수 있는 귀를 가졌습니다. 결론적으로 말씀드리자면 — 그리고 혹여 나의 저서들을 모호하게 만들지도 모를 가장 큰 이유를 말씀드리자면 — 나는 변증법을 불신할 뿐 아니라 이성理性들마저 불신합니다. 내가 볼 때, 어떤 개인이 애초부터 "진실한" 자이냐 아니면 아직 진실한 자로 인정받지 못했느냐 여부를 결정짓는 것은 대체로 그 개인의 용기와 그 용기의 상대적 위력인 듯합니다(나는 내가 진실로 아는 것을 위한 용기를 거의 지니지 못했습니다).

당신이 채택한 "귀족적 급진주의"라는 표현은 매우 탁월한 것입니다. 감히 말씀드리자면, 그것은 내가 여태껏 읽어본 나에 관한 표현들 중 가장 명석한 것입니다.

이런 [귀족적 급진주의] 사상이 지금까지 나를 얼마나 멀리 데려왔는지, 그리고 앞으로 나를 얼마나 멀리 데려갈지, 상상하기가 두려울 지경입니다. 그러나 뒤돌아가기를 용납하지 않는 어떤 길들이 존재하므로 나는 계속 앞으로 나아가야 하는데, 왜냐면 나는 "어차피 그리해야만 하기" 때문입니다.

나는 당신을 나의 동굴로 — 다시 말하면, 나의 철학으로 — 더욱 쉽게 접근시킬 만한 어떤 일도 게을리 할 수 없으므로 라이프치히에 있는 나의 출판사로 하여금 여태껏 출간된 나의 모든 저작을 한꺼번에 당신에게 우송시키겠습니다. 특히 그 저서들에 새롭게 추가된 나의 서문들을 읽어보시라고 당신에게 추천합니다(그 저서들의 거의 모두가 재출간되었기 때문입니다). 당신은 그 서문들을 순서대로 읽으면서 나를 어느 정도 파악할 수 있을 것이므로 내가 '세상에서 가장 모호한 인간 obscurissimus obscurorum virorum'만큼이나 모호한 (나에게마저 모호한) 인간의 전형은 아니라고 짐작하실 줄로 압니다. 왜냐면 내가 모호한 인간이 아닐 가능성은 매우 높기 때문입니다.

당신은 음악인인가요? 내가 작곡한 오케스트라합창곡의 악보 『삶을 위한 찬가』가 곧 출판됩니다. 나는 나의 음악을 후대에 알려서 그것이 미래의 어느 날 "나의 추억 속에서" 연주되고 노래되기를 기대하는 마음을 그 악보에 담았습니다. 왜냐면 나는 그런 기대를 품을 충분한 자격이 나에게 있다고 생각하기 때문입니다. 당신이 아는 나의 사상들은 내가 죽어서 남길 사상들이기도 합니다. 그렇지만 나의 철학과 같은 철학은 무덤과 같은 것이라서 살아있는 것들 사이에서 생겨난 것이기도 합니다. 그는 잘 숨어 살았으므로 잘 살았다[11] — 이것은 데카르트René Descartes(1596~1650)의 묘비명입니다. 이토록 적확한 묘비명이라니!

---

11) Bene vixit qui bene latuit: 이 문장은 원래 『변신담(變身譚)Metamorphoses』의 작가로 가장 유명한 로마의 시인 오비디우스Publius Ovidius Naso(서기전43~서기18)의 시집 『비가(悲歌)Tristia』제5권에 수록된 시의 한 행이다.

우리가 만날 수 있을 날이 오기를 학수고대하며, 이만 줄이겠습니다.
니체 드림.

* 추신 — 나는 이번 겨울동안 니스에 머뭅니다. 여름에 내가 머물
주소는 '스위스 엥가딘 질스마리아'입니다 — 나는 대학교수직을 사임
했습니다. 나의 시력은 지금 아주 나쁘답니다.

3. 브란데스가 니체에게 보낸 편지
1887년 12월 15일 코펜하겐에서.

안녕하신지요.

당신이 보내준 편지의 마지막 단락은 나에게 가장 깊은 인상을 주었
습니다. 더구나 당신의 시력이 아주 나쁘다니 걱정입니다. 우수한, 아니
가장 우수한 안과의사들한테 진찰을 받아보셨는지요? 사람의 시력이
나빠지면 그의 심리적 삶 전체가 변하는 법입니다. 당신을 존경하는 모
든 사람을 위해서라도 당신은 당신의 시력을 유지하고 향상시킬 수 있
는 모든 일을 하셔야 할 줄로 압니다.

당신이 당신의 모든 저서를 한꺼번에 소포로 보내주겠다고 하셔서
나는 당신의 편지에 대한 답신을 여태껏 미뤄왔습니다. 그리고 아울러
나는 그런 친절을 보여주신 당신에게 고마운 마음을 표하고 싶었습니
다. 그러나 소포가 아직 도착하지 않았고, 그래서 오늘 당신에게 미리
짤막하나마 편지를 보내기로 마음먹었습니다. 그동안 나는 제본소에
맡겼다가 찾아온 당신의 저서사본들을, 비록 각종 강의를 준비하고 문

학과 정치에 관한 글들을 쓰느라 분주한 와중에도, 최대한 많이, 그리고 깊이, 탐독하려고 애썼습니다.

12월 17일.

"좋은 유럽인"이라는 호칭은 내가 기꺼이 받아들일 만한 것이지만 "문화전도사"라는 호칭은 내가 받아들이기가 조금 저어한 것입니다. 나는 모든 전도활동을 혐오합니다 ─ 왜냐면 내가 여태껏 만난 전도사들은 하나같이 "도덕을 가르치려" 들었기 때문입니다 ─ 그래서 문화로 지칭되는 것이라면 무엇이든 내가 철저히 불신할까봐 우려되기도 합니다. 우리의 문화 전체가 "광신狂信"을 조장할 수는 없겠지요? 그게 가능하겠습니까? 그러니까 광신을 조장하지 않고 전도하기는 불가능하다는 말이죠! 바꿔 말하면, 지금 나의 처지는 당신이 생각하는 나의 처지보다 더 심하게 고립되어있습니다. 내가 당신을 독일인으로 호칭한 이유는 '당신은 일반대중을 위한 글보다는 당신을 위한 글을 더 많이 쓰고 일반대중에 대한 생각보다는 당신에 대한 생각을 더 많이 하면서 글을 쓴다'는 것이었습니다. 그런 반면에 독일의 작가들 대다수는 문체를 규정하는 일정한 원칙을 억지로 지켜야 할 의무에 얽매여왔습니다. 그런 원칙은 문체를 더 선명하고 더 유순하게 만드는 것이 틀림없지만, 문체에 담긴 심원한 모든 것을 기필코 박탈할 뿐더러 작가에게 그의 가장 내밀하고 가장 뛰어난 개성의 표현을 금지하여 개성 없는 작가로 남기를 강요하기 마련입니다. 그래서 나는 지금까지 나의 가장 깊은 자아가 나의 글들에 암시된 것보다 얼마나 더 왜소할지 알아보기를 이따금 몹시도

두려워해왔습니다.

나는 음악에 관해서는 전문가가 전혀 아닙니다. 내가 조금 안다고 할 만한 예술들은 조각과 그림입니다. 나는 나에게 가장 깊은 예술적인 감동들을 안겨준 조각과 그림에 고마움을 표해야 합니다. 나의 귀는 발달하지 못했습니다. 이런 나의 귀는 젊은 시절의 나를 몹시 슬프게 했습니다. 나는 계속저음을 나름대로 열심히 연습했고 몇 년간 연주자로도 활동해봤지만, 나의 귀는 여전히 그대로였습니다. 나는 좋은 음악을 열심히 즐겁게 감상할 수는 있어도 여전히 음악의 풋내기에 불과합니다.

나는 당신의 저작들에서 내가 공감할 수 있는 견해들을 찾아볼 수 있다고 생각합니다. 예컨대, 앙리 베일이나 이폴리트 텐에 대한 당신의 호의적인 견해들에 나도 공감합니다. 그렇지만 나는 지난 17년간 텐의 저작을 하나도 읽지 않았습니다. 나는 프랑스 혁명에 관한 텐의 저작에 당신만큼은 열광하지 않습니다. 텐은 그런 격동을 애통하게 여기며 장황한 열변을 토하기 때문입니다.

내가 "귀족적 급진주의"라는 표현을 사용하는 까닭은 그 표현이 나의 정치적 확신들을 매우 정확히 정의해주기 때문입니다. 그러나 당신의 저작들에서 피력된 '사회주의나 아나키즘 같은 현상들에 대한 즉흥적이고 과격한 견해들'은 나를 조금 실망시켰습니다. 예컨대, 크로포트킨 공소의 아나키즘은 결코 어리석은 것이 아닙니다. 물론 아나키즘이라는 명칭은 허망한 것입니다. 대체로 매우 눈부신 당신의 지성도 '진리는 "뉘

---

12) 繼續低音(thoroughbass = continuo = basso continuo = figured bass): 17~18세기 유럽의 바로크 음악에서 사용되던 반주체계伴奏體系의 일종. '통주저음通奏低音'으로도 번역된다.

13) Marie Henri Beyle: '스탕달'의 본명.

14) Pyotr Alekseyevich Kropotkin(1842~1921): 러시아 귀족가문출신의 혁명운동가, 지리학자, 아나키즘 이론 및 운동의 대표자.

앙스nuance" 속에서 발견될 수 있다'는 것을 깨달을 경지에는 조금 못 미치는 듯이 보입니다. 물론 도덕관념들의 기원들에 관한 당신의 견해들은 나에게는 가장 흥미로운 것들로 보입니다.

허버트 스펜서에[15] 대해 내가 느낀 강한 반감反感을 당신도 공유한다는 사실이 나에게 기쁨과 놀라움을 동시에 안겼습니다. 우리처럼 스펜서도 철학의 신神으로 통합니다. 그러나 스펜서 같은 잉글랜드인들이 일반적으로 공유하는 한 가지 특출한 장점은 '독일 철학의 세계패권을 파괴하는 가설을 제외한 가설들을 기피하는 그들의 저급한 지성'입니다. 다양한 도덕관념들의 원천으로 여겨지는 계급분별요인들에 관한 당신의 생각들은 가설적假說的인 것을 꽤 많이 함유하지 않는지요?

나는 당신이 공격하는 파울 레를 알고 베를린에서 직접 만나기도 했습니다. 레는 조용한 남자이면서도 오히려 눈에 띄게 행동하지만 다소 메마르고 편협한 지식인입니다. 나를 만났을 즈음 그는 아주 젊고 이지적理智的인 러시아 여인과[16] 함께 ― 그의 설명대로라면, 정신적 사랑을 나누는 오누이관계로서 ― 동거했는데, 그 여인은 그때로부터 한두 해 전에 『신을 둘러싼 투쟁Der Kampf um Gott』이라는 저서를 출간했지만, 그 저서는 그녀의 진정한 재능들을 전혀 드러내주지 않습니다.

나는 당신이 보내주기로 약속한 저서들을 받아볼 날을 학수고대합니다. 아울러 나중에 우리가 만날 때 당신의 시력이 나를 알아보지 못할 만큼 악화되지 않기를 기원합니다.

기오 브란데스 드림.

---

15)   Herbert Spencer(1820~1903): 진화론을 주장하고 과학지식들을 종합하려고 노력한 잉글랜드의 사회학자 겸 철학자.

16)   루 살로메.

4. 니체가 브란데스에게 보낸 편지
1888년 1월 8일 니스에서.

당신은 "문화전도사"라는 표현을 반대하지 않으셔도 됩니다. 오늘날 "전도傳道"라는 방법보다 더 쉽게 문화에 대한 불신을 조장할 수 있는 방법이 과연 있겠습니까? 우리의 유럽문화는 막대한 문제이지 해답은 결코 아니라는 사실을 이해한다는 것 — 이것은 결국 문화 자체가 약간의 자기인식自己認識과 자기애自己愛라는 것을 의미하지 않는지요?

나의 저서들이 아직 당신에게 도착하지 않았다니 놀랍습니다. 라이프치히에 있는 출판사에 다시 한 번 더 독촉하겠습니다. 하필이면 크리스마스 주간이라서 출판사직원들이 깜박 잊기 십상일 겁니다. 그래서 아직 어떤 출판사도 판권을 행사할 수 없는 나의 대담하고 진기한 원고 한 편을 당신에게 보내드리고 싶습니다. 그것은 내가 보여드릴 수 있는 나의 가장 개인적인 원고들 중 한 편으로서 아직 "출판하지 않은 작품"입니다. 그것은 바로 나의 『차라투스트라』의 제4부입니다.[17] 그것 앞에 배치된 작품과 뒤에 배치될 작품[18]의 내용들을 감안하면 그것의 합당한 제목은 "차라투스트라가 받은 유혹: 간주곡"이어야 할 것입니다.

어쩌면 이것이 나의 '연민이라는 문제'에 관한 당신의 질문에 내가 해드릴 수 있는 최선의 답변일 듯합니다. 게다가 이것은 "나"와 친해지려는

---

17)   니체가 1885년 1월 완성했지만 출판사를 구하지 못해 출판을 미뤄두었던 『차라투스트라』 제4부는 1892년 4월에야 비로소 출판되었다. 이 편지 덕분에 우리는 브란데스가 『귀족적 급진주의』에서 『차라투스트라』 제4부를 인용할 수 있었던 사연을 분명히 알 수 있다.

18)   니체는 여기서 『차라투스트라』 제4부의 "뒤에 배치될 작품"을 예고했다는 사실은 의미심장하지만, 실제로 『차라투스트라』는 제4부로 완간되었다.

사람이 통과해야 할 특별하고 비밀스러운 관문일 뿐 아니라 그 관문을 통과하는 사람은 언제나 "당신의" 귀와 눈을 가진 사람이라는 것을 알려줄 것입니다.

에밀 졸라에[19] 관한 당신의 에세이는, 내가 읽어본 당신의 다른 모든 에세이(중에서 내가 가장 최근에 읽은 에세이는 《괴테 연감》에 수록된 것입니다)처럼, 당신이 모든 종류의 심리학적 안목眼目에 이끌리는 천성의 소유자라는 사실을 가장 유쾌한 방식으로 나에게 상기시켜줍니다. 이른바 현대정신âme moderne의 최대난제들을 풀어야 할 경우에 독일의 학자는 자신의 본령을 벗어나기 십상인 반면에 당신은 자신의 본령에 아주 대단히 충실합니다. 그렇지 않다면, 당신은 혹시 나보다 더 호의적으로 작금의 독일인들을 생각하실지 모르겠습니다. 내가 볼 때 독일인들은 해가 갈수록 심리학적으로 (모든 면에서 뉘앙스와 모자이크의 성격을 띠어가는 프랑스인들과 정확히 상반되게) 점점 더 꼴사나워지고 강퍅해진 나머지 표면현상의 저변에서 벌어지는 모든 심오한 사건을 전혀 알아보지 못하는 듯합니다. 예컨대, 나의 『선악을 넘어서』가 바로 그런 사건인데 — 이 책은 그들을 실로 난감한 궁지로 몰아넣어버렸답니다! 이 책에 관한 지성적 감상은커녕 지성적 언급조차 나의 귀에는 전혀 들려오지 않았습니다. 나는 나의 독자들 중 가장 호의적인 분마저 '이 책은 완전히 명석한 철학적 "감수성"의 논리적 결과들이지 온갖 난삽한 패러독스들과 객설들의 잡탕이 아니다'는 것을 깨닫지 못한다고 생각합니다. 이 책에 수록된 모든 것은 여태껏 한 번도 "경험되지" 않은

---

19)   Émile Zola(1840~1902): 자유주의문학운동을 창시한 프랑스의 소설가 겸 평론가.

것들입니다. 나의 독자들은 이 책을 이해하는 데 필요한 열정과 고통의 1/1000도 경험해보지 않았습니다. "비도덕주의자!" 이 호칭은 그들에게 아무것도 암시하지 못합니다.

그나저나 공쿠르 형제는[20] 자신들의 저서들에 붙인 서문들 중 하나에서 '인간기록document humain'이라는 숙어를 발명했다고 주장합니다. 그러나 모든 정황을 감안하건대, 그 숙어의 진정한 창시자는 이폴리트 텐일 가능성이 농후합니다. 당신은 "하나의 격동에 관한 장황한 열변"에 대한 의견을 피력할 권리를 지녔습니다만, 그렇게 장황한 열변을 토하는 돈키호테정신Quixotism은 지구상에서 가장 명예로운 것들에 속합니다.

당신을 진심으로 존경하는

니체 드림.

5. 브란데스가 니체에게 보낸 편지

1888년 1월 11일 코펜하겐에서.

잘 지내셨는지요.

당신의 출판사가 당신의 저서들을 나에게 우송하는 일을 깜박 잊은 것이 분명해 보입니다만, 그래도 나는 오늘 당신이 보내준 편지를 고맙게 받았습니다. 나는 당신에게 보답하는 뜻으로 나의 저서들 중 한 권의 교정쇄(왜냐면 안타깝게도 나는 교정쇄만 갖고 있기 때문입니다)를 보내드리겠습니다. 그것은 "수출용"으로 기획되어 많이 판매되지 못한

---

20)   Goncourts: 지극히 예민한 감수성을 발휘하여 자연주의소설과 사회비평 및 미술비평에 이바지한 프랑스의 형제문인들인 에드몽-루이-앙투안 공쿠르Edmond-Louis-Antoine Huot de Goncourt(1822~1896)와 쥘-알프레 공쿠르Jules-Alfred Huot de Goncourt(1830~1870)의 통칭.

에세이집입니다. 그것에 수록된 에세이들은 여러 시기에 집필되었을 뿐더러 하나같이 지나치게 예의바르고, 지나치게 찬사를 늘어놓으며, 지나치게 이상주의적인 기분에 젖어있는 것들입니다. 나는 그것들에 담은 나의 모든 견해를 현실에서는 결코 말하지 않습니다. 그것들 중 입센에 관한 에세이는 확실히 가장 뛰어난 것이지만, 거기에 인용된 시편들의 번역은 비록 나에게는 그런대로 도움이 되었으나 불행히도 아주 초보적인 것입니다.

외국어로 번역되었다는 사실만으로도 당신의 흥미를 끌 만한 저작들을 집필한 스칸디나비아의 작가가 한 명 있는데, 그의 이름은 '쇤 키에그고'입니다. 그는 1813년 태어나서 1855년 별세했습니다. 나는 그가 역사상 가장 심오한 심리학자였다고 생각합니다. 내가 그를 주제로 삼아 집필한 (1879년 독일 라이프치히에서 번역되어 출판된) 소책자는 그의 천재성을 충분히 조명하지는 않습니다. 왜냐면 그것은 내가 그의 영향력을 점검하느라 집필한 논쟁서의 일종이기 때문입니다. 그러나 심리학적 관점에서 보면 그것은 내가 출간한 저서들 중 가장 섬세한 것으로 생각됩니다.

《괴테 연감》에 실린 에세이는 아쉽게도 나에게 할애된 분량을 지키느라 1/3남짓이나 축소된 것입니다. 그래서 그 에세이는 덴마크어로 출간된 것이 훨씬 더 낫습니다.

당신이 폴란드어를 아신다면 내가 폴란드어판으로만 출간한 소책자 한 권도 당신에게 보내드리겠습니다.

이탈리아 피렌체Firenze에서 발행되는 문예잡지 《리비스타 콘템포라네아Rivista Contemporanea》 최신호에는 덴마크 문학을 다룬 나의 논문한 편이 수록되었습니다. 나는 당신이 그 논문을 아직 읽지 않으셨을 줄로 압니다. 그 논문에는 참으로 어이없는 오역들이 가득합니다. 그 논문이 러시아어본을 대본으로 삼아 이탈리아어로 번역되는 바람에 그런 사태가 발생했을 겁니다. 나는 그 논문의 프랑스어본이 러시아어로 번역되는 데 동의했지만 번역과정을 직접 점검하지는 못했습니다. 그런 러시아어본이 이탈리아어로 번역되는 과정에서 새로운 오역들이 추가되어버린 겁니다. 그런 오역들 중에는 러시아어발음 때문에 그랬는지 몰라도, 하여간, 인명들의 철자綴字들에 포함된 H가 줄곧 G로 오기誤記되면서 빚어진 것들도 있습니다.

　나의 저작들에서 당신에게 유익한 것이 발견될 수 있다면 나는 기쁘겠습니다. 지난 4년간 나는 스칸디나비아에서 가장 심하게 증오되는 사람이었습니다. 북유럽의 언론들은 매일이다시피 나를 거칠게 비방했고, 특히 근래에 내가 비외른손과 장기간 논쟁을 벌여서 그랬는지 도덕적인 독일의 모든 언론도 일제히 나를 반대합니다. 당신은 혹시 비외른손의 어이없는 희곡『태형(笞刑)En hanske』(1883)을 읽어보셨는지 모르겠습니다만, 그 희곡에서 남성들의 순결을 지키자고 선동하는 그는 남성들로 하여금 "도덕들의 평등을 요구"하는 여성대변인들을 상대로 순결서약을 시킵니다. 그런 선동이나 서약 같은 것은 분명히 여태까지 한 번도 행해지지 않았습니다. 스웨덴에서는 이런 어리석은 여성들이 대규모 여성단체들을 결성하여 "오직 순결한 남성들만 상대로 결혼하겠다"고 맹세합니다. 내가 볼 때 이런 여성들은 '손목시계들처럼 보증된 남성들'을 얻을 수는 있을망정 '미래보증'은 결코 받아내지 못할 듯이 보입니다.

　나는 내가 아는 당신의 저서들 중 세 권을 반복하여 읽었습니다. 그

저서들에는 나의 내면세계와 당신의 내면세계를 잇는 교량 두세 개가 놓여있습니다. 카이사르주의, '학자연하는 자들의 관행강박증'에 대한 혐오감, 스탕달에 대한 친밀감 같은 것들이 그런 교량들이지만, 당신의 내면세계 대부분은 나에게는 아직 낯설어 보입니다. 우리의 경험들은 그렇듯 굉장히 다르게 보입니다. 당신은 의심할 여지없이 독일의 모든 작가 중에도 가장 의미심장한 작가입니다.

독일의 문학계! 그것이 어찌 돌아가는지 나는 잘 모르겠습니다. 모든 우수한 두뇌는 군대수뇌부나 국가행정부로 흡수될 수밖에 없는 듯이 보입니다. 독일의 모든 생활방식과 모든 제도가 **가장 끔찍한 획일성**을 조장하여 유포하는데도 출판계는 작가정신마저 질식시킵니다.

당신을 고마워하고 존경하는

기오 브란데스 드림.

6. 니체가 브란데스에게 보낸 편지
1888년 2월 19일 니스에서.

잘 지내셨는지요.

"현대성"의 개념에 관한 당신의 논문을 더할 나위 없이 반갑고 기쁘게 받아보았습니다. 그래서 나는 이번 겨울에 하늘 높이 날아다니는 새처럼 가장 고귀한 문제의 주위를 선회하며 최대한 비非현대적인 관점으로 현대세계를 조감하느라 최선을 다해왔습니다. 감히 고백하자면, 나는 당신의 관대한 비판과 조심스러운 판단을 존중합니다. 당신은 그토록 "왜소하고 유치한 자들"을 검토하는 고생도 마다하지 않으셨군요! 심지어 파울 하이제[21]마저 검토하시다니!

나는 향후 독일을 여행하면서 키에그고의 심리학적 문제들을 탐구해봄과 아울러 당신의 기존 저작들에 대한 나의 지식도 갱신할 예정입니다. 그 여행은 나에게는 가장 좋은 의미에서 유익할 것이고, 나의 엄격하고 거만한 판단력에 유익한 유머감각을 가미하는 데도 이바지할 것입니다.

나의 출판사가 당신에게 나의 저서들을 발송했다는 전보를 어제 나에게 보내왔습니다. 그 저서들의 발송이 미뤄진 사연에 대한 구구절절한 설명은 당신에게도 나에게도 시간낭비일 줄로 압니다. 그러므로 나는 친애하는 당신에게 다만 이렇듯 매끄럽지 못한 일처리를 너그러이 양해하여주시기를 부탁드림과 아울러 이런 니체의 저작들도 너른 아량으로 읽어주시기를 부탁드릴 따름입니다.

나는 "새로운 독일인들"에게 가장 풍부하고 가장 **활기차며** 가장 독립적인 책들을 안겨주었다고 나름대로 자부할 뿐더러 나의 개성인격이야말로 우리의 가치들을 평가하는 위험한 과정에서 발생한 가장 중대한 사건이라고 나름대로 생각합니다. 그러나 이런 나의 생각은 오류일 수도 있고, 더 심하게 말하면, 지독한 어리석음의 소산일지도 모릅니다. 그래서 나는 나에 대한 어떤 (종류의) 믿음도 타인들에게 억지로 강요되지 않기를 바랍니다.

여기서 나의 ("청년다운" 그리고 "혈기왕성한") 초기 저작들에 관해 한두 마디 곁들이겠습니다.

---

21)   Paul Heyse(1830~1914): 1910년 노벨 문학상을 수상한 독일의 소설가, 시인, 극작가, 번역자.

스스로를 지극한 자유정신으로 생각하는 자를 희생시킨 "지극한 자유정신"이 다비트 슈트라우스를 반대하느라 심술궂고 흥겹게 떠벌이듯이 집필하여 출간한 소책자가 끔찍한 파문을 일으켰습니다. 그때 나는 아직 스물일곱 살 청년이었어도 대학교의 "정교수"라서 그랬는지 권위로 불릴 만한 것을 가진 사람으로 인정받았습니다. 거의 모든 저명인을 나의 지지자들과 반대자들로 갈라놓았을 뿐더러 모든 신문지면을 나에 대한 논란들을 보도하는 엄청나게 많은 인쇄용 잉크들로 뒤덮어버린 이 사건에 대한 가장 공정한 견해는 카를 힐레브란트의 에세이집[22] 『시대들, 민족들, 인간들Zeiten, Völker und Menschen』(1874~1885) 제2권에서 발견될 것입니다. 나를 논란의 중심인물로 만든 빌미는 내가 '박식한 비평가의 노쇠하고 서툰 솜씨를 야유했다'는 것이 아니라 '독일인들의 취향을 **흉악하고** 불명예스러운 몰취미로 규정하여 비방했다'는 것이었습니다. 왜냐면 평소에는 사분오열되어 온갖 분파들로 갈려있던 종교계와 신학계도 '다비트 슈트라우스의 『옛 신앙과 새로운 신앙』은 사상의 자유와 치밀함을 (더구나 심지어 문체의 자유와 치밀함마저!) 대변하는 걸작이다'고 만장일치로 칭찬했기 때문입니다. 나의 소책자는 독일문화(독일인들이 프랑스 문화를 상대로 승리시켰다고 상상하는 "문화")에 대한 최초습격이었습니다. 그리하여 내가 발명한 "문화속물"이라는 단어는 그토록 격심하고 분분한 논란의 와중에도 살아남아서 여태까지도 사용되어왔습니다.

내가 그 당시에 썼던 쇼펜하워에 관한 논문과 리하르트 바그너에 관

---

22)　Karl Hillebrand(1829~1884): 독일에서 태어나서 청년기에는 프랑스 파리에서 몇 개월간 하인리히 하이네의 비서로 활동하다가 이후 공부를 계속하여 독일문학을 포함한 외국문학을 가르치는 교수로도 활동한 작가 겸 비평가.

한 논문을 지금 나의 관점에서 보자면, 그것들은 '나와 심오하게 관련됨과 동시에 심오하게 대립하는 두 거장의 어떤 현실적인 심리心理'를 포함하기보다는 오히려 나의 자기고백들과 아울러 특히 나의 자기약속들까지 포함하는 것들로 보입니다. (이 두 논문을 집필할 당시의 나는 두 거장으로부터 일종의 통일성을 동시에 증류蒸溜해낸 최초인물이었고, 그런 통일성을 믿는 미신이 만연하는 현재의 독일문화에서 모든 바그너 숭배자는 쇼펜하워 추종자들입니다. 내가 젊었을 때는 전혀 그렇지 않았습니다. 그 당시에 바그너 추종자들은 마지막 헤겔주의자들이었고, 그때까지도 "바그너와 헤겔"은 1850년대의 표어였습니다).

나는 『반시대적 고찰들』과 『인간적인 너무나 인간적인』 사이에서 위기와 탈각脫殼을 체험했습니다. 똑같은 체험을 신체적으로도 겪었습니다. 나는 4년간 심하게 아팠고 거의 죽다가 살아났습니다. 이런 체험은 나에게는 위대한 행운이었습니다. 나는 나를 망각했고 나를 벗어났습니다…… 나는 똑같은 위업을 두 번이나 완수했던 것입니다.

그랬으므로 지금 우리가 선물을 교환할 수 있는 것입니다. 나에게는 우리가 여행길에 우연히 만나서 반가워하고 기뻐하는 두 여행자 같이 생각됩니다.

당신을 진심으로 존경하는

니체 드림.

7. 브란데스가 니체에게 보낸 편지

1888년 3월 7일 코펜하겐에서.

그동안 잘 지내셨는지요.

나는 당신이 화창한 봄의 기후를 만끽하며 지내시리라고 상상해봅니다. 그러나 북쪽에 있는 우리는 지긋지긋하게 쌓이는 눈[雪]에 파묻혀 유럽과 단절된 채로 여러 날을 지냈습니다. 설상가상으로 나는 오늘 저녁에 수백 명이나 되는 저능아들을 상대로 강의해야만 했습니다.

나를 둘러싼 모든 것이 나를 울적하고 서글프게 만듭니다. 이런 나의 침울한 정신에 조금이나마 생기를 불어넣어주는 당신의 2월 19일자 편지와 고결한 저서들이 마냥 고맙기만 합니다.

그동안 나는 당신에게 편지 한 통도 쓰지 못할 만큼 바빴습니다. 그래서 이번에 나의 서재에서 발견한 독일낭만주의에 관한 나의 책 한 권을 이 편지와 함께 보내드립니다. 그 책은 비록 내가 당신에게 미안해서 보내드리는 것일망정 모쪼록 더도 덜도 아닌 당신을 고맙게 여기는 내 마음의 조용한 표현에 불과한 것으로 당신에게 받아들여지기를 바랄 따름입니다.

그 책은 1873년 집필되었고 1886년 개정된 것입니다. 그렇지만 그 책의 독일어판 출판인이 언어학적인 이유를 포함한 여러 이유로 그 책의 많은 단어들을 자기마음대로 변경해버려서, 예컨대, 그 책의 첫 두 페이지에는 내가 썼던 단어가 거의 없는 실정입니다. 그 출판인은 그가 이해하지 못하거나 찬성하지 않는 나의 견해들이 담긴 모든 문장의 원래 단어들을 다른 단어들로 변경해놓고는 내가 쓴 문장들은 독일어문장들이 아니라고 평계를 댔습니다.

더구나 그 출판인은 내가 집필한 그 책의 옛 번역판에 대한 판권들을 구매하겠다고 약속했으면서도 참으로 어처구니없는 경제적 평계를 대며 약속을 지키지 않았습니다. 그 결과 독일의 법원들은 나의 책을 두 번이나 해적판으로 규정하여 발매금지판결을 내렸습니다(!) — 그런 판결이 내려진 이유라는 것도 '내가 나의 책에다가 같은 책의 옛 번역판에 있던 문장들을 그대로 포함시켰다'는 것이었는데 — 정작 진짜 해적판출판업자는 나의 저작들을 자유롭게 판매할 수 있는 허가를 받았습니다.

이런 결과 때문에 내가 독일의 문학계에서 완전히 퇴출당해버릴 가능성도 없지 않습니다.

내가 당신에게 그 책만 보내는 까닭은 지금 나한테는 그것밖에 없기 때문입니다. 그렇지만 그 책이 속하는 연속저서[23] 중에도 이민자들의 문학을 다룬 제1권, 잉글랜드 자연주의를 다룬 제4권, 프랑스 낭만주의자들을 다룬 제5권은 내가 특히 정성들여 집필했기 때문에 읽어보실 만한 가치를 훨씬 더 많이 가진 것들입니다.

그 연속저서의 독일어판에는 나도 예기치 못한 "현대정신들"이라는 제목이 붙었습니다.[24] 나는 지금까지 저서를 20권쯤 집필했습니다. 나는 그 저서들에 수록된 글들 중 비교적 유명한 문인들을 다룬 것들만 선

---

23) 이것은 총6권으로 구성된 『19세기 문학의 주요 흐름들』을 가리킨다. 브란데스는 이 연속저서의 제1~4권을 1872~1875년에, 제5권을 1877년에, 제6권을 1889년에 출판했다. 이 연속저서의 영어판(『Main Currents in the Literature of the Nineteenth Century』)은 1901~1905년에 출판되었다. 여기서 브란데스가 니체에게 보냈다는 "독일낭만주의에 관한 책"은 이 연속저서의 제2권이다. 그리고 제3권은 독일낭만주의 대한 프랑스 문학계의 반응을, 제6권은 독일의 문학인들을 다룬다.

24) 이 독일어판은 1882년 독일 프랑크푸르트에서 출판된 『현대정신들: 19세기의 문학인들』을 가리킨다.

정하여 한 권으로 엮어 외국에 소개하고 싶었습니다. 그런 나의 소망이 독일에서 『현대정신들』을 출판될 수 있게 만들었습니다. 이 독일어판에 수록된 글들 중 몇 편은 내가 상당히 많은 시간을 들인 연구결과들인데, 예를 들면, 테그니어에 관한 에세이는 '테그니어와 관련된 진실'을 최초로 해명한 것입니다. 입센은 분명히 당신의 흥미를 자극할 개성인격자일 것입니다. 그러나 불행히도 입센은 자신이 시인으로서 등정한 높이에 일개인으로서는 등정하지 못했습니다. 키에그고의 지성에 대단히 많이 빚진 입센은 아직도 신학의 영향을 강하게 받습니다. 비외른손의 최근면모는 평범한 평신도설교자나 다를 바 없어 보입니다.

나는 3년 넘게 저서를 한 권도 펴내지 못했습니다. 그동안 나는 너무나 불행했습니다. 이 3년은 나의 인생에서 가장 힘겨운 시절이었고, 상황이 호전될 기미는 하나도 발견되지 못했습니다. 그러나 이제 나는 나의 연속저서 제6권뿐 아니라 다른 저서도 출판하기 위한 작업을 시작할 수 있어졌습니다. 그 작업을 완수하려면 상당한 시일이 걸릴 것입니다.

당신의 모든 신선한 저작과 그것들의 갈피를 한 장 한 장 넘기며 읽어가는 과정은 나를 대단히 유쾌하게 해주었습니다.

당신의 청년기 저작들은 나에게는 매우 값진 것들입니다. 그것들은 당신을 훨씬 더 쉽게 이해할 수 있도록 해줍니다. 지금 나는 당신의 지성을 향해 오르는 층계들을 유유자적하게 걸어 올라갑니다. 이전에 나는 너무나 성급하게도 『차라투스트라』부터 먼저 읽기 시작했습니다. 나는 바다로 뛰어들듯이 곤두박질부터 하기보다는 오히려 높은 산을 오르듯이 꾸준히 올라가기를 선호합니다.

나는 힐레브란트의 에세이를 읽었고, 수년 전에는 다비트 슈트라우스에 관한 당신의 저서를 다소 신랄하게 공격하는 글들도 읽었습니다. 나는 "문화속물"이라는 단어를 발명한 당신에게 고마워합니다. 솔직히 나는 당신이 그 단어의 발명자라는 사실을 전혀 몰랐습니다. 나는 다비트 슈트라우스에 대한 당신의 비판을 전혀 불쾌하게 여기지 않지만 그 늙은 학자를 연민하는 감정들을 느끼기는 합니다. 그래도 그 학자는 언제나 튀빙겐Tübingen 신학대학의 학생이었습니다.

당신의 저작들 중 내가 지금까지 면밀하게 연구하듯이 완독한 것은 『서광Morgenröte』(1881)뿐입니다. 나는 『서광』을 충분히 이해한다고 자신합니다. 그 저작에 담긴 사상들 중에는 내가 생각해온 바와 같은 것들이 많았고, 또 나에게 "새로워" 보이거나 새로운 형태를 띠어 보이기는 하되 "낯설어" 보이지 않는 것들도 있었습니다.

여기서 편지가 길어지지 않도록 한 가지 사항만 더 말해두고 싶습니다. 『서광』의 잠언들 중 "결혼의 우연성"에 관한 잠언(제150절)은 나를 유쾌하게 해줍니다. 그런데 당신이 이 주제를 더 깊이 파고들지 않는 까닭은 무엇인가요? 당신은 다른 어느 저서에서는 '감정의 이상理想' 같은 것을 전제하는 식으로 감정을 이상화하면서 '결혼을 존중한다'고까지 말했습니다. 그러나 『서광』의 잠언에서 당신은 더 솔직하고 유력하게 말합니다. 그런데도 당신은 결혼을 둘러싼 "모든" 진실을 왜 한 번도 말하지 않습니까? 짐승들을 길들이는 데 매우 유용할 수도 있는 결혼이라는 제도가 인류에게 주는 불행은 심지어 교회가 인류에게 주는 불행보다 더 많다고 나는 생각합니다. 교회, 왕국, 결혼, 소유권. 이토록 오래되고 유서 깊은 4대 제도制度들. 인류가 자유롭게 호흡할 수 있으려면 바로 이 4대 제도들의 "근간들부터" 개혁해야 한다고 나는 생각합니다. 그리고 이 제도들 중에도 특히 결혼은 오직 개성을 죽이고 자유를 마비시키기만 하는 제도일 뿐더러 패러독스를 구현하는 제도에 불과합니다. 그러나 결혼제도와 관련된 충격적 사실은 '인류가 아직 너무나 조잡해서 그 제도를 폐기하지 못한다'는 것입니다. 이른바 가장 자유롭다고 회자되는 작가들도 여전히 결혼을 운위할 때면 나를 격분시키는 경건하고 정중한 체하는 태도를 취하는 실정입니다. 그러니까 그들은 서민군중에게 '결혼을 대신할 수 있는 다른 제도'를 도저히 알려줄 수 없기 때문에 그런 태도를 취할 권리를 지닌 자들인 셈입니다. 이런 상황에서는 여론을 천천히 변환시키는 일밖에 다른 일은 전혀 할 수 없습니다. 당신은 이런 상황을 어찌 생각하십니까?

나는 당신 눈[目]의 상태를 몹시 걱정했습니다. 그러던 차에 나는 당신의 편지에 쓰인 힘차고 뚜렷한 글씨를 보고 무척 기뻤습니다.

겉보기로는, 내가 추측컨대, 당신은 남유럽에서 고요하고 평화롭게 지내시는 듯이 보이는데, 그렇습니까? 나의 생활은 헛된 언쟁의 연속입니다. 이곳 북유럽에서 지금 나는 17년 전에 받던 증오보다 훨씬 더 심한 증오를 받습니다. 나에 대한 이런 증오 자체는 불쾌한 것일망정 '내가 아직 활력을 잃지 않았을 뿐 아니라 어떤 평범함과도 타협하지 않았다'는 사실을 나에게 증명해주는 것인 한에서 나를 기쁘게 해주는 것이기도 합니다.

당신의 건강을 기원하고 당신의 저작들을 고맙게 읽는 독자讀者

기오 브란데스 드림.

8. 니체가 브란데스에게 보낸 편지
1888년 3월 27일 니스에서.

그동안 잘 지내셨는지요.

나는 맨 먼저 당신의 풍성하고 사려 깊은 편지를 고맙게 잘 받았다는 사실부터 당신에게 알려드리고 싶었습니다. 그런데 나의 미욱한 건강이 나를 괴롭히는 바람에 안타깝게도 모든 즐거운 일을 미뤄야만 했습니다. 내친 김에 말씀드리자면, 나의 두 눈은 나의 건강상태 전체를 알려주는 척도라고 할 수 있습니다. 나의 건강상태가 대체로 호전된 덕분에 나의 두 눈도 내가 여태껏 믿어왔던 상태보다 더 건강해져서 아주 유능한 독일 안과의사들의 예언들을 부끄럽게 만들어버렸습니다. 만약 그뢰페[25] 씨를 위시한 유명하다는 모든 안과의사분들이 옳다고 판명되었다면, 나는 오래 전에 맹인이 되고 말았을 겁니다. 지금 상태를 말씀드리자면, 나의 두 눈은 — 상당히 나빠져서! — 3도짜리 안경을 씁니다 — "그래도 나는 아직 볼 수 있습니다." 내가 이런 걱정꺼리를 말씀드리는 까닭은 당신이 내 눈의 상태를 물어볼 정도로 나의 처지를 충분히 공감하시기 때문이려니와 지난 몇 주일간 나의 두 눈이 특히 나빠지고 매우 과민해졌기 때문이기도 합니다.

나는 지금 그토록 춥고 우울한 북유럽에 계셔야 하는 당신을 무척 안쓰러워합니다. 그런 곳에서 인간이 어찌 자신의 영혼을 똑바로 유지할 수 있겠습니까? 그런 음울한 하늘 아래에서 자신감도 잃지 않고 "인

---

25)   Albrecht von Gräfe(1828~1870): 독일 안과학眼科學(ophthalmology)의 개척자로 알려진 안과의사.

류"를, "결혼"을, "소유권"을, "국가"를 믿는 신념들에 관해서 아무 말도 하지 않는 사람들의 거의 대부분은 나를 감탄시킵니다. 만약 내가 러시아 상트페테르부르크에 살았다면 허무주의자가 되어버렸을 겁니다. 그러나 이곳 니스에서는 초목草木이 태양을 믿듯이 나도 태양을 믿습니다. 니스의 태양 — 그것은 아무것도 편애하지 않습니다. 우리는 유럽의 다른 모든 지역을 희생시켜 그 태양을 얻었습니다. 냉소주의를 특기로 삼는 신神은 그 태양으로 하여금 "조국"의 훨씬 더 유익한 자들과 군사영웅들보다는 우리 같은 게으름뱅이들, "철학자들," 사기꾼들을 더 밝게 비추도록 합니다.

그럴지라도 북유럽인의 본능을 지닌 당신은 북유럽생활을 견디는 당신을 도울 가장 강력한 자극제들을 선택했습니다. '전쟁,' '공격하며 느끼는 흥분감,' '바이킹의 침략'이 그런 자극제들입니다. 나는 당신의 저작들에서 숙련된 군인을 발견했습니다. 그래서 북유럽정신의 "평범함" 뿐 아니라 어쩌면 특히나 더 독립적인, 혹은 더 개인적인, 성격들마저 당신을 상대로 싸우자고 줄기차게 도전할 것입니다. 이 모든 이상주의 속에는 아직도 수많은 "성직자"들과 '신학'들이 숨어있습니다! 나는 이렇듯 "자신과 일절 무관한" 것들에 분노해야 하는 상황은 구름 낀 하늘보다도 훨씬 더 나쁠 수 있다고 생각합니다.

이런 이야기는 이쯤 해두겠습니다. 그거야 아무래도 상관없으니까요. 당신의 저서 『독일낭만주의』는 나로 하여금 '이 [독일낭만주의]운동 전체의 목표가 실제로 오직 — 슈만Robert Schuman(1810~1856), 멘델스존Felix Mendelssohn(1809~1847), 베버Carl Maria von Weber(1786~1826), 바그녀, 브람스Johannes Brahms(1833~1897)의 경우처럼 — 음악방면에서만 달성될 수 있었던 경위'를 생각해보게 했습니다. 문학방면에서 그 운동은 원대한 약속만 남겼습니다. 프랑스의 낭만주의운동은 더 많은 행운을 누렸습니다. 나는 내가 너무나 음악인다워서 낭만주의자로 보일까봐 걱정합니다. 나에게 음악 없는 삶은 오류일 것이기 때문입니다.

당신을 진심으로 존경하고 고마워하는

니체 드림.

9. 브란데스가 니체에게 보낸 편지
1888년 4월 3일 코펜하겐에서.

안녕하신지요.

당신은 배달부가 우편물을 중간에서 버릇없이 열어본다고 지적하셨습니다. 확인해보니 당신의 지적은 매우 온당합니다. 그래서 그 배달부에게는 내가 점잖게 충고할 테니 당신은 더는 염려치 않아도 되실 겁니다. 나는 공격적인 성격을 타고나지 못했습니다. 그래서 내가 거의 고립되어 생활한다거나 편지를 거의 쓰지 않는다거나 다른 모든 작가처럼 편지쓰기를 싫어한다는 것은 사실이 아닙니다.

그런데 어제 당신의 편지와 저서들을 받은 나는 이곳 스칸디나비아에서는 아무도 당신을 모른다는 사실을 생각해내고는 불현듯 안타까운 기분에 휩싸였습니다. 그 순간 나는 당신을 이곳에서 단번에 유명인으로 만들어보자고 결심했습니다. 이 편지에 동봉해드리는 오려진 신문에는 '내가 (러시아에서 행하던 일련의 강의들을 마치는 즉시) 당신의 저작들을 주제로 삼아 새로운 강의들을 시작하기로 발표했다'는 기사가 실렸습니다. 지난 수년간 내가 대학교에서 행해온 모든 강의는 청중의 이목을 사로잡지 못해서 거듭 반복되어야 했습니다. 그러나 이번에는 그리되지 않을 것입니다. 왜냐면 당신의 이름은 완전히 새로울 뿐더러 당신의 저작들을 읽고 감동할 사람들은 결코 멍청이들이 아닐 것이기 때문입니다.

당신의 외모를 몹시 보고 싶어서 부탁드리건대, **모쪼록 당신의 초상화나 사진을 저에게 보내주시면 대단히 고맙겠습니다.** 나는 이 편지에 최근의 내 모습이 찍힌 사진도 동봉했습니다. 아울러 당신이 태어난 연월일 및 장소와 당신의 저작들을 출간한 (혹은, 이왕이면 집필한) 시기들도 간략히 적어서 보내주신다면 금상첨화이겠습니다. 물론 그런 사항들이 소개된 신문이 있다면 구태여 따로 적어주시지 않고 해당 신문의 명칭만 알려주시면 고맙겠습니다. 내가 본시 꼼꼼하지 못해서 그런지, 당신의 이름이 발견될 만한 작가인명사전도 참고도서도 지금 나에게는 없습니다.

당신이 청년기에 집필한 저서 『반시대적 고찰들』은 나에게 무척 유익했습니다. 그 저서에서 당신은 실로 청년답고 열렬하며 솔직담백하기 그지없습니다! 당신이 장년기에 집필한 저서들 중에는 내가 아직 이해하지 못하는 것들이 많습니다. 당신은 나에게 이따금 완전히 내밀하거나 개인적인 정보들을 암시하거나 개괄하여 알려주시는데, 그것들은 독자에게는 열쇠 없는 자물쇠로 채워진 아름다운 보석상자들처럼 보입니다. 그렇지만 나는 그것들의 대부분을 이해합니다. 당신이 청년기에 집필한 쇼펜하워에 관한 논문[26]은 나를 매료시켰습니다. 물론 내가 쇼펜하워에게 개인적으로 빚진 것은 거의 없지만 나는 그 논문을 읽으며 '당신의

---

26) 이것은 니체의 『교육자 쇼펜하워』를 가리킨다.

영혼을 읽는다'고 느끼는 기분에 젖었습니다.

그래도 내가 이왕 아는 체한 김에 한두 가지 조언을 드려보고자 합니다. 먼저 『즐거운 학문Die fröhliche Wissenschaft』(1887)의 116쪽에 나오는 인용문은 샹포르가 최후에 했던 말이 아니라 그의 저서 『인물들과 일화들Caractères et Anecdotes』(1796)에서 발견되는 것입니다. 이 인용문은 그 저서에서 M. D.라는 인물과 M. L.이라는 인물의 대화에 포함되어 있는데, "사람들과 사물들이 아무리 나의 관심을 끌지 못해도 나 자신만큼 나의 관심을 끌지 못하는 것은 없소"로 시작되어 "살아가면서 사람들을 바라보려면 심장이 빠개지거나 청동처럼 단단해야만 하오"로 끝납니다.

그리고 『즐거운 학문』의 118쪽에서 당신은 "셰익스피어가 드높인 카이사르의"[28] 고귀한 위상을 언급합니다. 그런데 나에게 '셰익스피어의 카이사르'는 대역죄의 비참한 희생자로 보입니다. 이렇게 이해되어야만 기껏해야 위대한 인간을 단도로 찌르는 데 성공했을 뿐인 그의 비열한 동료가 이토록 찬미될 수 있을 것이기 때문입니다!

『인간적인 너무나 인간적인』 제2권의 59쪽에는 "그것은 여태껏 유명해진 유일하게 거룩한 거짓말이다"라는[29] 문장이 나오는데, 나의 의견은

---

27) 니체는 『즐거운 학문』 제2부 제95절의 말미에 "우리가 알다시피, 샹포르는 죽기 직전에 세예스 주교Abbé Sieyès에게 '아, 나의 벗이여, 심장이 빠개지거나 청동처럼 단단해야만 살아갈 수 있는 이 세상을 내가 드디어 하직하려는가보네'라고 말했다"고 썼다. 여기서 '세예스 주교'는 프랑스 혁명을 촉발한 정치이론가들 중 한 명으로 알려진 로마가톨릭주교 엠마뉘엘 셰예스Emmanuel Joseph Sieyès(1748~1836)를 가리킨다.

28) 니체, 『즐거운 학문』 제2부 제98절.

29) 이 문장은 니체의 『인간적인 너무나 인간적인』 제2권 제2장 제75절에 나오는데, 이 절의 전문全文은 다음과 같다: "거룩한 거짓말. ― 아리아Arria가 죽기 직전에 했다는 거짓말(파이투스, 나는 아프지 않아요Paete, non dolet)은 이후 죽어가는 자들이 말했던 모든 진실을 흐려버렸다. 그것은 여태껏 유명해진 유일하게 거룩한 거짓말이다. 그런데도 거룩한 명성은 여태껏 다른 무엇도 아닌 오직 오류들에만 찰싹

다릅니다. 데스데모나가 살해당하기 직전에 했던 말은[30] 어쩌면 훨씬 더 아름답고 타당해서 유명해졌다고 추정되고, 그래서 하인리히 야코비가 레싱에[31] 관한 글을 쓸 당시의 독일에서도 자주 인용되었습니다. 나의 이런 의견이 타당하지 않겠는지요?

물론 이런 사소한 조언들은 내가 당신의 저작들을 면밀히 읽었다는 사실을 당신에게 증명하고픈 욕심의 발로들에 불과합니다. 물론 내가 당신과 토론할 만한 다른 문제들도 많이 있지만 이런 짧은 편지로는 그런 토론들을 감당하지는 못할 듯합니다.

당신이 덴마크어를 아신다면 1주일 후에 단정하게 장정되어 출간될 홀베르에 관한 나의 소책자 한 권을 당신에게 보내드리고 싶습니다. 그러므로 당신이 덴마크어를 아시는지 여부를 나한테 알려주시면 고맙겠습니다. 그리고 당신이 스웨덴어도 아신다면 나는 스웨덴의 유일한 천재 아우구스트 스트린드베리를 주목해보시라고 당신에게 추천하겠습니다. 여성들에 관한 당신의 견해는 스트린드베리의 견해와 매우 비슷합니다.

당신의 시력이 호전되기를 기원하는

기오 브란데스 드림.

들어붙어있었다." 여기서 "아리아"는 고대 로마 원로원의원이자 스토아 철학자이던 트라시아 파이투스 Thrasea Paetus(?~66)의 아내였다. 서기65년 황제 네로Nero(37~68) 암살미수사건의 공모혐의로 처형될 위기에 몰린 그녀는 파이투스가 보는 앞에서 자살하며 "파이투스, 나는 아프지 않아요"라고 말했다고 전해진다.

30) 셰익스피어의 희곡 『오셀로Othello』에서 데스데모나Desdemona는 남편 오셀로에게 살해당하기 직전에 "그래도 기도 한마디만 할 수 있게 해줘요"라고 말한다.

31) 하인리히 야코비Friedrich Heinrich Jacobi(1743~1819)는 독일의 철학자이고 레싱Gotthold Ephraim Lessing(1729~1781)은 독일의 극작가 겸 철학자 겸 예술평론가이다. 야코비는 『레싱을 추억하며Etwas das Lessing gesagt hat』를 1782년 출간했다.

10. 니체가 브란데스에게 보낸 편지

1888년 4월 10일 (이탈리아) 토리노에서 발송된 미납우편.

친애하는 벗님이여, 이번에 당신이 알려준 소식은 정녕 놀라웠습니다! 저 같은 "무명인을 주제로 삼아" 공개강의를 계획할 수 있는 당신의 용기가 실로 대단하게 보입니다! 설마 당신은 내가 나의 귀여운 조국에서 유명하다고 상상하시는지요? 독일인들은 나를 특이하고 부조리한 자, 당장에는 **진지하게 대우하지** 않아도 되는 자 …… 로 취급한답니다.

내가 그들을 진지하게 대우하지 않는다는 사실을 그들도 알아채고 있을 것이 분명합니다. "독일의 지성"이 **논리적 모순**으로 전락해가는 오늘날 내가 어찌 그들을 진지하게 대우할 수 있겠습니까! 당신이 보내주신 사진은 진심으로 고맙게 받았습니다. 불행히도 당신에게 보내드릴 만한 나의 사진은 지금 나에게는 하나도 없습니다. 지금 결혼해서 남아메리카에 거주하는 나의 여동생이 내가 가졌던 나의 최근 사진들을 모두 가져가버렸기 때문입니다.

편지에 동봉해드리는 나의 약력은 내가 생전처음 써본 것입니다.

나의 저작들이 집필되거나 출판된 시기들은 『선악을 넘어서』의 뒤표지에 소개되어있을 것입니다. 아마도 당신은 그 뒤표지를 지금 갖고 계시지 않은가보군요.

『비극의 탄생』은 1870년 여름~1871년 겨울에 집필되었습니다(이 책은 내가 육군참모총장 몰트케[32] 장군의 가족과 함께 생활하던 스위스 루

---

32)   Helmuth Karl Bernhard von Moltke(1800~1891): 프로이센 및 독일제국의 군인이자 근대적 참모제도의 창시자. 프로이센 참모본부의 참모총장으로서 비스마르크와 함께 1871년 독일통일과 독일제국수립에 공헌했다.

가노Lugano에서 완성되었습니다).

『반시대적 고찰들』은 1872년~1875년 여름에 집필되었습니다(이 책은 무려 열세 번이나 고쳐 쓰였지만, 다행히도 나의 악화된 건강 덕분에 고쳐 쓰기는 중단되었습니다!).

『교육자 쇼펜하워』에 대한 당신의 소감은 나에게 커다란 기쁨을 안겨주었습니다. 나는 이 논문을 일종의 '시금석'으로 활용합니다. 이 논문에서 **개인적인 것**을 전혀 간파하지 못하는 사람은 아마도 나와 무관한 사람일 것입니다. 실제로 이 논문은 내가 여태껏 살아오면서 품어온 모든 계획을 포함하기 때문에 준엄한 **약속**이기도 합니다.

두 권으로 구성된 『인간적인 너무나 인간적인』은 1876년 여름~1879년 여름에, 『서광』은 1880년에, 『즐거운 학문』은 1882년 1월에 집필되었습니다. 『차라투스트라』는 1883~1885년에 집필되었습니다(이 책을 구성하는 단원들 각각은 약 10일간씩 집필되었습니다. 그동안 나는 "영감靈感"에 완벽히 사로잡혔습니다. 그런 영감에 사로잡혀 빠른 걸음으로 장시간 산책하던 나의 두 귀에 그 단원들의 모든 문장 하나하나가 절대적 확신을 품고 마치 나를 향해 외쳐진 커다란 함성처럼 들려왔습니다. 이 책을 집필할 동안 나의 심리적 명랑성과 권력감정은 최대치로 팽배했습니다).

『선악을 넘어서』는 1885년 여름 스위스의 오버엥가딘에서 집필되기 시작하여 같은 해 겨울 프랑스의 니스에서 완성되었습니다.

『도덕들의 계보』는 1887년 7월 10일~30일에 완성되어 라이프치히의 출판사로 넘겨졌습니다(물론 나는 "문헌학"에 관한 논문들도 집필했지만, 그것들은 당신과 나의 관심을 끌지는 못할 것입니다).

지금 나는 이탈리아 토리노에서 생활할 가능성을 타진해보는 중인데, 여기서 6월 5일까지 머물다가 엥가딘으로 갈 예정입니다. 이 도시의 기후는 [엥가딘의 기후보다] 훨씬 더 춥고 가혹하며 불쾌합니다. 그러나 이 도시는 아주 조용해서 나의 본능들에 부합하기도 합니다. 더구나 이 도시의 포장도로는 세계에서 가장 훌륭합니다.

당신의 친절과 관심을 진심으로 고마워하는

니체 드림.

아쉽게도 나는 덴마크어도 스웨덴어도 모릅니다.

(편지에 동봉해드는) 나의 약력을 소개하면 다음과 같습니다.

나는 1844년 10월 15일 뤼첸의 전쟁터에서[33] 태어났습니다. 나의 기억에 남겨진 최초의 이름은 구스타부스 아돌푸스였습니다[34]. 나의 선조들은 (니에츠키Niëzky라는 성씨를 사용한) 폴란드 귀족들이었습니다. 그분들의 특징은 독일인 모계母系를 3세대나 거쳤는데도 매우 잘 보존된 듯이 생각됩니다. 나는 외국에서는 흔히 폴란드인으로 인식되곤 합니다. 이번 겨울에도 나는 니스의 외국인등록부에 "폴란드인으로 보인다"고

---

33) Lützen: 니체는 실제로 독일 중동부의 라이프치히와 나움부르크Naumburg의 중간쯤에 위치한 작은 마을 뢰켄Röken의 목사관에서 태어났고, 뤼첸은 뢰켄의 북동쪽에 인접한 소도시이다. 뤼첸에서는 역사상 중요한 전투가 두 번 치러졌는데, 30년 전쟁Thirty Years War(1618~1648)이 한창이던 1632년에는 스웨덴을 포함한 북부독일동맹군과 신성로마제국군이 격돌했고, 1813년에는 러시아 원정에 실패하고 후퇴하던 나폴레옹의 군대와 프로이센-러시아 연합군이 격돌했다.

34) Gustavus Adolphus(1594~1632; 1611~1632 재위): '구스타브 2세 아돌프Gustav II Adolf'로도 칭해지는 스웨덴의 국왕. "북방의 사자獅子"로 불리던 그는 30년 전쟁에 스웨덴 군대를 이끌고 참전하여 승전을 거듭했지만 뤼첸 전투에서 전사했다.

기록되었습니다. 나는 나의 두상頭狀[35]이 얀 마테이코의 그림들에 묘사된 인물들의 것들과 닮았다는 말도 들었습니다. 나의 친할머니는 독일 바이마르Weimar의 '쉴러-괴테 동호회' 회원이었습니다. 그분의 오라버니는 바이마르의 장관을 역임한 헤르더의 자손이었습니다[36]. 나는 독일 지성계의 (클롭슈톡, 피히테, 슐레겔, 랑케 등등을 포함한) 유명인들을 다수[37] 배출한 유서 깊은 초·중·고등학교 포르타Pforta의 학생이 되는 행운을 누렸습니다. 포르타에는 여느 대학교에서든 존경받을 수 있던 (혹은 존경받던) 스승들도 있었습니다. 나는 본Bonn 대학교에 진학했고 라이프치히 대학교로 전학했습니다. 그 당시 독일에서 으뜸가던 고전문헌학자 리츨Friedrich Wilhelm Ritschl(1806~1876) 교수는 나를 거의 처음부터 수제자로 삼았습니다. 나는 22세 때 (차른케가 발간하던)[38] 《독일문학논총 Literarisches Centralblatt für Deutschland》에 논문을 처음 투고했습니다. 나는 지금도 활동하는 '라이프치히 고전문헌학회'의 창립회원이기도 합니다. 1868년에서 1869년으로 넘어가는 겨울에 바젤 대학교가 나에게 교수직을 제의해왔습니다. 그때 나는 아직 박사학위도 받지 않았습니다. 라이프치히 대학교는 추후에 모든 자격시험을 생략하고 박사학위논문도 요구하지 않는 매우 영예로운 방식으로 나에게 박사학위를 수여했습니다. 1869년 부활절부터 1877년까지 나는 바젤 대학교에서 교수로

---

35) Jan Matejko(1838~1893): 폴란드의 화가로서 폴란드 역사상 귀족들과 관련된 정치적·군사적 사건들을 주제로 삼는 그림들을 주로 그렸다.

36) Johann Gottfried von Herder(1744~1803): 독일의 철학자, 신학자, 시인, 문예비평가.

37) 클롭슈톡Friedrich Gottlieb Klopstock(1724~1803)은 독일의 시인, 피히테Johann Gottlieb Fichte(1762~1814)는 독일의 철학자, 슐레겔Johann Elias Schlegel(1719~1749)은 독일의 문예비평가 겸 시인, 랑케Leopold von Ranke(1795~1886)는 독일의 역사학자이다.

38) Friedrich Karl Theodor Zarncke(1825~1891): 독일의 고전문헌학자.

재직했습니다. 그동안 나는 독일국민으로서 누릴 수 있는 권리들을 포기할 수밖에 없었습니다. 왜냐면 (기마포병대)장교로 전역한 내가 예비군소집명령에 응해야 하는 경우가 너무 빈발하면 대학교에서 맡은 책무에 소홀해질 수 있었기 때문입니다. 나는 두 가지 무기를 능숙하게 다룰 수 있는데, 사브르sabre(군도軍刀)와 대포가 그것들입니다 ─ 그리고 어쩌면 세 번째 무기도 잘 다룰 것입니다 ……. 내가 바젤에서 지내던 시절은 비록 나의 청춘기였어도 만사는 매우 순조롭게 진행되었습니다. 물론 내가 가르친 학생들 중에는 시험관(=니체)보다 나이를 더 먹은 수험자들도 이따금 있었는데, 그들은 주로 박사학위과정을 이수하는 학생들이었습니다. 나는 야콥 부르크하르트와 절친하게 교우할 수 있는 대단한 행운을 누렸습니다. 그런 교우관계는 은둔수도사처럼 고독을 즐기는 사상가(=부르크하르트)에게는 극히 이례적인 것이었습니다. 내가 누린 더욱 커다란 행운은 바젤에서 교수생활을 갓 시작했을 무렵 리하르트 바그너와 코지마 바그너를 알면서부터 그들과 아주 막역하고 친밀하게 교우할 수 있었다는 것입니다. 그 당시 바그너 부부는 예전에 맺었던 모든 인간관계를 잠정적으로 끊고 스위스 루체른Lucerne 호반의 트립센Triebschen에서 마치 섬처럼 보이도록 건축된 호젓한 저택에서 살았습니다. 수년간 우리는 스스럼없이 서로를 믿고 모든 대소사를 함께 했습니다. (바그너의 작품전집 제7권에는 『비극의 탄생』과 관련하여 바그너가 나에게 보낸 "편지" 한 통도 인쇄되어있습니다.) 이런 교우관계들 덕분에 나는 저명인들(과 "여성들")로 구성된 대규모 동아리를 알았는데, 실제로 그 동아리의 거의 모든 것은 파리와 상트페테르부르크에서 생장한 것들이었습니다. 1876년 즈음 나의 건강이 나빠졌습니다. 그

해 겨울에 나는 오래전부터 교우하던 친구 (『어느 이상주의자의 회고록 Memoiren Einer Idealistin』을 집필한) 마이젠부크 남작부인과 호의적인 친구 파울 레 박사와 더불어 이탈리아 소렌토Sorrento에서 지냈습니다. 그렇지만 그곳에서 나는 한 발짝도 전진하지 못했습니다. 나는 극도로 괴로운 지독한 두통에 시달리다가 완전히 탈진해버렸습니다. 그 후로도 수년간 지속되던 만성두통이 어느 해에는 극에 달해서 무려 200일간이나 지독한 고통에 시달리기도 했습니다. 두통은 완전히 지엽적인 원인들에서 비롯된 것이 분명했고, 신경질환은 어떤 종류의 두통도 유발하지 않았습니다. 나는 결코 정신혼란증세를 앓지 않았을 뿐더러 광증도 무기력증도 결코 앓지 않았습니다. 그 당시 나의 맥박은 나폴레옹 1세의 맥박(1분당 60회)만큼 천천히 뛰었습니다. '연발하는 쓰디쓴 담즙구토를 동반하며 2~3일간이나 지속되는 옛 고통과 새로운 고통이 뒤섞인 극심한 고통'을 견디면서도 완벽하게 명석한 정신을 유지하는 일이야말로 나의 특기입니다. 내가 정신병원에 입원했다(그리고 실제로 내가 그곳에서 사망했다)는 소문이 돌기도 했습니다. 진실은 소문만 낳을 뿐이지요. 사실을 말하자면, 나의 지성은 혹독한 시간에만 성숙했습니다. 이것은 『서광』이 증언하는 사실입니다. 나는 1881년 겨울에 의사들과 친구들이나 지인들로부터 멀리 떨어진 제노바Genoa에서 믿기지 않을 정도로 극심한 고통을 견디며 『서광』을 집필했습니다. 나는 이 책을 일종의 "역량측정기"로 활용합니다. 나는 최소한의 체력과 건강만 유지하면서 이 책을 집필했습니다. 1882년부터 나는 다시, 그리고 아주 천천히, 전진하기 시작했고 지금도 실제로 전진합니다. 그렇게 위기는 지나갔습니다(나의 아버지는 아주 젊으셨을 때 돌아가셨는데, 그때 아버지의 연령이 바로 내가 사경을 헤맬 때의 연령이었습니다). 나는 오늘도 지극히 조심해야 합니다. 풍토와 기후를 규정하는 일정한 조건들은 나에게는 불가결한 것들입니다. 내가 여름에는 오버엥가딘에서 지내야 하고 겨울에는 니스에서 지내야 하는 것은 선택사항이 아니라 필수사항입니다. 그래도, 하여간, 나는 나의 질병을 최대한 활용해왔습니다. 질병은 나를 해방시켰고 '나 자신이 되는 데 필요한 나의 용기'를 회복시켜주었습니다. 그래서 사실대로 말하자면, 나의 본능들 덕분에 나는 용감한 동물도 될 수 있고 심지어 군인도 될 수 있습니다. 장기간 지속된 저항은 나의 긍지를 다소 과격하게 만들었습니다. 당신은 내가 철학자인지 물어보셨죠? — 그렇지만 내가 철학자인지 아닌지 여부는 중요하지 않답니다!……

11. 브란데스가 니체에게 보낸 편지

1888년 4월 29일 코펜하겐에서.

건강하신지요.

내가 당신의 저작들을 주제로 삼아 행한 첫 번째 강의의 청중은 150명쯤이어서 강당을 가득 채우지는 못했습니다만, 이곳에서는 아무도 당신의 정체나 직업을 몰라서 그랬을 겁니다. 그러나 중요한 신문에는 나의 첫 강의에 관한 기사가 실렸고, 또 내가 나름대로 당신에 관한 글을 언론에 발표해서 그랬는지 강의에 대한 관심이 고조된 결과 두 번째 강의가 행해진 강당에는 청중이 가득했습니다. 300명도 넘는 청중이 당신의 작품들에 관한 나의 강의를 듣느라 청각을 곤두세웠습니다. 그런데도 나는 다년간 지켜온 관행대로 강의를 반복하는 모험을 이번에는 감행할 수 없었습니다. 왜냐면 일반청중이 이번 강의주제를 이해하기는 사실상 쉽지 않기 때문입니다. 나는 다만 나의 강의를 계기로 북유럽에서 당신의 저작들을 읽을 훌륭한 독자들이 조금이라도 더 늘어날 수 있기를 희망할 따름입니다.

당신의 저서들은 어느덧 나의 책꽂이 한 층을 점령해서 아주 멋들어진 진용을 갖췄습니다. 당신이 여태껏 출간한 저서들을 내가 이렇게 빠짐없이 소장할 수 있으니 기쁘기 한량없습니다.

당신이 나에게 보내주신 첫 편지에서 당신이 작곡한 악보들 중『삶을 위한 찬가』를 나에게 보내주시겠다고 제의했을 때 나는 음악을 잘 모른다면서 당신의 호의를 정중히 사양했습니다. 지금 생각해보니 그 악보는 내가 흥미롭게 읽어볼 만한 가치를 지녔습니다. 그래서 만약 당신이 그 악보를 나에게 보내주신다면 나는 그것을 아주 고맙게 받아야 마땅하다고 생각합니다.

나는 당신을 주제로 행한 나의 강의를 청강한 어느 젊은 화가의 소감으로써 모든 청중의 반응을 종합할 수 있다고 믿습니다. 그 화가는 나에게 "이 강의는 책들을 다루기보다는 **오히려 삶을 다루기** 때문에 특히 흥미로웠습니다"고 말했습니다. 그래도 혹여 당신의 사상들에 대한 반론이 제기된다면, 그 까닭은 그 사상들이 "너무나 완벽하고 철두철미하다"는 데 있을 것입니다.

내가 부탁드린 당신의 사진을 나에게 보내주지 않으시니 나는 아쉬울 따름입니다. 내가 당신에게 나의 사진을 보내드린 진짜 이유는 '나한테 당신의 사진을 보내야겠다고 느끼는 의무감'을 당신에게 심어주고 싶었기 때문이었습니다. 사진관의 사진사 앞에 1~2분쯤 앉아있기가 그다지 힘든 일은 아닐 줄로 압니다. 그리고 한 사람을 알고 싶을 때 그 사람의 외모를 알면 그 사람을 훨씬 더 잘 알 수 있다고 저는 생각합니다.

당신을 진심으로 존경하는

기오 브란데스 드림.

12. 니체가 브란데스에게 보낸 편지
1888년 5월 4일 토리노에서.

안녕하신지요.

당신이 전해주신 소식은 나에게 커다란 기쁨을 안겨주었을 뿐 아니라 — 솔직히 말씀드리자면 — 훨씬 더 커다란 놀라움도 안겨주었습니다. 그건 내가 당신에게 진 빚이 분명합니다. 왜냐면 당신도 아시다시피 은둔자들은 망각능력을 타고나지 못했기 때문입니다.

그나저나, 이즈음 내가 보내드린 나의 사진이 당신한테 도착했기를 바라마지 않습니다. 물론 내가 보내드리는 사진은 내가 직접 사진관에 가서 찍은 것이 아니라(왜냐면 나는 무성의하게 찍힌 사진들을 극도로 불신하기 때문입니다), 나의 사진을 가진 어떤 사람한테 가서 "몰래 슬쩍 빼내온" 것입니다. 그런 나의 도둑질이 들켰다는 말을 내가 아직 듣지 못했으니 성공한 듯합니다. 그렇지 않았다면 나는 다음번에(어쩌면 이번 가을에) 독일의 뮌헨München을 방문할 때 분명히 그런 도둑질을 다시 감행할 기회를 엿보았을 겁니다.

『삶을 위한 찬가』 악보는 근일에 코펜하겐으로 가는 여행을 시작할 것입니다. 우리 같은 철학자들은 예술가들로 "오인誤認될" 때 더없이 유쾌해진답니다. 게다가 나는 최우수 음악인들이 『삶을 위한 찬가』를 연주하고 "합창"하는 데 충분히 적합한 악보로 판단하리라고 확신할 뿐 아니라 그것을 가지고 실행할 연주 및 합창도 호평을 받으리라고 확신합니다(— 깔끔한 형식. 이 찬사는 나에게 가장 큰 기쁨을 안겨주었습니다). 카를스루에³⁹⁾에서 활동하는 탁월한 궁정악단지휘자 모틀(이 지휘자는, 당신도 아시다시피, 바이로이트 음악축제에서도 활약했습니다)⁴⁰⁾도 나의 악보가 연주될 날이 올지도 모른다며 나에게 희망을 주었습니다.

그리고 오스트리아 빈의 학자 폰 차카워von Zackauer 박사가 '이탈리아 피렌체의 학술잡지 《역사문헌Archivio storico》의 의뢰를 받아 집필하여 해당 잡지에 투고한 독일문학 관련 논문'에서 '두 번째 『반시대적 고찰들』⁴¹⁾에 피력된 나의 견해'를 아주 영예로운 방식으로 언급했다는 소식이 때마침 나에게 날아들었습니다. 폰 차카워 박사는 그 논문의 결론을 나의 견해로써 대신했다고 합니다.

나는 6월 5일에 이곳 토리노를 떠날 예정이지만, 최근 몇 주일간 이곳에서 생활하면서 이곳이 지난 몇 년간 내가 알던 곳보다 더 훌륭한 곳일 뿐 아니라 다른 어느 곳보다도 더 철학적인 곳이라는 사실을 알았습니다. 이곳에서는 거의 날마다 한두 시간씩 내가 생각하는 모든 개념을 꼭대기부터 밑바닥까지 샅샅이 재검토할 수 있을 만치 나의 활력이 최고조에 달했습니다. 그럴 때면 엄청나게 다양한 문제들이 나의 발밑에

---

39)   Karlsruhe(=Carlsruhe): 독일 남서부의 도시.

40)   Felix Mottl(1856~1911): 오스트리아의 지휘자 겸 작곡가.

41)   이것은 니체의 『반시대적 고찰들』 중 제2편 『삶에 이로운 역사학과 해로운 역사학Vom Nutzen und Nachtheil der Historie füur das Leben』을 가리킨다.

서 조각된 부조浮彫들처럼 뚜렷이 펼쳐집니다. 이런 재검토는 내가 되찾기를 거의 포기하다시피해온 체력의 최대치를 요구하는 작업입니다. 지금은 만사가 순조로운데, 이것은 내가 지난 몇 년간 올바른 진로를 벗어나지 않고 전진해왔다는 사실을 증명해줍니다. 비버beaver가 자신의 댐을 건설하듯이 인간도 자신의 철학을 건설하는데, 역시 비버처럼 인간도 어쩔 수 없이 그리하면서도 자신이 그리한다는 사실을 모릅니다. 그러나 인간이 자신의 철학을 믿으려면, 지금 나의 개념을 재검토하는 나처럼, 이 모든 사실을 알아야 합니다.

나는 이렇듯 회복되고 강력해져서 아주 명랑합니다. 그래서인지 나는 지극히 심각한 것들에게 자그마하고 우스꽝스러운 꼬리를 달아줍니다. 이 모든 일이 가능해진 이유는 무엇일까요? 저 선량한 "북풍北風들한테까지," 그러니까, 매번 알프스 산맥을 넘다가 포기해버리는 북유럽의 바람들한테까지, 내가 굳이 고마워해야 할 필요는 없겠지요? — 그래도 코펜하겐의 바람들은 이따금 이곳까지 불어온답니다!

당신의 안녕을 기원하고, 당신에게 진심으로 고마워하는 마음을 전하며, 이만 줄이겠습니다.

니체 드림.

13. 니체가 브란데스에게 보낸 편지
1888년 5월 23일 토리노에서.

별고 없으신지요.

토리노를 떠나기 전에 나는 당신에게 '나로 하여금 최초로 "성공적인" 봄을 지낼 수 있게 해준 당신의 도움이 참으로 컸다'는 말씀을 꼭 다시 드리고 싶었습니다. 내가 지낸 봄들의 역사는, 적어도 지난 15년간만 돌아봐도, 끔찍한 이야기들이자 데카당스와 질병으로 점철된 불운의 연속이었다고 말씀드릴 수밖에 없습니다. 그런 역사는 아무리 장소를 바꿔도 변하지 않았습니다. 내가 선택한 어떤 처방도, 어떤 식이요법도, 어떤 기후도 봄이라는 계절의 근본적으로 암울한 성격을 바꾸지 못할 듯이 보였습니다. 그러나 토리노의 봄은 달랐습니다! 게다가 최초의 희소식들, 친애하는 "당신이 알려주신" 소식들은 내가 살아있다는 사실을 나에게 증명해주었습니다 ……. 왜냐면 나는 내가 살아있다는 사실을 이따금 쉽사리 망각하기 때문입니다. 하나의 사건은, 하나의 문제는, '삶을 이끄는 사상들 중 하나가 나의 내면에서 긍정적으로 해명될 다른 날'을, "미래"의 사상을, 나에게 상기시켜줍니다. 나의 앞에는 어떤 소망도, 한낱 티끌 같은 소망마저도, 없습니다! 티 없이 맑고 광대한 하늘뿐입니다! 훗날 일흔 살이 되었을 내가 맞이할 하루가 바로 오늘 내가 맞이하는 하루가 되지 못할 까닭도 없지 않겠습니까? 지금 내가 어떤 창창한 가능성들도 더는 알아보지 못할 만큼 너무 오래 살아서 늙어죽을 지경은 아니지 않겠습니까? 그렇지만 요즘 내가 더도 덜도 아닌 오늘과 내일만 생각한다는 것, 다른 어떤 날도 아닌 오직 내일 해야 할 일만 오늘 결정한다는 것은 분명한 사실입니다. 이런 사실이 불합리하고 비현실적인 것으로 보일 수 있고 어쩌면 비기독교적인 것으로도 보일 수 있을 겁니다. 저 산상설교자는 "내일을 위한 생각"을 금지했지만,[42]

---

42)　山上說教者: 이 호칭은 '예수 그리스도'를 암시한다.

나에게 이런 금지설교는 최고급철학에 속하는 것으로 보입니다. 이런 철학은 내가 이전에 가졌던 자존감보다 더 높은 자존감을 나에게 안겨주었습니다. 나는 '내가 소망하는 방법도 배우지 못했을 뿐더러 그런 것을 배우고자 원하지도 않는다'는 사실을 잘 압니다.

이토록 명랑한 몇 주일간 나는 "가치들을 재평가하는 작업"에 몰두했습니다. 당신은 이 작업을 이해하시겠습니까? 사실을 말씀드리자면, 연금술사야말로 세상에서 가장 유가치한 인간입니다! 내가 말하는 연금술사란 저열하고 비천한 것으로써 유가치한 것을 만들 수 있을 뿐더러 심지어 황금도 만들 수 있는 인간입니다. 오직 연금술사만이 유가치한 것을 창조할 수 있고, 다른 나머지 인간들은 그것을 변조하거나 개조하기만 할 따름입니다. 지금 나의 과제는 더욱 기묘합니다. 왜냐면 나는 지금까지 '인류가 여태껏 가장 증오하고 두려워하며 혐오해온 것이 무엇인가, 그리고 그것을 제외한 다른 재료를 이용하여 나의 "황금"을 만들 수 있느냐?……'라고 스스로에게 질문해왔기 때문입니다.

지금 나는 화폐위조혐의로 고발되지 않기만 바랄 따름입니다! 그러나 내가 그런 혐의로 고발될 "가능성이 훨씬 더 농후할" 것입니다.

나의 사진을 받으셨는지요? 그런 이례적인 사진을 찍을 때 나의 어머니는 나의 표정이 무뚝뚝해지지 않도록 대단히 친절하게 나를 대해주셨답니다. 아울러 라이프치히의 출판담당자 프리치E. W. Fritzsch가 맡은 소임을 잊지 않고 나의 『삶을 위한 찬가』 악보를 당신에게 발송했기를 기대합니다.

결론을 대신하여 내가 품은 호기심을 알려드리겠습니다. 나는 본시 "나에 관한" 어떤 정보를 캐려는 자가 문을 부서져라 두드려대는 소리를 듣기 싫어하는 반면에 다른 방식으로 들려오는 소리를 듣기 좋아합니다. 당신의 다양한 강의주제들을 특징적으로 요약할 만한 세 단어 ― 딱 세 단어만 봐도 나는 참으로 많을 것을 알아낼 수 있을 겁니다!

당신을 진심으로 존경하고 고마워하는

니체 드림.

14. 브란데스가 니체에게 보낸 편지

1888년 5월 23일 코펜하겐에서.

그동안 잘 지내셨는지요.

당신이 보내주신 편지, 사진, 악보를 정말 고맙게 잘 받았습니다. 당신의 편지와 악보는 당연히 나를 기쁘게 해주었고, 당신의 사진은 나를 더더욱 기쁘게 해주었습니다. 그런데 나움부르크에서 인화된 그 사진에 찍힌 당신의 옆모습은 당신의 특징을 잘 드러내기는 해도 당신의 표정을 거의 보여주지 못합니다. 이 사진 속의 모습이 당신의 본모습으로 생각될 "가능성은 만무합니다." 왜냐면 『차라투스트라』의 저자는 많은 비밀들을 자신의 얼굴에 기록해둔 인물이 분명하기 때문입니다.

나는 오순절[43]이 오기 전에 프리드리히 니체를 주제로 삼은 나의 강의들을 마무리했습니다. 그 강의들은, 신문들에도 보도되었다시피, "열렬한 갈채를 받으며" 성황리에 마무리되었습니다. 그런 "열렬한 갈채"의 거의 모두는 당신이 받으셔야 했던 것입니다. 나는 그런 갈채를 이렇게

---

43)　伍殉節(Pentecost): 기독교의 '부활절'로부터 50일째에 해당하는 날.

편지로나마 당신에게 보내드릴 수 있어서 다행이라고 생각합니다. 왜냐면 나는 다만 북유럽의 청중들에게 당신의 독창적인 사상들을 명료하고 체계적으로 이해할 수 있는 계기를 마련하여 그 사상들을 해설해주는 역할만을 나의 명예로 생각하기 때문입니다.

　나는 강의를 진행하면서 당신과 다양한 동시대인들의 관계들을 암시했고, 당신의 사상을 공부하거나 연구하고 싶은 의욕을 청중들에게 불어넣어주려고 애썼으며, 내가 개인적으로도 좋아하고 당신의 사상들과도 일치하는 사상들을 추천했고, 당신과 나의 차이점들을 설명했으며, 니체라는 작가의 온전한 심리적 초상화를 제시하려고 노력했습니다. 그래서 내가 어떤 과언도 보태지 않고 장담하건대, 현재 당신의 이름은 코펜하겐의 모든 지식인 모임에서 대단한 "인기를 누릴" 뿐 아니라 적어도 스칸디나비아의 모든 곳에 "알려졌습니다." 그렇다고 당신이 나에게 고마워하실 필요는 전혀 없습니다. 왜냐면 나는 당신의 사상들을 세계에 전파하는 일을 "즐겼기" 때문입니다. 나의 강의들은 인쇄되어 출판될 만한 가치를 지니지 못했습니다. 왜냐면 나는 순수철학을 나의 전공분야로 생각하지 않을 뿐더러 내가 충분히 파악했다고 자신하지 못하는 주제를 다룬 어떤 글도 출간하고 싶지 않기 때문입니다.

　당신의 심신이 호전되고 활기차졌다니 나는 무척 기쁩니다. 이곳에서 긴 겨울을 지낸 우리는 이제 온화한 봄날을 맞이했습니다. 우리는 다시 돋아나는 푸른 새싹들을 기쁘게 반기고, 코펜하겐에서 아주 잘 준비되어 개최된 북유럽 미술전시회도 즐긴답니다. 그 전시회에는 프랑스의 모든 유명한 예술가들(화가들과 조각가들)의 작품들도 전시되어있습니다. 분위기가 이렇다보니 나는 이곳을 떠나고 싶은 열망에 휘둘리지만, 그래도 나는 어쩔 수없이 이곳에 머물러야만 합니다.

비록 당신의 흥미를 끌지는 못할지라도 내가 저번에 깜박 잊고 당신에게 해드리지 못한 말씀을 이참에 해드리자면, 만약 당신이 아이슬란드 사가saga들을 모르신다면 그것들을 연구해보시라고 권해드립니다. 그런 사가들은 '자주권자自主權者들의 도덕[44]'에 관한 당신의 가설들과 이론들을 확인시켜줄 근거들을 상당히 많이 함유했기 때문입니다.

그리고 당신이 놓친 듯이 보이는 사소한 사실 하나를 첨언해드리건대, "고딕Gothic"이라는 단어는 "선善"이나 "신神"과 무관한 것이 분명합니다. 그것은 정액방출자, "종마種馬," "남자"를 뜻하는 "기센gissen"이라는 단어와 관련됩니다.

그런 한편으로, 이곳 문헌학자들은 당신이 "보누스"라는 단어를 사용한 의도를 고찰하다가 "보누스"보다는 "두오누스"가 당신의 의도에 훨씬 더 잘 부합한다고 결론지었습니다[45].

나는 앞으로 우리가 서로를 전혀 모르는 이방인들로 변하는 일은 결코 생기지 않기를 희망합니다.

나는 당신의 충실한 독자이자 찬미자로 남을 것입니다.

기오 브란데스 드림.

---

44) 이것은 "주인들의 도덕" 또는 "지배자들의 도덕"으로도 말해질 수 있다.

45) "보누스bonus"는 "좋다, 정직하다, 고귀하다, 친절하다, 유쾌하다, 올바르다, 유익하다, 타당하다, 건강하다"를 뜻하는 라티움(= 라틴)어 형용사인데, 더욱 오래 전에 사용된 "두오누스duonus"라는 라티움어 형용사에서 파생한 단어이다.

15. 니체가 브란데스에게 보낸 엽서
1888년 5월 27일 토리노에서.

당신의 안목은 역시 대단하군요! 당신이 정확히 보셨습니다. 그 사진 속의 니체는 아직 『차라투스트라』의 작가가 아니고, 그런 작가가 되려면 아직 나이를 여러 살이나 더 먹어야 할 청년 니체입니다.

나는 고트Goth(고트족)의 어원에 관한 당신의 설명을 대단히 고마워합니다. 그러니까 그것이 고트Gott(신神)와 비슷하게 발음될 뿐이라는 말[46]씀이지요.

나는 당신이 나의 또다른 편지를 오늘쯤 읽으실 줄로 기대합니다.

당신에게 늘 고마워하는

N.

16. 니체가 브란데스에게 보낸 편지
1888년 9월 13일 질스마리아에서.

잘 지내시는지요.

비록 "심술궂게" 쓰였지만 별로 진지하게 읽히지 않아도 될 얇은 책 한 권을 함께 보내드립니다. 당신이 그 책을 보시면서 나를 상기하신다면 나는 기쁠 것입니다. 그 책은 토리노의 "선善한" 날들에 집필되기 시작했습니다. 내가 굳이 이렇게 말씀드리는 이유는 그 책의 많은 부분이

---

46) 이 구절은 "고트Goth의 발음과 신神을 뜻하는 독일어 고트Gott의 발음이 비슷할 따름"으로 풀이될 수 있다.

"악恶한" 날들에 집필되었기 때문입니다. 그토록 악한 날들에는 나의 건 강과 용기와 — 쇼펜하워가 말한 — "삶의지"가 너무나 쇠약해져서 봄 철의 목가적인 풍경을 만끽할 가망이 나에게는 거의 없어진 듯했습니 다. 내가 그런 악한 날들에 써둔 원고 한 편이 다행히도 여태까지 남았 는데, 그것의 제목은 『바그너의 경우: 한 음악인-문제』입니다. 심술궂은 혀[舌]들은 그것을 『바그너의 타락』으로 과칭하고 싶을 것입니다.[47]

당신이 비록 (모든 뮤즈가 가장 집요하게 요구하는) 음악권리音樂權 利를 아무리 강하게 거부하시더라도, 나는 "음악인의 심리"를 다룬 이 소책자를 일독해보시라고 당신에게 기꺼이 권하고 싶습니다.[48] 내가 친애 하는 세계주의자이신 당신은 유럽인들의 사상들과 너무나 다른 사상 을 가진 분이라서 나의 소책자를 읽는 동안 나의 '이른바 동포들'이 — 즉 "음악을 애호한다는" 독일인들이 — 들을 수 있는 것보다 100배나 더 많은 것을 들으실 수 있을 것입니다.

간단히 말씀드리자면, 나는 "이런" 경우에 사물들과 사람들을 감별 하는 전문가입니다. 게다가 다행히도 음악인의 본능을 충분히 타고난 나는 '가치평가'라는 이 궁극문제를 파악하고 "해결"하는 데 유용한 매 개수단'이 바로 음악이라는 것도 잘 압니다.

실제로 이 소책자의 대부분은 프랑스어로 쓰였습니다. 그래서 감히

---

47) 『바그너의 경우: 한 음악인-문제Der Fall Wagner: Ein Musikanten-Problem』(1888)의 제목에 쓰인 독 일어 "팔Fall"은 "경우Case"와 "낙하, 추락, 타락Fall"을 동시에 의미한다.

48) Muses: 그리스 신화에서 특히 시와 음악을 위시한 문학·학문·예술의 영감靈感을 관장하는 아홉 여 신들의 영어식 총칭인데, 실제로는 "뮤지스"로 발음되는 이 총칭의 영어식 단수형 명사이 "뮤즈"이 다. 독일어식 총칭은 "무젠Musen"이고 단수형 명사이 "무제Muse"이다. 이 총칭들은 각각 칼리오페 Calliope(=Kallipe), 클리오Clio(=Kleio), 에우테르페Euterpe, 에라토Erato, 멜포메네Melpomene, 폴 리힘니아Polyhymnia, 테릅시코레Terpsichore, 탈리아Thalia, 우라니아Urania로 불리는 아홉 여신들 의 그리스어식 총칭 "무사이Musai"에서 유래했다.

말씀드리건대, 이 소책자는 독일어로 번역되기보다는 프랑스어로 번역되어야 더 쉽게 읽힐 것입니다. 그리고 이 소책자를 우송받아 읽을 만한 러시아인이나 프랑스인 한두 명 내지 서너 명의 주소들을 나에게 알려주실 수 있겠는지요?

한두 달 후에는 "철학서처럼" 보일 수 있을 나의 저서가 출간될 예정입니다. 『어느 심리학자의 망중한[49]』이라는 무척 온유한 제목이 붙은 이 저서에서 주로 다뤄지는 것들은 — 유식한 국민들인 독일인들도 포함하는 — 세계에서 내가 좋아하는 것들과 싫어하는 것들입니다.

그러나 앞에서 언급된 저작들은 나의 다른 중요한 저작에 비하면 전혀 중요하지 못한 여흥거리들에 불과합니다. 이 중요한 저작에 붙을 제목은 바로 『모든 가치를 재평가하기 위한 시도』입니다. 유럽은 이렇듯 가치들을 재평가하려고 시도하는 저자에게 맡길 '새로운 시베리아 Siberia'를 발견해야 할 것입니다.

나는 이토록 수다스러운 편지를 쓰면서도 당신의 견실한 의지가 묻어나는 답장을 받고 싶어 한답니다.

당신이 나에게 베풀어주신 친절들을 나는 언제나 잊지 않겠습니다.

니체 드림.

11월 중순까지 나의 주소는 (이탈리아) 토리노입니다.

---

49) Müssiggang eines Psychologen: 이것보다 더 인상적인 제목을 붙이면 좋겠다고 친구 페터 가스터가 요구하자 니체는 바그너의 오페라 제목 『신들의 황혼Götterdämmerung』(1874)을 모방하여, 『어느 심리학자의 망중한』을 『우상들의 황혼, 혹은 쇠망치로써 철학하는 방법Götzendämmerung oder Wie man mit dem Hammer philosophiert』(1888)으로 변경했다.

17. 브란데스가 니체에게 보낸 편지

1888년 10월 6일 코펜하겐에서.

안녕하신지요.

당신이 보내주신 편지와 값진 선물이 나에게 도착했을 때는 하필이면 내가 눈코 뜰 새 없이 바쁠 때였습니다. 그러다보니 답장이 이렇게 늦어졌습니다.

나는 당신이 쓴 글씨만 봐도 유쾌한 흥분에 휩싸입니다.

당신이 여름을 힘겹게 지내셨다니 안타깝습니다. 당신이 모든 신체고통을 이미 깨끗이 떨쳐냈으리라고 생각한 내가 참 바보 같습니다.

나는 당신의 소책자를 가장 면밀하게, 그리고 대단히 즐겁게, 읽었습니다. 나는 음악의 묘미를 아예 모를 정도로 비非음악적인 사람은 아니고, 다만 음악의 전문가가 아닐 뿐입니다. 당신의 소책자를 받기 며칠 전에도 나는 아주 멋지게 공연된 오페라 『카르멘Carmen』의 음악을 감상했습니다. 그 음악은 대단히 우아했습니다! 더구나 당신을 화나게 할 위험을 무릅쓰고 고백하자면, 바그너의 오페라 『트리스탄과 이졸데Tristan und Isolde』는 나에게 잊히지 않는 감명을 안겨주었습니다. 나는 예전에 이 오페라를 베를린에서도 관람했습니다. 그때 나의 심경이 울적하고 산만해서 그랬는지 나는 연주되던 음音들 하나하나를 일일이 들을 수 있었습니다. 그렇지만 그때 워낙 울적했던 내가 과연 깊은 감명을 받았는지 여부는 잘 모르겠습니다.

당신은 비제를 여읜 아내를 아십니까?[50] 그녀에게 당신의 소책자를 보내주세요. 그녀가 좋아할 겁니다. 상냥하기 그지없고 대단히 매력적인 그녀는 기묘하게도 신경성 안면경련증을 앓지만 극히 진솔하고 성실하며 열의를 가득 품은 여성입니다. 물론 그녀는 (파리에서 스트로스라는 아주 유능한 변호사와) 재혼했습니다. 나는 그녀가 독일인 몇 명을 안다고 믿습니다. 만약 그녀가 — '동정녀 마리아'나 '모차르트를 여읜 아내'나 '마리 루이즈'도[51] 그랬듯이 — 믿었던 신에 대한 믿음을 버렸더라도, 당신이 그녀를 싫어하지 않는다면, 나는 그녀의 주소를 당신에게 알려줄 수 있습니다.

비제의 아들은 아주 잘 생기고 매력적인 남자입니다. 그렇지만 나는 그와 만나면 한담이나 나눌 따름입니다.

나는 당신의 소책자 사본 한 권을 스웨덴의 가장 위대한 작가 아우구스트 스트린드베리에게 주었습니다. 나는 그를 완전히 당신의 예찬자로 만들어놓았습니다. 그는 다른 천재들(과 범재凡才들)의 대다수도 공유하는 한 가지 미미한 광기만 빼고 보면 진짜 천재입니다. 나는 당신의 또다른 저서 사본도 적당한 때를 봐서 그에게 보낼 참입니다.

---

50) 오페라 『카르멘』을 작곡한 비제Georges Bizet(1838~1875: 아명은 '알렉상드르 세자르 레오폴 비제Alexandre César Léopold Bizet')는 자신의 스승이던 프랑스의 작곡가 프로망탈 알레비Fromental Halévy(1799~1862)의 딸 즌비에브 알레비Geneviève Halévy(1849~1926: 비제와 결혼한 1869년부터는 '즌비에브 비제Geneviève Bizet,' 파리의 부유한 로트실드Rothschild 가문의 인척이던 변호사 에밀 스트로스Émile Straus와 재혼한 1886년부터는 '즌비에브 스트로스Geneviève Straus')와 결혼해서 1871년에 아들 자크 비제Jacques Bizet(1871~1922)를 낳았다. 자크 비제는 프랑스의 소설가 마르셀 프루스트Marcel Proust(1871~1922)의 학교친구가 되었고, 즌비에브는 프루스트의 장편소설 『망각된 시간들을 찾아서À la recherche du temps perdu』에 나오는 게르망트 공작부인Duchesse de Guermantes과 오데트 드 세르시Odette de Crécy의 모델로 알려진다.

51) "동정녀 마리아Virgin Mary"는 예수 그리스도의 모친이고, "모차르트Wolfang Amadeus Mozart(1756~1791)를 여읜 아내"는 콘스탄츠Constanze Mozart(1762~1842)이며, "마리 루이즈Marie Louise(1791~1847)"는 나폴레옹의 둘째아내이다.

지금 파리에는 내가 잘 아는 사람이 거의 없습니다. 그렇지만 "상트페테르부르크 콰이 앙글라이스 20번지 안나 드미트리에프나 테니셰프 공작부인"[52]에게는 당신의 소책자를 보내세요. 그녀는 나의 친구입니다. 게다가 그녀는 상트페테르부르크의 음악계를 잘 알기 때문에 당신을 그곳 음악인들에게 알릴 것입니다. 예전에 나는 그녀에게 당신의 저서들을 구입해서 읽어보라고 권했지만, 그 당시 러시아에서는 당신의 모든 저서가 — 심지어 『인간적인 너무나 인간적인』마저 — 판매금지되었더랬습니다.

그리고 — 투르게네프의 편지에 언급된 — 우루소프Urusov 공작에게도 당신의 소책자를 보내시면 좋을 것입니다. 독일의 모든 것에 지대한 관심을 보이는 공작은 풍부한 재능을 겸비했을 뿐 아니라 '지성적 미식가美食家'이기도 합니다. 내가 지금 당장에는 공작의 주소를 기억하지 못하지만 곧 알아낼 수 있을 것입니다.

당신이 모든 신체고통에 굴하지 않고 활기차면서도 명민하게 작업하신다니 나는 기쁠 따름입니다. 당신이 집필하시려는 모든 저작을 완성하시기를 나도 기대합니다.

당신이 나의 저서를 읽으신다면 나는 무척 기쁘겠지만, 당신이 덴마크어를 모르신다니 아쉬울 따름입니다. 나는 이번 여름에 엄청나게 많은 일을 했습니다. (전지全紙24장 분량에 달하는) 『폴란드 인상기』와 (전지28장 분량에 달하는) 『러시아 인상기』라는 두꺼운 여행기 두 권을 완성했고, 나의 초기 저서들 중 하나인 『미학연구』의 개정증보판을 출간

---

52)　　　Madame la Princesse Anna Dmitrievna Ténicheff, Quai Anglais 20, Petersburg.

하기 위한 전면적인 수정작업을 마무리했으며, 나의 또다른 저서 세 권의 교정쇄를 만들기 위한 작업도 진행해왔습니다. 한두 주일 후에는 교정작업도 마무리될 것입니다. 그 후에 나는 이곳에서 계획된 강의를 진행하면서 프랑스에서도 강의를 진행할 것이고, 겨울이 깊어지면 기운을 회복하기 위해 러시아로 갈 것입니다.

　이것이 내가 짜놓은 '나의 겨울원정'을 위한 계획입니다. 물론 나의 러시아 원정은 퇴각이나 은둔을 의미하지 않을 것입니다.

　모쪼록 나에 대한 당신의 다정한 관심이 사라지지 않기를 바랍니다.

　그리고 당신을 존경하는 나의 마음도 사라지지 않을 것입니다.

　기오 브란데스 드림.

18. 니체가 브란데스에게 보낸 편지
1888년 10월 20일 토리노에서.

잘 지내셨는지요.

　당신의 편지와 더불어 북방의 상쾌한 바람이 다시금 나에게 불어왔습니다. 바그너를 공격한 나의 소책자에 "호의적으로 반응한" 혹은 어떤 식으로든 반응한 경우는 오직 당신의 편지뿐이라는 것이 사실입니다. 왜냐면 아무도 나에게 편지를 쓰지 않기 때문입니다. 나는 심지어 지극히 친근하고 친애하는 사람들마저 돌이킬 수 없이 공격했습니다. 그런 사람들 중에는, 예컨대, 나의 오랜 친구이지만 불행히도 '뮌헨 바그너 협회'의 회장이 되어버린 뮌헨의 자이틀리츠Zeydlitz 남작도 있고, 나의 더욱 오랜 친구이지만 바그너 협회의 지부장이자 쾰른Köln의 변호사

구스타프 크루크Gustav Krug도 있으며, 나의 매제妹弟로서 남아메리카에 거주하고 반유대주의자로 적잖이 알려졌으며 《바이로이터 블뢰터》[53]의 가장 열성적인 기고자인 베른하르트 푀르스터Bernhard Förster(1843~1889) 박사도 있고, 게다가 나의 존경하는 친구이자 『어느 이상주의자의 회고록』을 집필한 작가이면서도 바그너와 미켈란젤로를 자꾸만 혼동하는 말비다 폰 마이젠부크도 있습니다 ……

그런 한편으로 나를 막무가내로 사납게 공격할 수 있는 여성 바그너 숭배자들에 대항하여 내가 나를 방어해야 하는 경우들도 있다는 사실을 나는 이해합니다. 아마도 바이로이트는, 독일제국도 그래왔듯이, 나의 저작들을 ― "공공도덕들을 위협하는 것들"로 간주하여 ― 판매금지시킴으로써 스스로를 방어할지 모릅니다. 왜냐면 독일황제가 바로 그런 판매금지조치를 내린 당사자이기 때문입니다. 그러다보니 "우리 모두는 기독교융커[54]의 불미스러운 개념을 안다"는 나의 공식견해마저 대역죄로 해석될지 모릅니다.

비제를 여읜 아내에 관한 당신의 중립적 견해는 나를 매우 유쾌하게 해주었습니다. 모쪼록 그녀의 주소를 나에게 알려주시기 바랍니다. 우루소프 공작의 주소도 알려주시면 고맙겠습니다. 나의 소책자 한 부는 당신의 친구 드미트리에프나 테니셰프 공작부인에게 발송되었습니다. 조만간 나의 다음 (『우상들의 황혼, 혹은 쇠망치로써 철학하는 방법』이라는 변경된 제목이 붙은) 저서가 출간되면, 나는 그 저서 한 부를 '당신이 극찬하시면서 나한테 소개해주신 스웨덴인'에게 발송하기를 염원

---

53)   Bayreuther Blätter: 1878년 창간되어 바이로이트 음악축제의 관객들에게 배부된 월간 소식지.

54)   Junker: 융커당원(19세기 중엽 프로이센의 특권귀족정당의 당원).

합니다. 그렇지만 나는 그분의 주소를 모릅니다. 이 새로운 저서는 나의 철학을 요약하여 설파하는 것이라서 범죄적인 것으로 보일 만큼 급진적인 것입니다 …….

『트리스탄과 이졸데』가 유발하는 감동효과에 관해서라면, 나도 기이한 말씀을 드릴 수 있습니다. 내가 볼 때 과다한 정신고통은 바그너주의적인 식사를 하기 전에 마셔두면 좋을 탁월한 강장제로 보입니다. 라이프치히의 법조인인 비너Wiener 박사는 카를슈바트Carlsbad 온천도 좋은 강장제라고 나에게 알려주었습니다 …….

아, 당신은 정말 부지런하신 분입니다! 그렇거늘 나는 덴마크어도 모르는 바보랍니다! 다른 어느 곳에서보다도 러시아에서 더 많은 "원기를 회복할" 수 있다는 당신의 말을 나는 기꺼이 믿습니다. 러시아의 책들도 나의 원기를 회복시켜주는 지대한 원천들이고, 특히 도스토옙스키Foydor Dostoevsky(1821~1881)의 ─ 애당초 독일어로는 번역될 리가 도무지 없으므로! 프랑스어로 번역된 ─ 저서는 최대원천이기 때문입니다.

당신에게 진심으로 고마워하는 마음을 전합니다.

니체 드림.

19. 브란데스가 니체에게 보낸 편지
1888년 11월 16일 코펜하겐에서.

안녕하셨는지요.

나는 그동안 파리로부터 비제 부인婦人의 주소를 알려주는 답신이 도착하기를 학수고대해왔지만 아직 답신을 받지 못했습니다. 그렇지만 나는 우루소프 공작의 주소를 입수했습니다. 그분의 주소는 상트페테르부르크 세르기옙스카야 79번지[55]입니다.

　나의 저서 세 권이 드디어 출간되었습니다. 이곳에서 나의 강의도 이미 시작되었습니다. 당신의 편지와 저서에 피력된 도스토옙스키에 관한 당신의 생각들이 그에 대한 나의 생각들과 일치하다니 참 신기합니다. 나는 러시아에 관한 나의 저서에서 도스토옙스키를 다룰 때도 당신을 언급했습니다. 도스토옙스키는 위대한 시인일망정 지극히 기독교적인 감정과 지극히 가학적인sadique 감정마저 겸비한 가증스러운 인간이기도 합니다. 그의 모든 도덕은 당신이 여태껏 "노예도덕"이라는 세례명을 붙여온 것들입니다.

　내가 당신에게 소개해드린 미치광이 스웨덴인의 이름은 아우구스트 스트린드베리입니다. 그는 지금 이곳에서 생활합니다. 그의 거주지는 코펜하겐 근교에 있는 도시 홀테Holte입니다. 그는 당신도 그처럼 여성들에 대한 증오심을 품었다고 생각하기 때문에 당신을 특히 좋아합니다. 이래서 그는 당신을 (운명의 아이러니irony가 낳은) "현대인"으로 호칭합니다. 내가 올봄에 행한 강의들에 관한 기사들이 실린 신문을 읽은 그는 다음과 같이 말했습니다. "니체라는 이 인물은 참으로 경이롭습니다. 그가 말하는 많은 것들이 바로 내가 쓸 수도 있었던 것들입니다." 그의 희곡 『아버지Pére』는 에밀 졸라의 서문이 붙은 프랑스어판으로 출판되었습니다.

　나는 독일을 생각할 때마다 울적해집니다. 지금 독일은 발전가도를

---

55)　Petersburg, Sergievskaia 79.

질주합니다! 그러나 이 시대를 살아가는 인간은 살아생전에 그런 독일의 모든 겉보기현상에서 좋은 것을 하나도 발견하지 못하리라고 생각하는 내가 참 서글퍼집니다.

당신 같이 해박한 고전문헌학자가 덴마크어를 모르시다니 참 아쉽습니다. 나는 지금 나의 저서들이 폴란드와 러시아에서 번역되지 않도록 온갖 노력을 기울입니다. 왜냐면 그래야만 다음에 내가 폴란드와 러시아를 여행해도 추방되지 않거나, 적어도 최소한의 발언권만은 거부당하지 않을 것이기 때문입니다.

모쪼록 당신이 토리노에 머물 때 이 편지를 받아보실 수 있기를, 혹여 그곳을 떠나셨더라도, 이 편지가 당신에게 전달되기를 바랍니다.

당신을 친애하는

기오 브란데스 드림.

20. 니체가 브란데스에게 보낸 편지

1888년 11월 20일

토리노의 카를로 알베르토로Carlo Alberto路 6-3번지에서.

안녕하신지요.

답장을 늦게 보내드려서 미안합니다. 나는 요즘 평생 처음 겪는다 싶은 진기한 일들을 겪습니다. 나는 그 일들을 그저께 처음 겪었고 오늘 다시 겪었습니다. 아, '당신의 편지가 나에게 도착했을 때를 맞춰 나의 새로운 저서가 완성되었다'는 사실을 당신이 아신다면 좋으련만!

나는 지금 세계역사에서 유명해질 냉소주의와 나를 짝지어버렸습니다. 그 저서의 제목은 『이 사람을 보라』입니다. 그것은 십자가에 못박힌 자를 무자비하게 공격합니다. 그 공격은 기독교의 모든 것을 강타하고 또 기독교에 감염된 모든 것마저 강타하는 천둥번개들로 마무리됩니다. 나는 사실 일급 기독교심리학자이고, 여느 기독교반대자도 상상조차 못 해봤을 육중한 대포들을 자유자재로 다룰 수 있는 예비역 포병장교이기도 합니다. 그 저서 전체는 내가 이미 나의 과업으로 설정한 『모든 가치를 재평가하기 위한 시도』의 서론에 해당합니다. 향후 2년간 우리가 세계전체를 격동시킬 것이라고 내가 당신에게 맹세합니다. 나는 하나의 운명입니다.

『이 사람을 보라』에서 최하인간들로 판명된 자들을 짐작하시겠습니까? 그들이 바로 독일인들입니다! 나는 그들에게 끔찍한 것들을 설명해 주었습니다 …… 예컨대, 독일인들은 역사상 마지막 "위대한" 시대로 기록될 만한 르네상스의 의미를 망쳐버렸는데도 — 그러자마자 기독교의 가치들, 즉 "데카당스"의 가치들을 최저치로 급락시켰고, 최상위성직자의 본능들 속에서도 반대본능들 즉 '삶본능들'이 그런 가치들을 굴복시켜버렸는데도 — 양심가책감을 전혀 느끼지 않는다고 말입니다. 그들의 교회에 대한 "공격" — 그것은 오히려 기독교의 재건을 의미하는 것입니다. (그러므로 교황 체사레 보르자[56] — 그는 르네상스의 의미이자 르네상스의 진정한 상징이었을 것입니다.)

아울러 당신은 그 저서의 결정적 대목을 읽으실 때도 화내지 마시기

---

56) Cesare Borgia(1475~1507): 르네상스 시대 이탈리아에서 로마냐Romagna 공국을 건국한 귀족이자 정치인. 여기서 니체는 자신이 존경하는 체사레 보르자를 "교황"으로 호칭하지만, 실제로 보르자는 교황이 아니라 교황 알렉산데르 6세Alexander VI(1492~1503)의 아들이었고, 일찍이 "추기경"에 임명되었다가 스스로 사임하고 교황군대의 총사령관이 되어 정복활동 및 정치활동에 주력했다.

바랍니다. 내가 방금 완성한 그 대목에서 나는 '나의 독일인친구들이 나의 명성과 철학 모두를 헤어날 수 없는 궁지에 빠뜨리느라 나에게 저지른 짓들'을 비난합니다. 그 다음 대목에서 후광을 휘감은 당신이 전격 등장합니다[57] …….

나는 도스토옙스키에 대한 당신의 견해를 암묵적으로 믿습니다. 나는 도스토옙스키를 존경하지만, 그 까닭은 그가 바로 내가 아는 가장 귀중한 심리학적 표본이기 때문입니다. 나는 놀라운 방식으로 그에게 고마워하지만, 그는 내가 지닌 가장 깊은 본능들의 적대자일 수도 있습니다. 도스토옙스키와 나의 관계는 내가 거의 사랑하다시피 하는 파스칼과 나의 관계와 매우 흡사합니다. 왜냐면 파스칼은 나에게 무수히 많은 것을 가르친 유일하게 "논리적인" 기독교인이기 때문입니다.

나는 그저께 아우구스트 스트린드베리님의 소설집 『기혼자들Les Mairés[58]』을 즐겁게 충분히 공감하면서 읽었습니다. 그러면서 내가 느낀 '그에 대한 진심어린 감탄'을 손상시킨 것은 오직 내가 동시에 느낀 '나에 대한 소소한 감탄'뿐이었습니다.

나는 아직 토리노에 머물고 있습니다.

"이제 괴물이 되어버린" 니체 드림.

내가 보내드리려는 『우상들의 황혼』을 받아보실 당신의 주소는 어디인가요? 당신이 앞으로 2주일간 코펜하겐에 계속 머무실 예정이라면, 당신의 주소를 나에게 알려주지 않으셔도 됩니다.

---

57) 니체, 『이 사람을 보라』 제3장 「내가 이토록 좋은 책들을 쓰는 이유」 중 "『바그너의 경우』" 제4절.
58) 이것은 스트린드베리가 1884~1885년에 펴낸 스웨덴판 『기혼자들Giftas』의 프랑스어판이다.

21. 브란데스가 니체에게 보낸 편지
1888년 11월 23일 코펜하겐에서.

안녕하신지요.

당신의 편지가 도착한 오늘 나는 무척 바빴습니다. 나는 요즘 이곳에서 괴테에 관한 강의들을 두 번씩 반복합니다. 그런데도 이 강의를 입석에서라도 청강하려는 사람들이 대학교 앞 광장에 길게 줄지어 서서 40여 분간이나 기다리곤 합니다. 나는 그토록 많은 사람들 앞에서 최대위인을 주제로 삼아 강의하는 즐거움을 누립니다. 그러니까 나는 어차피 연말年末까지 이곳에 머물러야 합니다.

그러나 다른 방면에서 불운한 사태가 벌어졌습니다. 나는 최근에 러시아어로 번역된 나의 옛 저서 한 종이 러시아에서 "종교모독죄"로 고발되어 유죄판결을 받고 공개분서公開焚書되는 형벌에 처해졌다는 소식을 들었습니다.

나는 내가 최근 펴낸 폴란드와 러시아를 다룬 두 저서 때문에 추방될까봐 일찍부터 염려해야만 했습니다. 이번 겨울에 내가 러시아에서 강의할 수 있는 허가를 받으려면 지금 나의 모든 역량을 총동원해야 할 판입니다. 더구나 요즘 내가 주고받는 거의 모든 편지가 압수될 정도로 상황은 더욱 나빠졌습니다. 보르키 열차탈선사고[59]도 상황을 더욱 악화시켰습니다. 그 사고가 하필이면 유명한 암살사건들이 시도된 지 얼마

---

[59] 1888년 10월 29일 러시아 황제 알렉산데르 3세Alexander III(1845~1894)와 그의 가족들을 태우고 크림Krym 반도를 출발하여 상트페테르부르크로 가던 열차가 (현재 우크라이나Ukraina 동부에 위치한 마을) 보르키Borki의 기차역 인근에서 과속하다가 탈선하면서 발생한 사고. 사망자가 21명, 부상자가 30여 명에 달한 그 사고현장에서 '부서진 열차의 지붕을 황제가 자신의 양어깨로 떠받쳐 자신의 가족들을 상처 하나 없이 구해냈다'는 전설적인 일화가 전해진다.

지나지 않아 발생했기 때문입니다. 그때부터 모든 편지는 우송되는 도중에 압수되어 검열되어왔습니다.

'당신이 다시금 새로운 저서를 왕성하게 집필하여 완성했다'는 소식은 나를 대단히 기쁘게 해주었습니다. 내가 모든 가용수단을 동원하여 당신의 사상을 최대한 널리 전파하느라 애쓴다는 사실을 당신이 믿어주시면 고맙겠습니다. 몇 주일 전에 나는 당신의 저서들을 탐독해보라고 헨리크 입센에게 진심으로 권유했습니다. 당신에게는 입센도, 비록 서로 아주 멀리 있을망정, 친족처럼 느껴질 것입니다. 입센은 위대하고 강력하며 과묵하되 사랑할 만한 "가치"를 지닌 독창적 인물입니다. 스트린드베리는 자신의 가치를 당신이 인정했다는 소식을 들으면 기뻐할 것입니다. 나는 당신이 언급하신 프랑스어판 『기혼자들』을 모릅니다. 그런데 '프랑스어판에는 스웨덴어판 『기혼자들』에 수록된 가장 뛰어난 단편소설들뿐 아니라 특히 입센을 재치 있게 반박한 단편소설마저 모두 누락되었다'고 말해지더군요. 그렇지만 나는 스트린드베리의 희곡 『아버지Fadern』(스웨덴어판, 1887)를 읽었고, 그 희곡에 묘사된 훌륭한 장면도 발견했습니다. 나는 스트린드베리가 그 희곡을 즐거운 마음으로 당신에게 보냈으리라고 확신합니다. 사실 내가 그를 직접 만난 경우는 아주 드뭅니다. 그는 자신의 지극히 불행한 결혼생활을 몹시 부끄러워합니다. 그가 "지성적으로는" 아내를 멸시하면서도 "육체적으로는" 아내를 떠나지 못하니까 그러는 줄로 짐작됩니다. 그는 일부일처제를 신봉하는 여성혐오주의자입니다!

논쟁적 기질을 여전히 강하게 드러내는 당신이 나에게는 신기하게 보입니다. 나도 청년시절에는 열혈 논쟁꾼이었습니다. 지금 나는 오직 해설만 할 수 있을 따름입니다. 침묵은 나의 유일한 공격무기입니다. 나는 늑대인간들을 반대하는 팸플릿을 쓰기로 작심하느니 차라리 기독교를 공격하기로 작심할 것입니다. 바꿔 말하면, 나는 '늑대인간들에 대한 믿음'을 공격하느니 차라리 기독교를 공격하겠다는 말입니다.

그렇지만 나는 우리가 서로를 이해한다는 사실을 압니다. 나도 "파스칼을 사랑합니다." 그렇지만 청년기의 나는 (파스칼의 『시골친구들에게 보내는 편지들Les Provinciales』에 묘사된) '파스칼을 반대한 예수회수도사Jesuit들'을 "옹호"했습니다. 세상물정을 잘 알던 예수회수도사들은 당연히 옳았습니다. 그래도 파스칼은 그들을 이해하지 "않았습니다." 그렇지만 그들은 파스칼을 이해했고 ― 참으로 뻔뻔하고 영리하게 뛰어난 수완을 발휘하여! ― 그의 『시골친구들에게 보내는 편지들』에 주석까지 붙여서 출판했습니다. 그래서인지 그 책의 여러 판본들 중에도 예수회수도사들이 출판한 것이 가장 뛰어납니다.

교황을 반대한 루터에 대한 우리의 의견도 역시 일치하지 않습니다. 빅토르 위고Victor Hugo(1802~1885)는 자신의 시집 『가을낙엽들Feuilles d'Automne』(1831)의 서문에서 다음과 같이 멋지게 말합니다. "이 사람은 기생충 같은 자들의 회의를 소집하지만, 저 사람은 시스티나Sistina 성당의 천장에 성화聖畵를 그린다. 이곳에는 루터가 있지만 저곳에는 미켈란젤로가 있다 …… 지금 우리를 둘러싼 낡은 것들이 붕괴하는 이 시대에는 루터만 있고 미켈란젤로는 없다는 사실을 명심하자."

도스토옙스키의 얼굴을 유심히 보세요. 절반은 러시아 농부처럼 절반은 범죄자처럼 보이는 얼굴을, 넓적한 코를, 신경질적으로 떨리는 눈꺼풀 아래 도사린 작고 날카로운 두 눈을, 아주 잘 생긴 드높은 이마를,

'무수한 고통과 깊디깊은 우울증과 병적인 욕망들과 무한한 연민과 맹렬한 시기심을 웅변하는 의미심장한 입술'을 보세요! 간질병을 앓는 이 천재는 자신의 정신에 가득한 따스하고 인간적인 온정을, 자신의 두뇌까지 치솟으며 광기나 거의 다름없게 변질되는 과민성過敏性의 격랑을, 야심과 막대한 노력을, 인색한 영혼에서 생겨나는 악의를, 오직 자신의 겉모습으로써만 드러낼 따름입니다.

그가 창조한 인물들은 가난하고 비참한 자들일 뿐 아니라 천진난만한 숙맥들, 고급창녀들, 심심찮게 환각에 빠지는 자들, 선천성 간질병자들, 순교마저 불사하는 광신도들 ― 초기 기독교의 사도들과 신도들 사이에나 존재했을 유형의 인간들 ― 이기도 합니다.

확신컨대, 이런 인물들보다 르네상스로부터 더 멀리 떨어져있는 인물은 없을 것입니다.

나는 당신의 저서들 속으로 내가 진입할 수 있는 방법을 알아서 흥겹기 그지없습니다.

당신을 진심으로 존경하는 나의 마음은 변치 않을 것입니다.

기오 브란데스 드림.

22. 니체가 브란데스에게 보낸 편지

* 우표도 붙이지 않고 발신주소와 발신날짜도 적히지 않은 채 "1889년 1월 4일 토리노"라는 소인만 찍힌 (편지지便紙紙가 아닌) 모눈종이에는 어린이용 연필로 휘갈겨 쓴 다음과 같은 내용이 적혀있다.

나의 친구 기오에게

예전에 당신이 나를 발견했을 때 나는 발견되기가 무척 쉬웠습니다. 지금 나를 망각하기는 어려울 것입니다.

"십자가에 못박힌 자."

에필로그

막스 노르다우는 니체의 모든 저작을 미치광이의 산물들로 매도하려는 믿기지 않을 만치 야비한 시도를 해왔다. 그래서 나는 오직 니체가 나에게 보낸 마지막 편지에서만 강력한 흥분징후들을 드러냈다는 사실, 그리고 오직 니체가 그 편지에서만 광기를 드러내되 무절제하게 드러내지는 않았다는 사실을 강조하고 싶다.

그러나 이토록 총명하고 명석한 정신은 1888년이 끝날 무렵부터 광기를 표출하기 시작했다. 언제나 지극히 위대했던 그의 자긍심은 병적인 성격을 획득했다. 내가 받은 편지들에서 드물지 않게 표현되던 그의 명랑하고 정교한 자기반어自己反語들은 그의 작품들이 지닌 가치를 제대로 식별하지 못하는 독일대중을 향해 연달아 재폭발하는 분노들로 변해갔다. 대중의 무관심에 그토록 분노하는 모습은 1년 전에만 해도 소수의 지성적인 독자들만 원하던(본서 제2부 2번 편지) 지성을 소유한 니체에게는 어울리지 않았다. 그는 마침내 스스로에 관한 가장 드높은 사상들을 표현했다. 그는 『바그너의 경우』(의 「둘째 후기」)에 "나는 독일인들이 보유한 책들 중 가장 심오한 책을 독일인들에게 선물했다"고 썼다. 또한 그는 『우상들의 황혼』(의 「반시대인의 편력들」 제51절)에 "나는 인류가 보유한 책들 중 가장 심오한 책을 인류에게 선물했다"고 썼다. 그런 동시에 그는 자신이 미래에 획득할 것으로 기대한 명성을 '이미 획득했다'고 말하고 싶은 충동에 사로잡혔다. 그가 나에게 보낸 편지들을 읽은 독자들이라면 알다시피, 그는 파리와 상트페테르부르크에 거주하는 인물들 중 프랑스와 러시아에서 그를 유명하게 만들어줄 만한 인물들의 주소를 알려달라고 나에게 부탁하기도 했다. 나는 가장 유력한 인물들의 주소들을 선정하여 그에게 알려주었다. 그런데 그가 발송한 책들이 수신자들의 주소지들에 도착하기도 전에 그는 "그러므로 나는 독일에서 '상트페테르부르크와 파리에서는 이미 **연구되는** 인물'로 인식된다"라는 문장이 포함된 글을 독일의 어느 평론지에 기고했다. 그의 예의범절감각이 교란되기 시작했다는 사실은 그가 테니셰프 공작부인에게 책을 발송했을 때(본서 제2부 18번 편지)부터 이미 증명되었다. 니체의 책을 받고 매우 놀란 공작부인은 내가 그녀에게 추천한 기이한 친구의 정체를 묻는 편지를 나에게 보내왔다. 왜냐면 니체는 그녀에게 보내는 책의 소포에 발신자 이름을 "반그리스도"라고 적어서 무례를 범했기 때문이다. 그런 한편으로 니체의 광기서린 가엾은 마지막 편지를 받은 나는 얼마 지나지 않아 또다른 사람이 비슷한 편지를 받았다는 소식을 들었다. 내가 받은 니체의 마지막 편지가 발송된 날짜와 같은 날짜에 발송된 것으로 추정되는 그 편지에는 '니체가 젊은 독일황제를 총살하려고 로마에서

---

60)   여기서 "광기서린 가엾은 마지막 편지"는 니체의 이른바 "광기편지狂氣便紙"들 중 하나이고, "또다른 사람"은 스트린드베리로 추정된다. 니체가 1888년 12월 31일~1889년 1월 5일에 발송한 광기편지들의 수신자들 중에는 브란데스뿐 아니라 스트린드베리, 페터 가스터, 야콥 부르크하르트, 오버베크, 코지마 바그너도 있었다.

군주들의 회합을 소집할 작정이다'라는 요지의 내용과 함께 "니체-카이사르"라고 서명되어있었다고 한다. 내가 받은 편지에는 "십자가에 못박힌 자"라고 서명되어있었다. 그러므로 과대망상의 극에 달한 이 위대한 정신이 역사상 그토록 강렬히 대비되는 최대위인 두 명과[61] 자신을 동일시하느라 오락가락한 것은 분명했다.

　그런 천재가 단 몇 주일 만에 비할 데 없이 가련하고 무기력한 피조물로 전락해가는 급변은, 더구나 그런 정신의 생명력이 거의 마지막으로 터뜨렸을 섬광이 영원히 소멸해가는 급변은, 너무나 애처로워서 차마 직시하기 힘든 것이었다.

---

61)　예수 그리스도와 율리우스 카이사르.

제3부

니체의 특징들
(1900년 8월)

위대한 개인의 죽음은 우리의 기억에서 반쯤 망각된 이름을 이따금 상기시키곤 한다. 그럴 때면 우리는 잠시나마 그 이름을 널리 알리는 상황들이나 사건들, 저작들이나 업적들을 발굴한다. 그러나 비록 프리드리히 니체가 자신의 침묵하는 광기 속에서 무려 11년 6개월간이나 생존하다가 (1900년 8월 25일에) 세상을 떠났어도, 굳이 그의 작품들이나 명성을 부흥시키려는 노력이 시도될 필요는 전혀 없을 것이다. 왜냐면 니체가 '광기의 밤'에 휩싸인 그 세월을 생존하는 동안 그의 이름은 이 시대의 어떤 영명榮名도 획득하지 못할 영광을 획득했고, 그의 작품들은 세계의 각국언어들로 번역되어 세계전역에 알려졌기 때문이다.

니체가 독서세계讀書世界의 철저한 무관심에 대항하여 힘겹게 고군분투하던 시절부터 니체를 지켜보고 응원해온 우리 같은 사람들 중에도 연장자年長者들에게는 '니체의 부활이 가장 압도적으로, 그리고 범세계적으로, 이토록 유래 없이 빠르게 달성되었다는 사실'보다 더 놀랍게 보이는 것은 없을 것이다. 지난 5~6년간 니체의 — 지금에는 다소나마 이해되기는 해도 여전히 오해될 뿐더러 무의식적으로 서툴게 모방되기도 하는 — 지식주의知識主義경향은 프랑스, 독일, 잉글랜드, 이탈리아, 노르웨이, 스웨덴, 러시아에서는 문학계의 대부분을 지배하는 경향으로 변했다. 예컨대, 이탈리아의 극작가 겸 시인 가브리엘레 다눈치오Gabriele D'Annunzio(1863~1938)는 이런 니체 정신의 영향을 받은 대표적인 문학인이다. 니체의 인생을 비극적인 것으로 만든 모든 사연에 추가될 사연이 하나 더 있는데, 그것은 병적이리만치 인정받기를 갈망하던 니체가 목숨만 유지한 채로 삶에서 퇴출당했을 무렵에야 비로소, 그러나, 터무니없으리만치 굉장한 인물로서 인정받았다는 것이다. 독일 루터주의교회목사의 아들이고 폴란드 귀족의 후손으로 인정받고자 무던히도 애썼으며 '자신의 저작들이 독일에서 집필되었어도 프랑스에서 인정받는다'는 사실을 자랑스러워하던 니체보다 동시대인들의 마음을 더 강하게 사로잡고 더 강하게 감동시킬 수 있던 인물은 1890~1900년 10년간 한 명도 없었다는 것은 분명한 사실이다. 그래서인지 니체의 성격에 함유된 사소한 약점은 그가 자신의 삶과 작품에 부여한 양식樣式의 위대성에 묻혀서 망각되었다.

　니체의 신속하고 압도적인 승리를 설명하려는 사람에게는 현대 심리생활心理生活의 비밀을 풀 수 있는 열쇠가 필요할 것이다. 시대의 모든 본능은 니체를 반대하는 듯했지만, 니체는 시대를 매혹했다. 시대는 압도적인 민주주의의 시대였지만, 니체는 귀족주의자로서 시대의 총애를 받았다. 시대는 종교적 반동의 거센 파도에 휘말렸지만, 니체는 확고한 비非종교적 태도로써 그런 파도를 극복했다. 시대는 가장 어렵고 원대한 사회문제들과 싸웠지만, '시대의 사상가'이던 니체는 그 모든 문제를 부차적 중요성을 지닌 것들로 격하해버렸다. 니체는 현대 인도주의 humanitarianism의 적대자요 '인도주의적 행복론幸福論'의 적대자였다. 그는 연민, 이웃사랑, 이타심利他心이라는 가면들 밑에는 수많은 저급하고 비열한 것들이 숨어있을 수 있다고 증명하느라 열심히 노력했다. 그는 염세주의를 공격했고 낙천주의를 비웃었다. 그는 '신학자들의 독단론dogma들을 공격하던 18세기의 사상가들'처럼 맹렬하게 철학자들의 도덕론들을 공격했다. 그는 종교를 탈피한 비非종교인이 되었고 도덕을 탈피한 비非도덕주의자가 되었다. 그런데도 당대의 볼테르주의자Voltairian(종교적 관용주의자)들은 니체의 지지를 받지 못했는데, 니체는 신비주의자이기도 했기 때문이다. 그리고 당대의 아나키스트들은 니체를 '지배자들과 계급제도caste들의 광신자'로 간주하여 거부해야 만했다.

이 모든 사연을 감안하건대, 니체는 우리시대를 격동시킨 많은 것들과 다소 은밀한 방식으로 조응해온 인물이 틀림없다. 그렇지 않다면 우리시대가 니체를 그렇듯 신속하게 대대적으로 받아들이지 않았을 것이다. 그래서 오늘날 어떤 저자가 니체를 안다거나 니체와 어떤 식으로든 연결된다는 것이 사실로 인정되기만 해도 그 저자는 충분히 — 때로는 자신의 모든 저작 덕분에 유명해질 수 있는 경우보다 더 — 유명해질 수 있다.

청년 니체가 쇼펜하워와 리하르트 바그너의 자질들 중 최고로 꼽아 감탄한 것은 "문화를 가진 세계 전체가 그들에게 격렬한 비난을 퍼붓는 와중에도 독립독행하는 자신감을 유지한 그들의 식을 줄 모르는 에너지"였다. 니체는 이런 그들의 자신감을 자신의 것으로 만들었고, 이런 니체의 자신감이 사람들의 기억에 니체를 각인시킨 첫째 요인이었다는 것은 의심할 나위없다.

다음으로 니체는 자신이 '사상가로서' 쓴 잠언들을 분명히 감득感得하지 못하는 사람들에게 '예술가로서' 감득시켰다. 니체는 모든 정신적 명민함을 겸비한 뛰어난 시인이었다. 1888년 가을 니체는 하인리히 하이네에 관해서 다음과 같이 썼다.

그는 참으로 능수능란하게 독일어를 다룬다! 그러므로 언젠가는 하이네와 내가 역사상 독일어를 가장 잘 다룬 예술가들이었다고 말

해질 날이 오리라.[1]

독일인이 아닌 사람은 니체의 탁월한 독일어솜씨를 완벽하게 음미하지는 못할 것이다. 그러나 오늘날 독일어에 통달한 모든 사람은 니체를 '독일어를 가장 능숙하게 다룬 위대한 문장가'로 호칭하는 데 동의한다.

니체의 심오하고 원대한 심리세계는 그의 동시대인들에게 깊은 인상을 심어준 둘째 요인이었다. 그의 정신적 삶에는 심연들과 미궁들이 도사린다. 니체의 자기관조自己觀照는 니체에게 막대한 탐구자료를 공급했다. 게다가 니체는 자기관조로 만족하지 않았다. 그의 지식열망은 뜨거웠다. 그는 그런 자신의 지식열망을 다음과 같이 말했다.

이 영혼에는 어떤 이타심도 없다. 그런 반면에 이 영혼은 자신의 고유한 눈으로 많은 것을 볼 수 있고 자신의 고유한 손으로 많은 것을 움켜쥘 수 있는 '모든 것을 욕망하는 자아'를 품었다. 이런 나의 영혼은 심지어 모든 것을 과거로 되돌릴지언정 자신이 가질 수 있는 어떤 것도 잃지 않으려 할 것이다. 이런 나의 열망은 뜨겁게 타오르는 화염火焰이리라!

니체의 시적詩的 자질과 비판적 자질은 똑같이 강력하게 발전하면서 멋들어지게 결합했다. 그렇지만 그런 결합이 오히려 니체의 사사로운 인

---

[1]   니체, 『이 사람을 보라』 제2장 「내가 이토록 명석한 이유」 제4절. 브란데스가 이 글을 쓸 당시에는 물론 『이 사람을 보라』는 정식으로 출판되지 않았다. 그러나 니체는 1888년 11월 20일 브란데스에게 보낸 편지(본서 제2부 20번 편지)에서 자신이 『이 사람을 보라』를 완성했다고 밝히고 브란데스에게 읽어보기를 권했다. 이것은 곧 니체가 브란데스에게 『이 사람을 보라』의 원고를 필사본이나 복사본의 형태로 편지와 함께 보냈다는 사실을 방증해준다.

간관계들을 결렬시켰고, 그런 결렬은 (키에그고의 이력과 많은 면에서 흡사한) 니체의 이력에서 유지될 수 있었을 품위의 일부를 박탈해버렸다. 니체는 어쩌다가 뛰어난 개성인격자와 조우할 때면 자신의 모든 시적 자질로 무장하고 환호성을 지르며 그 개성인격자를 반신반인半神半人이나 신神(쇼펜하워와 바그너)으로 영접하여 숭배했다. 그랬어도 나중에 자신의 영웅들이 지닌 한계들을 발견한 니체의 열광적 숭배는 쉽사리 증오로 변했고, 그런 증오는 자신의 옛 영웅들을 조금도 배려치 않고 거침없이 표출되었다. 이것은 바그너에 대한 니체의 무례한 언동이 선연하게 드러내는 특징이다. 그러나 니체가 이렇듯 품위를 잃었다는 사실이 '똑같은 견지에서 얼마간 품위를 잃은 시대의 니체 예찬자들'을 증가시키는 데 일조했는지 여부를 과연 누가 알겠는가!

인생말년의 니체는 사상가로 보이기보다는 오히려 예언자로 보인다. 그는 "초인"을 예언한다. 그리고 그는 자신의 예언을 논리적으로 입증하려는 어떤 시도도 하지 않고, 단지 자신의 본능 — 스스로를 '삶-증진원리'의 대변자로 확신하고 '삶의 적대자들에 대한 반대자들'의 대표자로 확신하는 본능 — 이 정확하며 확실하다고 믿는 자신감에만 의존하여 예언을 시작한다.

니체가 볼 때 '삶의 목적은 어디에서나 천재의 작품이다.' 오늘날 고급인간은 불가해한 방식으로 격동하는 인류의 미래를 싣고 항해하는 배와 같으며, 이런 배들 중 한 척 내지 몇 척은 항해하다가 부서지거나 난파된다. 그러나 창조자 한 명이 파멸해도 인류는 파멸하지 않는다. 우리가 알다시피, 인간은 '동물과 초인을 잇는 교량'에 불과하다. 즉 인간은 '동물에서 초인으로 변이하는 과정'에 불과하다. 인간이 원숭이가 되면 웃음거리로 전락하거나 치욕스러워질 것이므로, 인간은 초인이 되어야 할 것이다. 여태까지 모든 생물종은 자신을 능가하는 어떤 것을 생산해왔다. 니체는 인간도 그리할 것이고 또 마땅히 그리해야 한다고 가르친다. 니체는 다윈의 학설에서 이런 결론을 도출했지만, 정작 다윈은 자신의 학설에서 이런 결론이 도출될 수 있다는 사실을 몰랐다.

19세기의 마지막 10년간 니체와 톨스토이Lev Tolstoy(1828~1910)는 서로 지극히 상반되는 인물들로 보였다. 니체의 도덕은 귀족도덕이요 개인주의도덕인 반면에 톨스토이의 도덕은 민중도덕이요 기독교복음주의도덕이다. 니체의 도덕은 개인의 자주권自主權을 강조하는 반면에 톨스토이의 도덕은 자기희생의 필요성을 강조한다.

같은 기간에 니체와 입센도 이따금 비교되었다. 니체처럼 전투적 정신의 소유자이던 입센은 정치적·실용적 생활을 전혀 아랑곳하지 않았다. 이 두 사람 다 자신이 보잘것없는 가문의 후손이 아니라고 강조했다는 사실은 첫째 공통점이다. 입센은 나에게 보낸 편지에서 '자신의 부친과 모친이 모두 노르웨이의 도시 시엔에서 가장 존경받던 가문들의 후손들이고, 또 그 가문들은 시엔과 노르웨이의 모든 귀족가문과 유관했다'고 강조했다. 그런데 시엔은 '세계-도시'가 결코 아닐 뿐더러 시엔의 귀족사회도 외부에는 거의 알려지지 않았다. 그래도 입센은 '노르웨이의 상류계급에 대한 자신의 신랄한 비판이 나머지 계급들의 억하심정과 질투에서 비롯된 것은 결코 아니라는 사실'을 분명히 밝히고 싶었다.

니체는 언제나 자신이 폴란드 귀족가문의 후손이라고 지인들에게 말

---

2)　　Skien: 노르웨이 남부 텔레마르크Telemark 주州의 주도州都이고 입센의 출생지.

했다. 그렇지만 그는 자신의 혈통을 입증할 만한 어떤 족보도 보유하지 않았다. 그와 편지를 주고받은 사람들은 그의 말을 귀족주의자의 변덕에서 비롯된 농담 같은 것으로 받아들였다. 그랬던 까닭은 무엇보다도 그가 증거로 내세운 니에츠키Nièzky라는 성씨의 철자綴字가 폴란드어법에 어긋났기 때문이다. 그러나 사실은 달랐다. 그 성씨의 진짜 철자는 니츠키Nicki이고, 니체를 존경하는 베르나르트 샬리트라는 폴란드 청년은 니체 가문의 가보家寶로 수세기간 상속된 어느 도장圖章에서 발견한 니츠키 가문의 문장紋章을 증거로 제시함으로써 니체가 니츠키 가문의 후손이라는 것을 증명하는 데 성공했다.[3] 그러므로 샬리트가 '폴란드 선조들로부터 유전된 슐라흐치츠(귀족) 정신의 표현'을 니체의 '자주권자-도덕'과 '완전히 귀족화된 세계관'에서 발견했을 가능성도 없지는 않았을 것이다.

니체와 입센은 서로 어떤 교류도 하지 않았지만 르낭처럼 '도덕적 귀족들을 양성하기 위한 계획'을 구상했다. 그것은 입센의 로즈메르가[4] 즐겨한 구상이었다. 슈톡만 박사도[5] 같은 구상을 즐겼다. 그래서 차라투스트라가 초인을 인류의 지상목표로 고지告知하기 전에 니체는 귀족적 인간을 인류의 최우선목표로 내세웠던 것이다.

니체와 입센은 심리학의 영역에서 이따금 공통점을 드러낸다. 입센은 자신의 희곡 『야생오리Vildanden』(1884)에서 '삶을 위한 거짓말은 필요하다'고 말한다. 삶을 너무나 사랑한 니체에게는 심지어 진리조차 오직

---

3) Bernard Scharlitt(1877~?): 폴란드의 음악가 쇼팽Frédéric Chopin(1810~1849)의 전기傳記인 『쇼팽』(1919)을 집필한 저자로 알려진 인물.

4) Rosmer: 입센의 희곡 『로즈메르 가문의 저택Rosmersholm』(1886)에 나오는 주인공.

5) Dr. Stockmann: 입센의 희곡 『민중의 적En folkefiende』(1882)에 나오는 등장인물.

삶을 유지하고 증진하는 데 이바지하는 경우에만 유가치한 것으로 보였다. 그에게 거짓말은 오직 삶을 위축시키는 것인 한에서만 유해한 파괴력을 발휘하는 것으로 보였다. 그래서 그는 삶을 위한 거짓말이 필요한 곳에서는 거짓말을 반대할 필요가 없다고 보았다.

기이한 사실은 예수회의 교리를 혐오하는 니체 같은 사상가가 예수회의 교리로 직결되는 이런 관점에 도달하고 말았다는 것이다. 이 사실만 놓고 보면 니체는 자신의 많은 반대자들과 닮았다.

입센과 니체는 모두 고독했다. 그러면서도 그들은 자신들의 작품들이 겪을 운명에 완전히 무관심했다. 슈톡만 박사는 '가장 강한 인간은 가장 고독한 인간이다'고 말한다. 그렇다면 가장 고독한 인간은 입센이었을까 니체였을까? 입센은 타인들과 제휴하기를 한사코 거부하면서도 자신의 작품을 일반관객들이 가득한 극장에서 공연했다. 니체는 사상가로서 고독을 즐겼지만, 자신을 이해하고 널리 알릴 사람들을 끊임없이 물색한 — 그러나 대부분의 경우에 허탕만 치고 말았던 — 인간으로서, 그리고 의식을 잃기 전에는 일반 독자들이 읽지 않거나 오해하기 일쑤이던 저서들을 집필한 저자로서 고독했다.

'만약 운명이 변덕을 부렸다면 니체가 입센을 동지로 여겼을지, 입센이 니체를 동지로 여겼을지, 아니면 둘 다 서로를 동지로 여겼을지 여부'를 우리가 쉽게 판단할 수는 없다. 더구나 '현대 정신에 가장 깊은 영향을 끼친 사람은 둘 중 누구인지, 그리고 명성을 가장 오래도록 유지할 사람은 둘 중 누구일지' 우리가 판별하기는 훨씬 더 어렵다. 그러나 우리가 이런 것들을 굳이 판단하거나 판별할 필요는 없다. 니체의 가르침이 전파된 모든 곳에서, 그리고 그의 위대하고 희귀한 개성인격이 충분히 파악된 모든 곳에서, 그의 가르침과 개성인격은 강대한 매력을 발휘하는 만큼 강력한 반감反感도 유발할 것이다. 그럴지라도 그의 가르침과 개성인격은 앞으로 개인의 개성인격을 발달시키고 가다듬는 데 이바지할 것이다.

제4부

니체의 『이 사람을 보라』
(1909년)

니체전집이 완간(1906년)되자 마침내 프리드리히 니체의 유고저서 『이 사람을 보라』를 세상에 내놓기로 결심한 푀르스터-니체 부인은 '오직 구매신청자들에게만 비싼 가격으로 판매해야 한다'는 조건을 수용한 라이프치히의 인젤-베를라크Insel-Verlag 출판사에 『이 사람의 보라』의 출판권을 넘겨주었다. 이전까지 그녀는 『이 사람을 보라』를 니체전집에 포함시키지 않고 20여 년간 육필원고 상태로 보관했다. 왜냐면 그녀는 '독일의 일반 독자들이 『이 사람을 보라』를 올바로 이해할 만큼 성숙하지 않았다'고 추단했기 때문이다. 우리는 분명히 '게르만주의(=독일주의)와 기독교에 대한 『이 사람을 보라』의 태도가 독자들의 극심한 반발을 촉발할까봐 그녀가 두려워해서 그렇게 추단했다'고 해석할 수 있을 것이다.

니체가 독일의 정신세계를 확실히 지배하고 유럽의 타국들에서는 물론 아메리카에서도 막대한 영향력을 발휘하는 지금 『이 사람을 보라』는 감동적으로 읽히면서도 신중히 비판될 것이 확실하다.

『이 사람을 보라』는 니체가 혼절하기 거의 직전인 1888년 10월 15일부터 11월 4일까지 남은 활력을 총동원하여 집필한 일종의 자서전이다. 이 자서전에는 니체가 이전에 출간한 저서들의 특징들도 간명하게 정리되어있다.

다른 저서들에서처럼 이 자서전에서도 니체의 사상들은 '상승과 하강,' '성장과 퇴락'이라는 근본개념들을 중심으로 설파된다. 자신을 이런 개념들과 관련지어본 니체는 자신을 고질병과 만성고통에 시달려온 '데카당'으로 생각한다. 그렇지만, 그런 동시에, 그는 자신을 고질병의 영향을 받지 않는 심오한 자아를 간직한, 아니, 심지어 고질병의 공격에 시달리면서도 오히려 증가하는 강력하고 풍부한 생명력을 보유한, '데카당의 정반대자' ― 즉, 삶의 더 높은 형식으로 자신을 상승시키는 과정에 있는 존재 ― 로 생각한다. 그는 '병든 인간에게는 염세주의를 누릴 권리가 없다'고 명징하게 실감했으므로 '자신의 생명력이 가장 약하던 해[年]들'이 바로 '자신의 모든 우울증을 떨쳐내고 살아가는 기쁨과 살아가려는 열의를 되찾던 해들'이었다는 사실을 거듭 강조한다.

『이 사람을 보라』의 서두에서 니체는 자신의 개인적 사실들을 솔직히 서술함과 아울러 자신의 아버지에 관한 기억도 다정하고 자랑스럽게 서술한다. 니체의 아버지는 루터주의교회목사로 서임되기 전에 알텐부르크에서 공주 네 명을 가르친 가정교사로 일했다. 니체의 아버지는 프리드리히 빌헬름 4세를 존경해서 아들 니체의 이름을 호엔촐레른Hohenzollern 왕가의 남성용 이름인 '프리드리히 빌헬름'으로 지었고, 1848년의 사건들로부터 매우 깊은 인상을 받았다. 니체의 아버지가 서른여섯 살에 요절했을 때 니체는 다섯 살에 불과했다. 그렇지만 니체는 고상하고 섬세한 것들의 세계에서 편안할 수 있는 자신의 능력을 아버지로부터 물려받았다고 생각한다. 그런데도 니체는, 역시나 『이 사람을 보라』에서도, 자신이 폴란드 귀족가문의 후손일 수 있다는 가설을 잊지 않고 내세운다. 그러나 정작 니체는 이 가설의 진위여부를 몰랐고, 샬리트가 니체 가문의 문장紋章을 조사한 결과 덕분에 그나마 이 가설이 사

---

1) Altenburg: 독일의 라이프치히 남쪽에 위치한 이 도시는 1603~1672년과 1826~1918년에 작센-알텐부르크Sachsen-Altenburg 공국의 수도였다.

2) Friedrich Wilhelm IV(1795~1861): 프로이센의 왕(1840~1861재위). 그의 보수주의정책은 1848년 독일에서 이른바 "3월 혁명"을 촉발시킨 요인으로 작용했다.

3) einer Welt hoher und zarter Dinge.

실로 확인될 수 있었을 따름이다.

니체는 우리가 '승리한 개성인격자'로 호칭해야 할 인물로 자신을 묘사한다. 그는 "자신에 대한 악감정을 유발하는 술책을 전혀 모르는" 사람이었다. 그는 모든 맹수를 온순하게 길들일 수 있다. 그는 심지어 어릿광대들조차 점잖게 행동하도록 만든다. 그는 불협화음만 내는 불량악기不良樂器 같은 "인간"도 달래고 얼러서 유쾌한 음률을 자아내게 만들수 있다. 그가 대학교수였을 때 가장 게으른 학생조차 그의 가르침을 받으면 가장 근면한 학생으로 변했다. 여느 악의적인 언동도 그를 화나게 하지 못했다. 심술쟁이들보다는 오히려 가련한 자들이 그에게 더 깊은 상처를 주었다.

더구나 그는 보복감정이나 원한감정을 표출하지 않았다. 그와 기독교의 충돌은 원한감정들을 반대하는 그의 사상을 예시하는 많은 사례들 중 하나에 불과하다. 그가 전사戰士의 본능을 타고났다는 것은 완전히 다른 문제이다. 그렇지만 그는 자신의 공격목표들을 확실히 분별했고, 사사로운 개인들을 상대로는 전투하지 않았으며, 오직 자신의 공격목표로 설정한 인간형人間型들만 상대로 전쟁했다. 그래서 그에게는 다비트 슈트라우스가 단지 "문화속물"로만 보였을 따름이다.

니체는 자신을 지극히 활기차고 민감한 청결본능의 소유자로 생각한다. 그는 자신과 처음 접촉하는 타인의 본성 맨 밑바닥에 숨겨진 오점도 감지한다. 그래서 불결한 자들은 니체와 함께 있으면 불안해진다. 니체의 꿰뚫어보는 시선을 의식하는 순간부터 그들의 유쾌한 기분은 잦아들기 시작한다.

그리고 니체가 자신의 진정한 심리학과 함께 자신을 최대위험인물로 만드는 — 바꿔 말하면, 자신의 정신을 건강하고 조화롭게 유지시켜주는 — 요인으로 꼽는 것은 바로 자신의 인류혐오감이다.

인류혐오감은 고대인들이 '염세厭世'라고 말하던 것에 가장 알맞은 현대적 표현이 틀림없다. 니체가 인류혐오감을 경험하기 전까지 아무도 그런 혐오감의 존재를 몰랐다. 예컨대, 만약 오늘날 젊은이들이 인생후반기의 프리드리히 대왕을 인간경멸감에 철저히 사로잡혔던 인물로 이해한다면, 그런 젊은이들은 대왕의 인간경멸감을 대왕이 반드시 극복했어야 할 유감스러운 습벽으로 간주할 것이다. 왜냐면 당연히도 대왕은 자신의 주위에는 '이익과 권세를 탐하여 아부와 아첨을 일삼는 간신배들'뿐이라고 생각했을 것이 틀림없기 때문이다. 그러나 인류혐오감은 '자신의 무의식에 잠재한 수백 가지 활력들을 먹고 자란 인간'을 급습하여 강점해버리는 폭압적인 감정이다. 인간은 그런 감정을 마음속에서 무의식적으로 오랫동안 향응饗應하고 나서야 비로소 그런 감정이 현존한다는 사실을 깨달을 수 있다.

'니체는 인류혐오감을 극복했다'고 말해질 수는 없다. 왜냐면 그는 그 감정을 탈주하여 고독 속에 은거했고, 인간세상을 벗어난 냉랭하고 신선한 활력들에 감싸인 산악에서 고독하게 살았기 때문이다.

그래서 니체가 비록 개인들을 혐오하는 감정은 전혀 느끼지 않았을지라도 그의 인류혐오감은 특정한 인간집단을 향해 분출되었다. 이것은 '그가 자신의 마음속에서 독일인들에 대한 자신의 노골적인 혐오감을 향응한 — 아니, 차라리, 응원하고 부추겨서 강화한 — 결과 자신의 모든 저작에서 그런 혐오감을 기어코 분출했다'는 사실로 예증된다. 이런 그의 혐오감은 잉글랜드인들에 대한 바이런의 혐오감, 프랑스인들에 대한 스탕달의 혐오감, 독일인들에 대한 하이네의 혐오감을 어렴풋이 상기시킨다. 그러나 니체의 혐오감은 스탕달이나 하이네의 혐오감보다 더 맹렬한 성질을 지녔을 뿐 아니라 고유한 자기정념自己情念과 자기경멸감自己輕蔑感도 겸비했다. 물론 니체는 그런 혐오감을 처음에는 전혀 드러내지 않는다. 니체가 자신의 첫 저서 『비극의 탄생』에서 드러낸 독일에 대한 편애감정은 하이네가 자신의 첫 저서⁴⁾에서 드러낸 낭만주의시대 독일에 대한 편애감정만큼이나 강했다. 그러나 니체는 이후 발달을 거듭하면서 게르만주의(=독일주의)를 피해 멀찍이 달아나버렸고, 그 결과 『이 사람을 보라』에서는 "게르만(=독일인)"이라는 단어는 그가 할 수 있는 가장 심한 욕설 같은 것으로 변해버렸다.

니체는 오직 프랑스 문화만 신뢰했고 다른 모든 문화를 오해의 소산들로 간주해버렸다. 그는 자신이 가장 높게 평가하는 프랑스인들이 독일정신에 감염되었다는 사실을 알고 분노했다. 그는 이폴리트 텐이 헤겔의 영향을 받아서 타락했다고 생각한다. 만약 텐이 원래부터 소유했던 근본적으로 프랑스적인 어떤 요소를 헤겔이 박탈해버렸고 텐의 예찬자들 중 일부가 텐의 그런 상실을 지금까지 뼈아프게 느껴왔다면, 니체의 이 견해는 옳다. 그러나 니체는 '헤겔을 연구한 결과가 텐의 프랑스적인 요소를 박탈함과 동시에 텐의 지식범위확대知識範圍擴大로 일컬어질 만한 과정도 촉진했다는 사실'을 간과한다. 그래서인지 니체는 자신의 견해를 '독일은 발을 뻗는 모든 곳의 문화를 황폐하게 만든다'는 일반론만큼이나 협소하게 일반화하는 데 만족한다.

---

4)   하이네, 『낭만주의Die Romantik』(1820).

니체는, 독일국민의 자존심에 뚜렷한 상처를 입히기로 작정한 듯이, '시詩'의 최상개념을 자신에게 알려준 시인은 (괴테가 아닌) 하인리히 하이네였다'고 단언할 뿐 아니라, '바이런의 『맨프레드Manfred』(1817)에 관해서는 자신은 철저히 묵언할 따름이지만 혹시라도 이 작품 앞에서 (괴테의) 『파우스트』(1831)를 감히 거명하는 자들만은 반드시 색출하겠다'고 단언한다. 『맨프레드』와 자신의 접속관계를 지속적으로 강조하는 니체는 독일인들이 '위대성'의 어떤 개념도 이해할 줄 모른다고 주장한다. 니체는 『맨프레드』를 이토록 편애하여 『파우스트』보다도 높은 위상에 올려놓았다.

　니체는 자신의 가장 깊은 본능들을 따라 자신은 이제 독일의 모든 것을 완전히 낯설게 보는 외국인과 같아져서 독일인과 같은 곳에 있기만 해도 "소화불량에 걸릴 지경이다"고 주장한다. 니체에게 독일지식인들은 소화불량환자들로 보인다. 그들은 아무것도 결코 완전히 소화하지 못한다. 만약 니체가 바그너를 그토록 열광적으로 숭배했다면, 그리고 자신과 바그너의 막역한 친분관계를 여전히 자신의 생기를 회복시켜 주는 가장 심오한 계기로 여겼다면, 그 까닭은 그가 바그너에 내재된 외국인을 존경했기 때문이고 또 자신의 내면에서 모든 독일적인 덕목에 항거하는 자들의 화신을 발견했기 때문이다. 니체는 『바그너의 경우』에서 '독일민족주의를 예찬한 리하르트 바그너는 의붓아비 루트비히 가이어[5]의 친아들로 보이는 만큼 유대인에 속한다'고 암시한 바 있다. 니체는 다음과 같이 말한다. "청년기의 나는 바그너 없이는 못 살았을 것

---

5)　　Ludwig Geyer(1779~1821): 독일의 배우, 극작가, 화가.

이다. 나는 어쩔 수 없이 독일인들의 사회에서 살아야 했으므로 반드시 해독제解毒濟를 복용해야만 했는데, 바그너가 바로 그런 해독제였다."

그리고 니체는 이례적으로 자신의 감정을 일반화해서 말한다. "우리가 아직 어리던 1850년대에는 '독일'의 개념을 생각하면 필연적으로 염세주의자들이 될 수밖에 없었다. 그래서 우리는 혁명가들이 되지 않으면 아무것도 될 수 없었다." 이어서 니체는 다음과 같이 덧붙인다. "우리는 점잔빼는 위선적인 고집쟁이를 권좌에 등극시킬 수 있는 어떤 상황도 일절 용납하지 않기로 합의할 수 있다."(그러므로 회프딩이 자신의 저서 『현대 철학자Moderne Filosofer』에서 "급진주의"라는 용어를 니체에게 적용하기를 반대하느라 전개하는 반론은 틀렸다.) 바그너는 혁명가였다. 그래서 바그너는 독일인들을 피해서 달아났다. 그리고 니체는 예술가 같은 인간은 파리 같은 도시를 가장 편안하게 느낀다고 덧붙이지만, 참으로 이상하게도 니체는 파리를 한 번도 방문하지 않았다. 니체는 바그너를 프랑스 낭만주의의 거장들 — 들라크루아Eugène Delacroix(1798~1863), 베를리오즈Hector Berlioz(1803~1869), 보들레르Charles Baudelaire(1821~1867) — 와 같은 반열에 올려놓지만, 현명하게도 프랑스 제국의 파리에서 열린 바그너 오페라 공연기념연회에 관해서는 침묵했다.

이렇듯 니체가 프랑스를 바라보는 관점 — 전통적이고 협소한 프랑스관觀 — 은 노년의 볼테르가 셰익스피어를 바라보던 관점과 모든 면에서 흡사하다. 니체는 자신의 다른 저서들에서도 그랬듯이 『이 사람을 보라』에서도 자신의 예술가적 취향은 셰익스피어 같은 야생적 wüstes 천재에 대한 '시기심을 철저히 감추지 못하는nich ohne Ingrimm' 몰리에르Molière(1622~1673), 코르네유Pierre Corneille(1606~1684), 라신Jean

Racine(1639~1699)을 지지한다고 선언한다. 그래놓고 니체는 참으로 이상하게도 셰익스피어의 시저(=카이사르)를 '셰익스피어가 창조한 가장 멋진 인물'로 거듭 평가하는 미온적인 태도를 보이면서 "나는 셰익스피어의 업적들 중에도 카이사르의 전형을 발상한 그의 업적을 가장 높게 평가한다"고 말한다. 이 대목에서 '셰익스피어의 이름으로 창작된 작품들의 진짜 저자는 셰익스피어가 결코 아니다'고 여기는 불행한 망상에 니체마저 동의한다는 사실도 기억되어야 할 것이다. 니체는 '셰익스피어의 작품들은 프랜시스 베이컨Francis Bacon(1561~1626)의 작품들이다'고 "본능적으로" 확신한다. 더구나 니체는 그런 어리석은 망상의 무근거성이 거듭 증명되었다는 사실도 무시하면서 자신의 억측을 뒷받침하려고 기괴한 주장을 펼친다. 니체의 주장인즉슨, 만약 자신이 『차라투스트라』를 자신의 본명이 아닌 필명 — 예컨대, '바그너'라는 필명 — 으로 출판했더라면, 향후 2천 년이 흘러도 그 저서의 원저자는 짐작되지도 못할뿐더러 『인간적인 너무나 인간적인』의 저자가 바로 차라투스트라의 선견지명들을 발상했다'는 사실도 전혀 믿기지 않으리라는 것이다.

　그는 독일철학자들을 전혀 존중하지 않는다. 그에게 라이프니츠G. W. Leibniz(1646~1716)와 칸트는 "유럽의 지식통합을 가로막은 최대방해자 두 명"에 불과한 독일철학자들로 보였다. 니체는 '라이프니츠와 칸트가 완전히 과학적인 사고방식을 습득하자마 "낡은 이상理想"으로 회귀하는 샛길을 찾느라 애쓰기 시작했다'고 본다. 니체는 독일음악가들의 모든 명예마저 극렬히 부정하면서 다음과 같이 말한다.

독일인은 음악을 **모른다**. 독일음악가들로 알려진 사람들은 외국인들, 즉 슬라브인들이나 크로아티아인들이나 이탈리아인들이나 네덜란드인들이나 유대인들이다. …… 나는 폴란드인이라서 쇼팽을 위해서라면 — 바그너의 관현악곡 『지그프리트 목가Giegfried-Idyll』와 프란츠 리스트의 작품 몇 건 …… 이탈리아의 롯시니Gioachino Rossini(1792~1868)의 음악 …… 피에트로 가스티Pietro Gasti의 음악을 제외한 — 다른 모든 음악을 포기할 수 있다.[6](여기서 '피에트로 가스티'라는 이름은 니체가 총애한 제자로서 '페터 가스트'라는 필명을 사용한 '쾨젤리츠'를 가리키는 것으로 보인다.)

니체는 독일인들을 "이상주의자들"로 간주하여 몹시 혐오한다. 니체에게 '모든 이상주의는 필연성을 아랑곳하지 않는 허위들이다'고 말한다. 니체는 '성애性愛를 위한 청정양심淸淨良心과 자연정신'을 독살하려는 자들의 내면뿐 아니라 입센의 내면에서도 '유독有毒한 이상주의' 즉 "전형적인 노처녀[7]"를 발견한다. 그래서 니체는 자신의 '도덕법전'에서 "악덕"이라는 제목이 붙은 조항을 골라 우리에게 제시하고, 그 조항을 준거로 삼아 반反자연적인 모든 것을 상대로, 혹은 세련되게 말하면, 모든 종류의 이상주의를 상대로 항전한다. 그 조항의 내용은 다음과 같다.

순결을 설교하는 행위는 반反자연적 실천들을 공공연히 선동하는 행위이다. 섹스를 멸시하는 모든 언동은, 즉 "불순하다"는 단어로 섹

---

6) 니체, 『이 사람을 보라』 제2장 「내가 이토록 명석한 이유」 제7절.
7) 앞 책, 제3장 「내가 이토록 좋은 책들을 쓰는 이유」 제5절.

스를 더럽히는 모든 언동은, 삶 자체를 해치는 죄악들이요 거룩한 '삶 정신'을 해치는 진정한 죄악들이다.[8]

마지막으로 니체는 자신이 '역사적 사건들을 다루는 독일인들의 **방자함**'이라고 비칭한 것을 공격한다. 니체는 '독일역사학자들이 문화의 가치들을 평가할 수 있는 시력을 완전히 상실했다'고 단언한다. 니체는 독일역사학자들이 독일제국에서 이런 시력을 사실상 파문破門해버렸다고 본다. 니체에게는 그들이 '인간은 무엇보다도 먼저 독일인이어야 하고, 독일민족에 속해야 하며, 그래야만 가치들의 유무를 결정할 수 있다'고 주장하는 자들로 보인다. 그래서 니체는 '그들은 독일인들을 역사의 "우주도덕질서"로, 로마제국의 권력자들과 비견되는 자유수호자들로, 18세기인간들과 비견되는 도덕 및 정언명령의 복원자들로 추켜세운다'고 보면서 다음과 같이 지적한다.

> 지금 역사는 실제로 독일제국의 노선과 반유대주의 노선을 따라 기록된다 ─ 그러니까 트라이츠케 씨는 염치를 모르는 자이다.[9]

니체는 독일인들이 지난 4백 년간 문화를 상대로 가능한 모든 범죄를 뻔뻔하게 자행해왔다고 생각한다. 말년의 니체는 독일인들이 르네상스의 의미를 박탈하고 종교개혁으로써 박살내버렸다고 줄기차게 강조

---

8) 앞 책.
9) 앞 책, 제3장 중 『바그너의 경우』 제2절. 니체의 친구 오버베크의 친구이던 트라이츠케Heinrich von Treitschke(1834~1896)는 독일의 역사학자 겸 정치논설자이고 독일민족주의자 겸 반유대주의자로서 『독일역사Deutsche Geschichte』(1881)를 썼다.

했다. 니체는 그렇듯 르네상스의 의미를 파괴한 주범으로 루터를 지목하고 '스스로 존재 불가능했기 때문에 교회를 공격하다가 도리어 교회를 부흥시켜버린 존재 불가능한 수도사'로 간주한다. 그리하여 니체는 '가톨릭교도들이야말로 루터의 이름을 경배해야 할 모든 이유를 겸비했다'고 본다.[10]

또한 니체는 '데카당스가 진행된 지난 두 세기를 잇는 교량에서 천재의 위력과 의지가 유럽을 정치경제적으로 충분히 통합시킬 만큼 강력히 표출되는 와중에 독일인들이 자신들의 "해방전쟁들"을 빌미로 유럽에서 나폴레옹의 존재의미 — 경이로운 천재의 의미 — 를 끝내 강탈해버렸다'고 본다. 그래서 니체는 '독일인들이 유럽을 괴롭히는 민족주의 — 민족 노이로제névrose nationale — 를 추구하고 옹졸한 배타주의와 쩨쩨한 정치의 야합체계를 영구화시키느라 온갖 짓을 자행하고도 양심가책감을 전혀 느낄 줄 모른다'고 꼬집는다.[11]

그리고 마침내 니체는 '독일인들이 그(니체)를 몰염치하게 대하고 그에게 무관심하며 그를 인정하지도 않을 뿐더러 그에 관해서는 아예 침묵함으로써 그가 이룩한 필생의 업적마저 매장시켜버린다'고 성토한다. 니체에게 독일인들은 나쁜 친구들이다. 그래서 니체가 비록 명성을 경멸하는 체하느라 "세계전체가 던져주는 이 동전 한 푼을, 이 명성을 — 나는 장갑 낀 손으로 받자마자 땅바닥에 내동댕이치고 멸시하며 짓밟아버리네"라는 구절이 담긴 시詩 한 편으로 『이 사람을 보라』를 마무리

---

10) 앞 책.
11) 앞 책.

할지라도, 그가 살아있을 때 독일에서 명성을 얻지 못했다는 사실은 독일에 대한 그의 혐오감을 키우는 데 강력히 이바지했다.[12]

그렇지만 처음부터 끝까지 의기양양하게 고조된 어조語調도, 활기 넘치되 광기의 임박을 알리는 무제한적인 자존심도, 『이 사람을 보라』의 독보적이고 위대한 성격을 박탈하지 못했다.

---

12) 여기서 브란데스가 말하는 시詩는 포다흐Podach판 『이 사람을 보라』(1908)의 끝에 수록된 니체의 시 「명성과 불멸Ruhm und Ewigkeit」(1888)이다. 그런데 이 시는 포다흐판을 제외한 다른 모든 판본에는 생략되었다. 그 까닭은 니체가 처음에는 이 시를 『이 사람의 보라』의 말미에 첨부하려다가 그리하지 않기로 결심했고, 자신의 시집 『디오니소스 찬가Dionysos Dithyramben』(1888)에 포함시켰기 때문이다.

부록 1

브란데스 초상화(1875년)

브란데스의 삶과 문학

줄리어스 모리첸[1]

명성을 획득한 사람은 누구나 인생의 일정한 시기時期를 맞이하면 그때까지 자신이 살아올 동안 인정받고 성취한 것들을 일별하듯이 회고하면서 결산해보기 마련이다. 예컨대, 문필활동을 시작한 지 25주년을 맞이한 저명한 문학인은 자신이 그때까지 쏟았던 노력들을 찬찬히 재음미해보고 싶은 기분을 느낄 수도 있을 것이다. 혹은, 70세를 맞이한 저자는 새로운 저서를 펴냄으로써 국제적 명성을 획득할 수도 있을 것이다. 또 어쩌면 시간노인時間老人[2]이 낫을 휘두르기 전에 그 저자가 자신의 세대世代에 획득하는 의미를 일반대중이 완전히 깨달을 수도 있을 것이다.

올해(1922년) 2월 4일로 만80세를 맞이하는 브란데스는 여전히 정정하고 일찍이 지녔던 모든 뛰어난 능력을 고스란히 보유했을 뿐 아니라 작년 11월 3일 코펜하겐 대학교에서 성대하게 개최된 그의 '첫 강의 후

---

1) 줄리어스 모리첸Julius Moritzen(1863~?)은 덴마크 출신 미국 언론인으로서 브란데스의 저작들을 포함하는 스칸디나비아의 문학인들과 문학작품들을 널리 알리려고 노력했다. 여기에 번역된 「브란데스의 삶과 문학Georg Brandes in Life and Letters」은 모리첸이 브란데스의 80세 생일을 기념하여 미국의 문예잡지 《노스아메리칸 리뷰North American Review》(Volume 215, 1922)에 기고한 글이다. 모리첸은 이 글 외에도 「스칸디나비아가 직면한 위험들The Perils of Scandinavia」을 《노스아메리칸 리뷰》(Volume 205, 1917)에 발표했고, 단행본들인 『아메리카의 평화운동The peace movement of America』(1912)과 『브란데스의 삶과 문학Georg Brandes in life and letters』(1922)을 펴냈다.

2) Father Time: "시간영감時間令監"으로 또는 "시간할아버지"로도 번역될 수 있는 이 표현은 미국에서 '의인화된 시간'을 가리키는 데 사용되는 관용구이다. '수염을 기른 대머리 노인'으로 묘사되는 "시간노인"은 한 손에는 큰 낫을, 다른 손에는 물주전자(혹은 모래시계)를 들고 다닌다고 한다.

50주년 기념행사'는 저명한 문예비평가로서 그가 조국 덴마크에서는 실로 높게 평가된다는 사실도 가장 인상적으로 증명했다. 여기서 간과되면 안 될 중요한 사실은 '오늘날 생트뵈브나 이폴리트 텐 같은 비평가들과 똑같은 반열에 오를 자격을 지닌 인물로 여겨지는 브란데스가 지금으로부터 50년 전 코펜하겐 대학교의 강단에 처음 서서 그 당시 널리 혐오되거나 증오되던 사상들을 설명하기 시작했을 때 보수주의자들에게는 한갓 저주받은 인간으로밖에 보이지 않았다'는 것이다. 그러나 작년 11월 3일의 기념행사를 빛낸 횃불행진, 어느덧 '거장'으로 칭해지며 환영받은 브란데스를 향한 심대한 찬사들, 그가 호메로스를 주제로 삼아 행한 지극히 훌륭한 답례연설 — 이 모든 것은, 결론적으로 말하자면, 예언자(브란데스)가 자신의 조국에서 때때로 존경받는다는 사실을 입증해주었다.

이 기념행사의 흥미로운 특징들 중 하나는 '행사의 모든 참석자가 저마다 신봉하는 종교적·정치적·문학적 신조와 무관하게 브란데스를 현재 덴마크의 정세를 규정하는 자유주의의 선구자로 떠받들고 환영하면서 드러낸 자발성'이었다. 그러니만치 오늘날 브란데스를 옹호하기 위한 구구한 사설은 전혀 불필요하다. 그가 21세 때 집필한 첫 저서 『우리의 최신 철학이 머금은 이원론』부터 그가 최근 펴낸 2권짜리 『미켈란젤로』에 이르는 그의 저작들은 유럽문학역사의 이정표들이었다. 미국에서 아마도 그는 총3권짜리 대작 『윌리엄 셰익스피어』의 저자로서 가장 유명할 것이다. 이런 그의 유명세는, 매우 당연하게도, 1898년 영어로 번역된 『윌리엄 셰익스피어William Shakespeare, a Critical Study』를 영어사용자들이 지난 20여 년간 읽어왔다는 사실에서 비롯되었을 것이다.

여태껏 어느 시대에나 나라에서도 브란데스만큼 역사적 사실들을 생생하게 묘사한 저자는 드물었다. 그가 코펜하겐 대학교에서 '고대인들의 숙명주의적인 성향들'에 관한 에세이로써 금메달을 수상했을 때 그의 나이는 갓 20세에 불과했다. 그는 철학과 미학을 전공했다. 무미건조한 주제를 흥미진진하게 전달할 수 있는 그의 명석하고 유쾌한 문체는 그를 비범한 대학생으로 보이게 만들었을 뿐 아니라 대학교의 근엄한 교수들마저 적잖이 놀라게 만들었다. 그래서 브란데스는 아주 일찍부터 현실적으로 방어적인 태도를 취해야만 했다. 그는 새로운 광맥을 발굴했지만, 그는 그 광맥에서 자신이 채굴한 광석의 순수성과 불멸성마저 증명해야 했다.

박사학위를 취득한 이후 브란데스는 몇 년간 여행을 즐겼다. 그는 여행하는 동안 그 당시에 명백한 영향력을 발휘하던 존 스튜어트 밀, 이폴리트 텐, 르낭 같은 학자들을 만났다. 그 학자들은 브란데스의 정신에 각인될 만한 깊은 인상을 남겼다. 일찍부터 유럽의 주요 언어들에 숙달해서 여러 나라의 귀중한 문학작품들을 직접 탐구할 수 있었던 덴마크 청년 브란데스에게 그 학자들의 진보적 이상理想들은 굉장한 영향을 끼쳤다. 브란데스가 영어를 몰랐다면 『윌리엄 셰익스피어』 같은 저서를 결코 집필하지 못했으리라는 것은 두 말할 나위없다. 마찬가지로 그가 독일어, 프랑스어, 이탈리아어를 몰랐다면 『괴테』, 『볼테르』, 『율리우스 카이사르』, 『미켈란젤로』 같은 저서들을 결코 집필하지 못했을 것이다.

덴마크로 귀국한 브란데스는 아직 30세도 안 된 나이로 코펜하겐 대학교에서 일련의 강의들을 시작했고, 그 강의들은 북유럽의 역사교육을 완전히 혁신시켰다. 그는 학생들의 관심을 이런저런 위인들에게 집중시키는 방식으로 중대한 역사사건들을 학생들에게 인문학적으로 이해시켰다. 이 강의들의 결실들은 그의 『19세기 문학의 주요 흐름들』로 종합되었다. 10여 년간 지속된 이 강의들은 아마도 여태껏 같은 주제로 행해진 강의들 중 가장 우수한 편에 속할 것이다.

여기서 과거로 시선을 잠시 돌려보건대, 1860년대에 독일-덴마크 전쟁의 결과 슐레스비히를 빼앗긴 덴마크인들의 지성이 점점 마비되어가자 브란데스는 덴마크인들의 지성을 일깨우고 활성화시키는 데 전력투구했다. 조국의 영토를 빼앗긴 참담한 상황일망정 그저 넋 놓고 주저앉아 탄식만 하면 안 된다고 브란데스는 역설했다. 그는 '덴마크에는 재정비해야 할 고유한 지식의 전당이 있다는 사실을 깨닫자'고 동포들에게 촉구했다. 그는 덴마크에서 자신의 가용한 모든 수단을 동원하여 지식독립을 위해 싸웠다. 그는 덴마크가 입은 막대한 손실을 보상받을 날이 오리라고 믿어 의심치 않았다. 그래도 그는 실현 불가능한 것을 믿지 않았다. 그는 쇼비니즘chauvinism(=맹목적 애국주의)을 결코 용납하지 않았다. 덴마크 중립이나 슐레스비히 반환과 관련된 현안들을 그가 오해했다는 사실도 그의 허물은 아니었다. 그는 모국에 다시 편입되기를 바라는 남南유틀란트(=슐레스비히)의 주민들을 언제나 충직하게 옹호했다. 슐레스비히의 국민투표에서 만족스러운 결과를 이끌어낸 브란데스의 공로는 흔히 알려진 것보다 훨씬 컸다.

브란데스는 60년 넘게 문학인으로서 살아왔다. 1866년부터 지금까

---

3) Schleswig: 북유럽 유틀란트Jutland 반도 남부의 덴마크 영토와 독일 북부 슐레스비히홀슈타인 Schleswig-Holstein 주州의 북반부北半部를 아우르는 지역. 슐레스비히는 12세기부터 덴마크의 공작령公爵領이었다. 1866년 프로이센은 슐레스비히를 홀슈타인과 함께 프로이센의 한 주써로 강제병합했지만, 제1차 세계대전이 끝나고 슐레스비히의 북부에 거주하던 덴마크인들의 대다수는 베르사유Versailles 조약(1919)에 의거하여 치른 국민투표(1920)로 덴마크로 합병되는 데 찬성했다.

지 그가 집필한 저작들은 거의 모든 중요한 문학주제들을 다룬다. 그는 문학인으로서 추구하는 바를 자신의 『윌리엄 셰익스피어』에서 다음과 같이 밝힌다.

> 어찌 보면 길어 보이되 어찌 보면 짧고 덧없기 그지없는 인생이, 수세기가 흘러도 사라지지 않는 흔적들을 남길 수 있다는 사실은 기적이나 거의 다름없게 보인다. 수백만 명에 달하는 인간이 죽어서 망각되고 그들의 업적들도 함께 죽어간다. 그들 중 몇 천 명은 죽어서도 학생들한테 기억될 만한 이름을 남기지만 나머지는 후대에 이름조차 남기지 못한다. 그러나 거장들 몇 명은 살아남는다. 그들 사이에서도 셰익스피어는 레오나르도 다빈치와 같은 반열에 속한다. 여태껏 셰익스피어는 자신의 무덤에서 도저히 편하게 누워있지 못할 정도로 자주 불려 나왔다. 지구상의 모든 이름 중 셰익스피어라는 이름보다 더 확실한 불멸성을 지닌 이름은 없다.

브란데스가 셰익스피어를 다룰 때 드러내는 정신은 이전에 그가 디스레일리, 라살, 입센, 하이네, 비외른손에 관한 글들을 쓸 때뿐 아니라 그의 저서 『현대의 돌파구를 뚫은 인물들』을 구성하는, 찬란한 별들 같은 인물들에 관한 글들을 쓸 때도 드러내던 정신과 동일하다. 제1차 세계대전은 브란데스가 그때로부터 30여 년 전에 집필한 『러시아 인상기』와 『폴란드 인상기』에 대한 세인들의 관심을 새롭게 촉발했다. 오늘날 러시아와 폴란드의 사건들을 연구하는 학자들은 '브란데스가 30여 년 전에 양국에서 받은 인상들'과 '세월이 흘러 양국의 국민들에 관해서 말해야 했던 것들'을 비교해볼 수 있는 상당히 유리한 위치에 있을 것이다. 브란데스는 러시아에서 차르(=황제)가 폐위되고 혁명이 발생했을 때 결코 침묵하지 않았다. 브란데스는 '러시아에서 이른바 "하얀 반공주의자White"로 자처하던 자들의 방해공작들'을 반대한 만큼이나 '러시아의 붉은 볼셰비즘Bolshevism'도 반대했다. 러시아에서 소비에트Soviet 정권이 수립되기 전에 브란데스는 오늘날에도 유의미한 다음과 같은 의견을 피력했다.

> 유럽이 러시아를 더욱 철저히 고립시킬수록, 그리고 유럽이 러시아 공화국의 내부안정을 위한 노력을 더욱 기꺼이 허용할수록, 러시아인들이 올바른 관점에서 유럽을 바라보는 시절도, 유럽 국가들이 최선으로 생각하는 일들을 할 수 있는 시절도, 더욱 빨리 올 것이다. '여느 정치적 격동도 세인들의 관심을 끌지 못하면 대체로 서서히 잦아들면서 특유의 과격한 성질도 상실하고 실제로 내부변화를 겪다가 주위환경에 차츰 어우러지면서 잠잠해진다'는 것은 역사적 경험이 증명하는 사실이다.

외부세계가 러시아의 내정에 완전히 무관심하지 않았더라도 위 인용문에 언급된 것과 비슷한 결과가 실제로 러시아에서 나타난다는 것은 사실이 아닌가? 브란데스의 국제주의는 그가 제1차 세계대전이 시작되기 약 30년 전에 피력했던 미래의 독일에 관한 다음과 같은 전망으로 대변될 수 있을 것이다.

잉글랜드인들이 생각하는 '자유에 대한 사랑'은 독일에서는 앞으로 10년 내에 사라질 세대에 속하는 사람들 사이에서만 발견될 것이다. 그때가 오면 독일은 중부유럽에서도 이웃나라들이 따돌리고 고립시키며 증오하는 보수주의의 요새가 되어버릴 것이다. 독일을 둘러싼 이탈리아, 프랑스, 러시아, 북유럽에는 국제주의사상들에 감화되어 그것들을 삶에서 실현하고자 열망하는 세대가 등장할 것이다. 그렇지만 그때도 독일은 낡고 갑갑한 쇠미늘갑옷을 껴입고 '과학을 이용하여 발명할 수 있는 모든 살인용 겸 방어용 무기들'로 완전무장하고 있을 것이다.

이런 정치적 국제주의자이던 브란데스의 저서들도 국제적 관심을 불러일으켰다. 1914년 제1차 세계대전이 터지기 직전에 이루어진 그의 미국 방문은 특히 그의 『윌리엄 셰익스피어』로 미국인들의 관심을 집중시킨 흥미로운 행보였다. 그런 행보와 관련된 많은 사연들 중에도 특기될 만한 것은 브란데스 같은 개성인격자가 미국인들과 일대일로 만나면서 '자신은 서양정신의 본산에서 살아왔다'고 재빨리 깨달았다는 것이다. 그런 과정에서 실제로 발견된 것은 바로 '셰익스피어의 우울한 덴마크인(=햄릿)을 해석한 이 현대 문예비평가'와 '덴마크를 세계적으로 유명하게 만든 햄릿'을 접속시키는 독특한 관계였다.

브란데스는 미국에서 행한 여러 강연들 중 한 강연에서 '햄릿이라는 등장인물은 『햄릿』을 집필하던 셰익스피어 정신의 진정한 화신이다'고 단언했다.

『햄릿』에서 셰익스피어는 자신의 양어깨에 얼룩덜룩한 망토를 걸칩니다. 셰익스피어는 '간접표현의 가치'와 '어리석은 행위로 표현되는 지혜가 더욱 깊은 감동을 남긴다는 사실'을 잘 이해했습니다. 셰익스피어는 살면서 햄릿의 모든 경험을 실제로 겪었습니다. 셰익스피어가 이 희곡을 집필하기 직전에 그의 부친은 사망했지만 암살당하지 않았다는 것은 분명합니다. 그리고 셰익스피어의 모친은 품위 없이 행동하지 않았지만, 그의 후견인인 사우샘턴Southampton 백작 겸 에식스Essex 백작은 사망했습니다. 셰익스피어가 사랑한 여인은 정숙치 못하고 박정했으며, 그의 친구는 이 여인과 공모共謀하여 그를 속여먹었고, 그가 계관시인이 될 가망들도 미미해졌습니다. 애초에 셰익스피어는 이런 불운들에 순종했습니다. 그는 얼떨떨했습니다. 나중에 그는 『햄릿』에서 익명인의 입을 빌려 이런 불운들에 신랄한 독설을 퍼붓는 식으로 보복합니다. 그는 햄릿으로 하여금 왕자로서 말하게 하지 않고, 왕후장상들처럼 행세하는 멍청이들한테 "압제자의 비웃음"과 "거만한 자의 무례한 언동"을 지적하다가 오히려 능욕당하는 자로서 말하게 합니다. 그렇듯 청춘기의 셰익스피어를 특징짓던 명랑한 인생관은 암울해졌고, 그의 실망은 햄릿이 느낀 인생싫증으로 표현됩니다.

브란데스의 인간관에도 햄릿의 인간관으로 간주될만한 것이 내재한 듯하다. 그러나 우리가 이 두 인간관의 유사점을 찾으려면, 브란데스의 초기 저작들을 재조명해보고, 그의 인정투쟁들과 친교관계들뿐 아니라 그가 일찍이 보수주의와 "왕후장상들처럼 행세하는 멍청이들"을 상대로 논쟁하면서 대적한 많은 적敵들도 다시 살펴봐야 한다. "멍청이들"이라는 단어는 브란데스의 저작들에 거듭 나타난다. 그는 인간의 고유한 가치를 침식하는 인간관을 몹시 혐오한다. 왜냐면 그에게 그런 인간관은 '자아성찰도 상식활용常識活用도 거부하는 것'으로 보이기 때문이다. 오늘날 브란데스의 진면목을 보고 싶은 사람은 브란데스의 저서『미켈란젤로』를 반드시 읽어봐야 할 것이다.

물론 여기서 내가 브란데스의 다양한 저작들을 모두 자세히 살펴보기는 불가능하다. 그러므로 여기서는 앞에서 언급된 브란데스의 저서들과 아울러『미학연구』,『비평들과 인물들』,『유럽의 신진 문학인들 및 문학작품들』,『루드비 홀베르』,『이반 투르게네프』,『셸리와 바이런』,『하인리히 하이네』,『헨리크 입센』,『인생: 시련과 지평』,『조감법』같은 저서들, 그리고『윌리엄 셰익스피어』의 훌륭한 동반저서들로 평가되는『괴테』,『볼테르』,『율리우스 카이사르』,『미켈란젤로』만 거명되어도 충분할 것이다. 브란데스는 1915년에 펴낸 2권짜리 대작『괴테』의 대부분을 전쟁과 자신의 불가피한 칩거 덕분에 완성할 수 있었다고 말한다. 덴마크 문학인이 전쟁기간에 견지한 중립적 태도를 빌미로 그 문학인을 아무리 과격하게 비판하는 어떤 열혈 프랑스인도 괴테가 이 저서에서 설명되는 방식의 흠결을 결코 발견하지 못했을 것이다. '외국군대가 자신의 조국을 침략하는데도 위대한 독일시인은 철학적 평온을 유지했다'는 사실을 브란데스는 다음과 같이 거듭 강조한다.

괴테는 나폴레옹이 조국 독일을 유린하는 파괴자일 줄은 결코 몰랐다. 괴테는 자신의 조국이 그렇게 유린되는 줄도 결코 몰랐다. 1807

년 7월 27일 괴테는 독일에서 아무도 모르는 무언가를 잃었다고 통곡하는 국민들을 보면서 안타까운 심경을 감추지 못했다고 썼다. 괴테에게는 '조국을 외국군대가 지배하는 상황'이 '치욕스러운 상황'으로 보이지 않았고, 오히려 정반대로, '졸렬한 정신의 소유자가 다스리는 다수의 약소국들에, 프랑스 혁명의 원칙들 — 괴테가 처음에는 위대한 인물(=나폴레옹)을 통해 구현된 것들로 여겨서 감동한 원칙들 — 과 어울리는 더욱 현대적인 정신의 소유자가 다스리는 소수의 국가들이 들어선 상황'으로 보였 ……. 이른바 "해방전쟁"에 대한 괴테의 무관심은 독일국민들의 감수성에 상처를 입혔다. 아마도 그런 전쟁은 민족독립획득을 노린 것이었겠지만, 한편에서 그것은 과거로 돌아가는 완전한 반동이었을 것이다. 그래서 괴테는 다음과 같이 말했다. "그들이 치른 이 해방전쟁은 헛수고나 다름없다. 그 사나이(=나폴레옹)는 너무 거대해서 그들이 도저히 감당할 수 없는 인물이다."

브란데스는 '괴테의 본성은 괴테로 하여금 대중적 인기를 결코 누리지 못하게 하는 무언가를 포함한다'고 말한다. 브란데스는 '괴테가 너무 큰 인물이라서 소수의 몇 사람을 제외한 나머지 사람들은 그의 가치를 정확히 평가하기 힘들다'고 본다. '1848년 혁명 이후 수년간 괴테에게 바쳐진 존경으로 예시되는 괴테숭배는 독일제국이 수립되고 나서야 비로소 본격적으로 행해졌다'고 브란데스는 말한다. "그 사건이 발생하고 나서야 비로소 독일의 일류정신에 대한 숭배가 국가체계로 편입되었다."

1877년 브란데스는 코펜하겐 대학교의 미학과 학과장에 임명될 기회를 잡았지만, 대학교의 인사권자들로부터 제기된 반대의견에 대한 항의 표시로 덴마크를 떠나 독일로 갔고, 독일지식인들과 처음으로 교류하기 시작했다. 그런데 코펜하겐 대학교의 미학과 학과장이 사망하면서 유력한 후임자로 거명되던 젊은 학자 브란데스의 학과장임명을 반대한 인사권자의 논리는 '브란데스가 자유주의를 노골적으로 표방하므로 위험하다'는 것이었다. 5년간 독일 베를린에 체류하던 브란데스의 이름은 독일의 유력한 문학인들 사이에서 빠르게 알려졌다. 그 시절에 브란데스는 '독일문학에 대한 해박한 지식'과 '괴테를 인물 겸 학자로 다루는 놀라운 솜씨'도 습득했을 것으로 짐작된다. 이런 맥락에서 코펜하겐 대학교의 최고인사권자들이 인정한 사실이 언급될 만하다. 그것은 브란데스가 독일로 떠나기 몇 년 전에 미학교수직을 원했지만, 대학교측은 브란데스에게 미학교수직을 제의하지 않은 잘못을 저질렀다는 사실이었다. 이 사실을 미안하게 여기는 감정은 최근에 개최된 기념행사에서 코펜하겐 대학교를 대표하여 요한 루드비 하이베르[4] 교수가 '유명한 덴마크인(= 브란데스)이 받았던 부당한 처우'를 언급하는 과정에서 다시 한 번 더 표명되었다.

브란데스가 프랑스 문학을 편애했다는 사실은 의문의 여지없는 것이다. 그래서 그는 자신과 아주 많은 것들을 공유하는 사람에 대한 커다란 찬사를 『볼테르』에 마음껏 써넣을 것이다. 괴테도 그랬듯이 브란데스도 프랑스의 냉소주의에 다년간 사로잡힌 바 있다. 브란데스는 유럽 지성계의 두 거인인 괴테와 볼테르를 다음과 같이 흥미롭게 비교하여 묘사했다.

---

4)　　Johan Ludvig Heiberg(1854~1928): 덴마크의 문헌학자 겸 역사학자.

괴테와 볼테르는 서로 다른 정신기질을 지녔으므로 거의 닮지 않았다. 그렇지만 그들은 지성계를 지배할 만한 강렬함과 보편성을 지녔으므로 닮았다. 학문의 영역에서 볼테르는 사상들의 보급자에 불과하다. 볼테르도 학자였지만, 창조자이던 괴테와 다르게, 창조하지 못했다. 볼테르의 수학지식數學知識은 볼테르의 탐구들에 커다란 도움이 되었다. 괴테는 수학을 잘 몰랐다. 더구나 물리학자로서 볼테르는 괴테가 지녔던 바와 같은 독립성을 결여했어도, 문학계의 왕위를 물려받은 천재적인 후계자(=괴테)와는 대조적으로, 뉴턴 이론들의 현실적 가치를 파악할 수 있는 견실하고 건전한 감각을 풍부하게 지녔다. 볼테르의 인문지식은 실제로 천재의 인문지식과도 능히 견줄 수 있을 정도로 명료하고 예리하게 발달했다. 그리고 역사를 서술하는 볼테르의 솜씨는 의심할 여지없이 괴테의 솜씨를 능가한다. 볼테르의 『샤를 12세의 일대기History of Charles XII』와 『도덕론Essays on Moral』은 획기적인 저서들이었다.

브란데스가 『율리우스 카이사르』에서 묘사한 카이사르는 셰익스피어가 묘사하는 시저(=카이사르)와 완전히 다르다. 브란데스는 다음과 같이 말한다.

셰익스피어는 역사와 고전에 관한 교양을 습득하지 못했기 때문에 카이사르라는 비할 데 없이 위대한 인물로부터 아무 감동도 받지 못했다. 셰익스피어는 자신의 희곡에서 주인공에게 발전할 여지를 제공하는 인물을 먼저 격하하고 타락시킨다 — 마르쿠스 브루투스가 바로 그런 인물인데, 플루타르코스가 애용하는 '인물 이상화理想化 기법[5]'을 본받은 셰익스피어는 브루투스를 거의 완벽하게 고상한 스토아 학자처럼 보이도록 묘사한다. 브루투스는 모든 사건의 중심과 추축이 되어야 했고, 그래서 타의 추종을 불허하는 '전쟁 및 정치의 천재'이던 카이사르는 불행하게도 비하되고 축소되어 비참하고 우스꽝스러운 인물로 전락해버린다. 그때부터 후세대 사람들은 카이사르를 권력욕의 화신으로 알고 브루투스를 자유의 영웅으로 알게끔 교육받아왔다. 그리하여 영광은 카이사르의 주변사람들 중에도 가장 약한 자의 몫이 되었다.

『미켈란젤로』는 브란데스의 자서전적인 진술들을 무척 많이 함유하므로 이 덴마크 학자의 특이성들을 다른 어떤 저서보다 더 선명하게 드러낸다. 미켈란젤로에 대한 브란데스의 의견은 다음과 같은 문장으로 간명하게 표현된다.

1871년 시스티나 성당에 처음 들어선 나는 '너는 모든 정신력 중에도 너의 영혼을 가장 깊이 감격시킨 정신력이 있는 곳에 드디어 왔구나'라고 스스로에게 말했다.

이것이 바로 『미켈란젤로』를 집필하던 정신이다. '미켈란젤로의 길고

---

5)   본서 제1부 제4절에 언급된 "플루타르코스의 인물묘사기법" 참조.

정력적인 인생행로를 가로막은 수많은 장애물들'과 '매순간 그를 걸고넘어지면서 그의 업적들과 확고부동한 의지력과 창조적 천재성을 폄훼하려고 애쓰는 질투심들'은 세계가 그의 천재성을 최종승인하기 전에 '브란데스가 체험한 많은 것들'의 공격을 받고 허물어진다. 지난 400여 년간 축적된 미켈란젤로에 관한 문헌들을 두루 섭렵한 브란데스는 이전에 제시된 다양한 해석들에다가 자신의 독창적 해석을 추가하는 작업을 시도한다. 이것은 결코 쉬운 과업이 아니었다. 그러나 이 덴마크 문학인은 자신의 필생사업에 결정적 영향을 끼친 인간에게 이 저서를 헌정해야 할 의무를 짊어졌다고 생각했던 것이 확실해 보인다. 이 저서의 도입부에서 확인되는 인물특징묘사용 분위기를 유효하게 조성하는 기법을 브란데스가 매우 잘 이해했다는 사실은 다음과 같은 진술로 증명된다.

오늘날 피렌체를 처음 방문한 여행객이 도시를 한눈에 조망하고 싶으면 흔히 마차를 타고 넓은 나선계단처럼 구불구불한 콜리로Colli 路를 따라 '미켈란젤로가 피렌체를 방어하기 위해 건설한 요새들이 있는 언덕'으로 올라간다. 만약 그때가 5월이라면 여행객은 ('피렌체'라는 지명을 탄생시킨) 진짜 꽃동산을 통과하면서[6] 무수한 장미꽃들에서 일제히 내뿜어지는 유쾌한 향기를 만끽할 수 있다. 그 언덕으로 오르는 길의 구비를 돌 때마다 여행객은 '언덕 아래로 멀리 펼쳐지며 점점 더 멋져지고 진기해지는 풍경들'을 감상할 수 있다. 그런 풍경들을 장식하며 굽이쳐 흐르는 아르노Arno 강 유역의 널따란 분지에 자

---

6)　　"피렌체"는 "플로렌스Florence"로도 유명한데, 이 동지이명同地異名들은 모두 영어의 "꽃Flower(플라워)"과 같은 의미를 가진다.

리한 피렌체는, 대성당, 흑백대리석으로 건축된 지오토Giotto 종탑, 방어용과 축제용으로 겸용되는 호화로운 대저택들, 화려하게 치장된 교회들과 수도원들을 겸비하여, 마치 접시바닥에 그려진 모자이크 꽃처럼 보인다.

1875년 그 언덕에 세워진 미켈란젤로 탄생 400주년 기념조각상의 덮개가 벗겨지자 피렌체의 위대한 — 설령 우리가 단테 Dante(1265~1321)를 기억할지라도, 여전히 가장 위대한 — 아들이 위용을 드러냈다. 그 기념조각상의 대리석기단 중앙에는 청동으로 주조된 미켈란젤로의 다비드David 상像이 우뚝 서있고, 주변에는 산로렌초 San Lorenzo 성당의 성물실聖物室에 보관된 '아침, 저녁, 낮, 밤을 상징하는 미켈란젤로의 대리석조상들'과 똑같게 복제된 청동상들이 기대듯이 배치되어있다.

한편, 심지어 독일에서도 아직 발견되지 않던 프리드리히 니체를 북유럽국가들에서 발견될 수 있게 해준 장본인이 브란데스였다는 것은 잘 알려진 사실이다. 이 철학자한테서 완전히 새로운 어떤 것을 발견한 브란데스는 그것을 세상에 반드시 알려야겠다고 마음먹었다. 영어로도 번역된 「브란데스와 니체가 주고받은 편지들」은 독일의 학자가 덴마크의 동료학자에게 진 빚을 분명히 자각했다는 사실을 증명한다. 니체가 세상을 떠난 1900년 8월 브란데스는 짬을 내어 쓴 니체에 관한 글에서 다음과 같이 말했다.

니체의 신속하고 압도적인 승리를 설명하려는 사람에게는 현대 심리생활의 비밀을 풀 수 있는 열쇠가 필요할 것이다. 시대의 모든 본능은 니체를 반대하는 듯했지만, 니체는 시대를 매혹했다. 시대는 압도적인 민주주의의 시대였지만, 니체는 귀족주의자로서 시대의 총애를 받았다. 시대는 종교적 반동의 거센 파도에 휘말렸지만, 니체는 확고한 비종교적 태도로써 그런 파도를 극복했다. 시대는 가장 어렵고 원대한 사회문제들과 싸웠지만, '시대의 사상가'이던 니체는 그 모든 문제를 부차적 중요성을 지닌 것들로 격하해버렸다. 니체는 '현대 인도주의의 적대자'요 '인도주의적 행복론의 적대자'였다. …… 이 모든 것을 감안하건대, 니체는 우리시대를 격동시킨 많은 것들과 다소 은밀한 방식으로 조응해온 인물이 틀림없다. 그렇지 않다면 우리시대가 니체를 그렇듯 신속하게 대대적으로 받아들이지 않았을 것이다.[7]

비록 이랬어도, 그리고 브란데스가 니체를 아무리 열심히 대변했어도, 브란데스 자신은 이 독일초인의 제자가 결코 아니라고 줄기차게 강조했다. 그러면서 브란데스는 다음과 같이 썼다.

내가 니체를 알았을 때 나의 나이는 나의 근본적 인생관을 변경할 수 있을 나이보다 이미 훨씬 더 많았다.[8]

브란데스가 니체와 그의 저작들에 관해서 제기했던 질문들은 브란데

---

7)   본서 제3부.
8)   본서 제2부 프롤로그.

스와 그의 작품들에 관해서도 제기될 수 있을 것이다. 그 질문들은 '이 인간의 가치는 무엇인가?'와 '그의 저서들은 흥미로운가?'이다. 브란데스가 자신의 세대에 영향을 끼쳤다는 것은 의심할 여지없는 사실이다. 물론 '브란데스의 문학기준'을 따르고 '사물들의 최심부까지 꿰뚫어보는 그의 예리한 통찰력'을 본받으려는 사람도 그의 인생철학에마저 완전히 공감할 필요는 없을 것이다. 만약 현재의 친구들과 일시적인 적敵들이 덴마크에서 브란데스의 천재성을 칭찬하는 데 만장일치로 멋지게 합의한다면, 그들은 그가 '사상과 표현'의 세계를 이끄는 지도자로서 환영받는 이유도 곧바로 발견할 수 있을 것이다.

부록 2

브란데스의 초상화(1882년)

브란데스의 업적 [1]

로버트 H. 파이프

몇 년 전에 기오 브란데스는 자신을 다음과 같이 규정했다.

"나는 철학자가 아니다. 왜냐면 나는 너무 작기 때문이다. 나는 비평가가 아니다. 왜냐면 나는 너무 크기 때문이다."

우리가 덴마크의 위대한 작가를 단지 비평가로만 호칭한다면, 그런 호칭은 유럽문화에서 그 작가가 차지하는 입지를 너무나 협소하게 제한할 것이 분명하다. 우리가 브란데스를 정확히 규정하려면 신조어를 발명해야 할 것이다. 그러나 세계가 앞으로 또다른 브란데스를 가질 리도 없듯이 우리가 그를 규정하기 위한 신조어를 다시 발명해야 할 필요'성도 생기지 않을 것이다.

우리는 비평가를 문학과 결부시키곤 하지만, 브란데스는 문학보다 더 큰 인물이다. 우리는 비평가의 역할은 해묵고 진부한 것들을 일소하여 우리를 새롭고 유익한 것들에 적응시키는 것이라고 생각한다. 물론 이것도 브란데스의 역할이기는 하되 그가 맡은 다대한 역할들의 일부에 불과하다. 우리가 비평가에게 요구하는 역할은 예술작품들의 진정하고 영속적인 요소들을 우리에게 해석해주고, 지난 시대의 보이지 않던 정신을 드러내며, 오늘날의 시인과 예술가에 대한 후대인들의 판단을

---

[1]   이 글은 미국 컬럼비아 대학교 독일어과 교수를 역임한 로버트 H. 파이프Robert H. Fife(1871~1958)가 집필하여 줄리어스 모런첸의 저서 『브란데스의 삶과 문학』(D. S. Colyer, 1922, pp. vii-xiv)에 붙인 서문이다.

해방시키는 것이다.

브란데스는 이 모든 역할뿐 아니라 더 많은 역할도 수행했다. 그는 19세기후반과 20세기초엽 유럽의 문학과 미학에서 표현된 모든 문화사조文化思潮를 종합했다. 물론 그는 의도적으로 미학체계나 철학체계를 창조하지 않았다. 그렇지만 그는 유럽문화의 무수한 파편들을 종합하여 그 특유의 명석한 현실주의로써 조명했다. 그가 집필하고 재현한 것은 개념들의 화려한 모자이크가 아니라 유럽문화에서 70여 년간 달성된 최고성과들의 진실하고 독창적인 풍경이었다.

지금으로부터 60년 전 브란데스가 코펜하겐 대학교에서 학업을 마쳤을 당시에도 덴마크인들의 삶과 문학은 여전히 옹졸한 정통관행들에 얽매여있었다. 보수주의는 대학교와 지식인들을 여전히 지배했고, 쇤 키에그고의 장중한 신비주의는 청년들의 영혼을 숙취시켰다. 청년 브란데스는 이런 분위기 속으로 신선한 자유정신을 도입하여 '문학적 인습을 감싸던 육중한 장막들'을 걷어내고 생트뵈브와 르낭의 나라 프랑스에서 가져온 현실주의의 빛으로써 문학을 조명했다. 프랑스를 여행하던 브란데스는 이폴리트 텐을 만나 '문학은 국민의 집단정신을 표현하는 것일 수밖에 없다'는 것을 배웠다. 잉글랜드를 여행하던 브란데스는 존 스튜어트 밀을 만나 '여성의 정치적 해방론'이라는 폭발적인 이론을 배웠다. 덴마크로 귀국한 브란데스는 자신이 배운 것들을 당대의 선도적인 문예잡지 《월간 신新덴마크[2]》에 기고한 글들과 다양한 팸플릿들 및 강의들에서 탁월한 방식으로 주창했다. 그는 "19세기 문학의 주요 흐름들"

---

2)　Nyt dansk Maanedskrift: 덴마크의 문학자 빌헬름 묄러Vilhelm Møller(1846~1904)가 1870년 창간했고 1874년 폐간된 문예잡지.

을 주제로 획기적인 일련의 강의들을 진행했고, 그 결과들은 철학서처럼 심오하고 소설처럼 흥미진진한 연속저서 『19세기 문학의 주요 흐름들』로 집대성되었다. 그러자 브란데스의 주위로 그를 신봉하는 십자군 같은 청년들이 모여들었는데, 그때부터 덴마크의 신학과 문학은 완전히 분리되어 각기 독립적인 길을 걷기 시작했다.

1870년대 초엽 코펜하겐 대학교의 인사권자들은 브란데스를 거짓예언자로 낙인찍어 교수로 임용하기를 거부했다. 그러자 브란데스는 대학교의 인사권자들을 상대로 투쟁했는데, 거의 같은 시기에 미국에서는 철학자 존 피스크John Fiske(1842~1901)도 같은 목적으로, 그러나 훨씬 더 온건하게, 하버드Harvard 대학교를 상대로 투쟁했다. 그 시절 코펜하겐에서도 미국 케임브리지Cambridge에서도 실증주의철학의 신봉자로서 자처하던 사람은 누구나 여지없이 이단자로 낙인찍혔다. 또한 진화론에 공감하는 기색을 조금이라도 드러내던 사람도 누구나 이단자로 낙인찍혀 배척당할 수 있었다. 그 시절은 덴마크 지식계의 영웅시대였다고 말해질 수 있다. 왜냐면 그 시절의 브란데스는 언제나 천부적인 투사였기 때문이다. 그 시절이 마감되기 전에 투사 브란데스는 덴마크로 현대 유럽사상이 진입할 수 있는 문을 전격적으로 활짝 열어젖혔고, 그때부터 덴마크 문학은 미래로 행진하기 시작했다.

이것은 덴마크에 이바지한 브란데스의 위업이었다. 그러나 그는 이 위업에 맞먹는 또다른 위업을 성취했다. 그는 북유럽전체를 그의 강력한 저작들에 빚지게 만들었다. 그는 스칸디나비아의 작가들이 독일, 프랑스, 잉글랜드의 독자들한테 읽히고 이해될 수 있는 길을 처음으로 개척했다. 그의 논문들과 에세이들은 옌스 피터 야콥슨을 위시한 덴마크의 작가들을 외국독자들에게 처음으로 알렸다. 브란데스는 입센을 세계적인 인기가도로 진입시킨 견인차 역할도 했다. 또한 브란데스는 스웨덴의 가장 위대한 심리극작가心理劇作家 스트린드베리의 천재성을 발견하고 세계에 알렸다. 브란데스는 50세 생일을 맞이하기도 전에 이미 유럽문화계에서 북유럽문학의 외교사절로 공인되었다.

그러나 이제 우리는 브란데스를 단지 스칸디나비아인으로만 생각할 수 없을 뿐더러 덴마크인으로만 생각할 수는 더더욱 없다. 그는 북유럽을 유럽에 알리고 이해시켰다. 그러나 그는 그 임무를 완수하기 전부터 이미 유럽자체를 유럽에 알리고 이해시키는 작업도 시작했다. 초기의 몇 년간 그는 잉글랜드 자연주의와 프랑스 현실주의를 덴마크인들에게 소개하되 언제나 덴마크 및 덴마크상황들을 감안하면서 그렇게 했다. 그러나 이후 그는 모든 유럽문학을 비평하는 본연의 역할에 다시금 몰두했다. 그는 프랑스가 보유한 에밀 졸라와 기 드 모파상Guy de Maupassant(1850~1893)의 천재성을 일찍이 통찰했다. 또한 브란데스는 독일에서 게르하르트 하웁트만Gerhart Hauptmann(1862~1946)과 헤르만 주더만Hermann Sudermann(1857~1928) 같은 작가들의 주도로 발흥하던 현실주의유파現實主義流波를 파악하고 해설한 최초의 외국인이었다. 그리고 브란데스는 니체와 편지를 주고받았고, 독일에서 소수의 니체 추종자들이 생기기 전부터 니체의 초인철학을 깊이 이해하는 심오한 시론을[3] 발표했다. 브란데스가 시도한 괴테 해석은 한 세대가 지나도 영향력을 잃지 않았고, 그런 해석은 브란데스가 70세 생일을 맞이하기 전에 두 권

---

3)   『귀족적 급진주의』.

으로 집필된 당당한 저서로 집대성되었다.

　브란데스가 최고수준의 비평적 통찰력을 발휘하여 집필한 저서 『윌리엄 셰익스피어』는 비非영어권에서 집필된 셰익스피어에 관한 가장 탁월한 연구서이다. 경이로운 언어능력을 숙달한 브란데스는 그때까지 폐쇄되어있다시피 하던 슬라브족의 세계로도 진입할 수 있었다. 그가 감행한 폴란드 여행과 폴란드인들에 관한 탐구들은 폴란드인들의 사회정치문제들을 서유럽의 문제들에 포함시켰다. 그는 러시아도 여행했고 러시아인들도 탐구했다. 그는 '러시아의 바이런'으로 일컬어지는 푸슈킨 Alexander Puschkin(1799~1837)의 천재성뿐 아니라 도스토옙스키와 톨스토이의 천재성도 탐구했다. 브란데스는 이 위대한 작가들과 이들의 작품들을 명료하게 해설하여 이들을 거의 모르고 이들의 이름들조차 낯설고 어렵게 여기던 북유럽과 서유럽의 지식인들에게 알렸다.

　비평가는 마땅히 세 가지 중대한 속성을 겸비해야 한다. '전통을 무시할 수 있는 용기,' '새로운 것을 기꺼이 수용하려는 의욕,' '상속된 전통적 편견들을 벗어난 자유'가 그런 속성들이다. 브란데스는 이 세 가지 속성 모두를 아주 많이 겸비했다. 그는 한때 지나치게 호전적인 인물로 보였다. 그래서 그를 공격한 사람들은 대체로 그의 호전성을 당연히 기억했다. 그가 코펜하겐의 보수주의자들과 수구주의자들에 대항하여 용감하게 투쟁했던 1870년대부터 제1차 세계대전을 거쳐 베르사유 조약이 체결(1919년 6월 28일)될 때까지 그는 강력한 여론에 대항하여 고군분투하기를 결코 두려워하지 않았다. 그는 '일관성'이라는 위조보석에 집착하지 않았다. 그는 자신의 이론들을 변경하기도 망설이지 않았을뿐더러 새로운 전투용 깃발을 내걸기도 망설이지 않았다. 또한 그는 비교적 긴 인생을 살면서 매우 다양한 단계들을 경험했다. 그는 프랑스의 이폴리트 텐과 더불어 급진적 집산주의자集産主義者였고, 미켈란젤로와 괴테와 더불어 급진적 개인주의자였으며, 니체와 더불어 급진적 귀족주의자였다.[4] 그는 언제나 독립주의자이면서 국제주의자였으되 보수주의자나 수구주의자는 결코 아니었다.

세상에는 전통적 편견들에 얽매여 살아가는 사람들도 드물지 않아 보인다. 그러나 브란데스는 외국에서도 균형감각을 결코 잃지 않았으며, 직전세대와 직후세대의 견해들과 자신의 견해를 완전히 일치시킬 수도 있고 새로운 운동들이 드러내는 가치들을 인정할 수도 있는 대단히 경이로운 능력을 겸비했다. 아마도 그가 유대인이라서 그런 능력을 겸비할 수 있었을 것이다. 독일의 경제사회학자 베르너 좀바르트Werner Sombart(1863~1941)는 북유럽의 경제생활에서 유대인들의 역할은 일종의 경제적 시약試藥 같아서 매우 귀중하다고 강조했다. 왜냐면 북독일에서든 네덜란드에서든 스칸디나비아에서든, 하여간, 둔감성과 보수성을 타고난 북유럽의 게르만족군중을 가동시키는 데 필요하기도 하고 그들의 운동에 반응하기도 하는 것이 바로 그런 경제적 시약이기 때문이라는 것이다. 브란데스가 세계에서 수행한 역할도 화학적 시약 같은 것이었다. '우리의 대다수가 갓난애처럼 열심히 빨아대는 민족적·종교적·사회적 편견들'에 얽매인 사람은 도저히 그런 역할을 감당할 수 없을 것이다.

브란데스의 이런 자유가 매우 실증적인 이상주의와 화합한다는 것은 명백하다. 미켈란젤로, 셰익스피어, 괴테, 톨스토이, 에밀 졸라, 스트린

---

4)   여기서 로버트 H. 파이프도 브란데스의 "귀족적 급진주의"라는 표현을 "급진적 귀족주의"와 동일시하는데, 이렇듯 빈발하기 십상인 부주의한 동일시야말로 오히려 브란데스가 니체를 참으로 명석하게 파악했다는 사실을 반증할 것이다.

드베리의 작품들을 공정하고 동등하게 호의적으로 평가할 수 있는 브란데스 같은 사람은 인류의 고귀한 이상을 품은 사람이고 모든 시대와 모든 문화의 근본적 통일성을 깊이 공감하는 사람이다.

브란데스는 자신의 변함없이 참신한 비평에 콜럼버스Christopher Columbus(1451~1506)와 십자군의 정신이 머금은 영원히 청춘다운 본능을 가미했다. 브란데스가 60대에는 셰익스피어의 천재성을, 70대에는 괴테의 천재성을, 80대에는 미켈란젤로의 천재성을 철저히 해명했다는 사실은 브란데스의 창조력이 영원히 참신하다는 사실, 즉 세월도 그의 창조력을 소멸시키지 못하고 관습도 그의 창조력을 약화시키지 못한다는 사실을 암시한다.

유럽사상의 발전에 이바지한 브란데스의 공로는 독보적인 것이다. 덴마크 역사에서도 브란데스는 확실히 독보적인 위상을 차지한다. 덴마크 역사에서 브란데스만큼 광범한 분야에 영향을 끼친 덴마크인은 결코 없었다. 그리고 덴마크인들과 스칸디나비아인들의 문화역사를 브란데스만큼 충분히 재현하고 대변한 덴마크인도 스칸디나비아인도 결코 없었을 것이다. 그러나 브란데스의 업적은 이것들에만 국한되지 않는다. 그는 유럽문화전체 및 시대정신전체와 완벽하게 화합된 유일한 비평가이다. 그래서 이런 브란데스 같은 인물에게 '비평가'라는 호칭은 너무나 옹색하고, 차라리 '문화전도사'라는 호칭이 훨씬 더 잘 어울린다.

1922년 6월 1일
컬럼비아 대학교에서

찾아보기

〈ㄱ〉

가리발디 *40*
가스트, 페터 *143, 195, 211, 232*
가이어, 루트비히 *229*
가타리, 펠릭스 *14*
개성인격자 *11, 15, 18, 31, 32, 34, 43,
59, 60, 73, 68, 131, 138, 139, 218,
226, 244*
공쯔孔子 *131*
공쿠르 형제 *159*
괴테 *37, 40, 55, 62-64, 72, 84, 206,
229, 246-249, 259, 261, 262*
구츠코브, 카를 *25*
그뢰페 *171*

〈ㄴ〉

나폴레옹 *24, 40, 81, 104, 179, 182,
197, 234, 246, 247*
네로 *176*
노르다우, 막스 *142, 144, 145, 210*
놀린, 베르틸 *25, 27, 28, 34*
뉴턴, 아이저크 *37, 249*
닐슨, 라스무스 *21*

〈ㄷ〉

다눈치오, 가브리엘레 *214*
다비트, 카롤린 *22*
다빈치, 레오나르도 *37, 242*
다윈, 찰스 *102, 219*
단테 *252*
덤보스키, 돈 *13*
데리다, 자크 *8*
데모스테네스 *76*
데인, 시어 *22, 28, 41*
데카르트 *152*

도스토옙스키 *201, 202, 205, 208, 260*
뒤러, 알프레히트 *10*
뒤링, 오이겐 *83, 95, 135, 136*
뒤마, 알렉상드르 *26*
들라크루아 *230*
들뢰즈, 질 *8, 14*
디세, 캐럴 *41*
디스레일리, 벤저민 *28, 242*

〈ㄹ〉

라로슈푸코 *136*
라메네 *24, 114*
라살, 페르디난트 *28, 102, 242*
라신 *230*
라이프니츠 *231*
랑게, 율리우스 *36*
랑케 *180*
러도비치, 앤서니 *45, 46*
레, 파울 *28, 34, 91-93, 99, 100, 106,
156, 182*
레비, 오스카 *4, 29*
레싱 *176*
롯시니 *232*
루소, 장자크 *64, 107*
루이즈, 마리 *197*
루터, 마르틴 *78, 208, 234*
르 봉, 귀스타브 *125*
르낭 *66, 67, 103, 104, 132, 220, 241,
257*
리스트, 프란츠 *150, 232*
리츨 *180*
리탕베르제, 앙리 *143*
리트레 *66*

〈ㅁ〉

마르크스, 카를 150
마셜, 비어트리스 4
마이젠부크, 말비다 폰 10, 45, 182, 200
마테이코, 얀 180
말롬, 로라 36
맥도널드, 대니얼 조지프 13
메리메 25
메테를랭크 69
멘델스존 172
모리첸, 줄리어스 238, 256
모차르트 197
모틀, 펠릭스 186
모파상, 기 드 259
몰리, 존 59
몰리에르 230
몰트케 177
몽테뉴 61
뮐러, 빌헬름 257
문화속물 11, 13, 57-59, 62, 70, 73,
164, 169, 226
미들턴, 크리스토퍼 4
미츠케비치 114
미켈란젤로 37, 40, 200, 208, 250-252,
261, 262
밀, 존 스튜어트 23, 95, 106, 135, 145,
241, 257

〈ㅂ〉

바그너, 리하르트 45, 50, 51, 61, 82, 150,
164, 165, 172, 181, 195, 196, 199, 200,
216, 218, 229-232
바그너, 코지마 150, 181, 211
바슐라르, 가스통 7, 8, 14
바워, 브루노 150
바이런, 조지 고든 25, 26, 36, 227, 229
바저트, 월터 62
바젠, 자크 48
바타유, 조르주 8

발자크 25, 38
베르하른 69
베를리오즈 230
베버, 카를 마리아 폰 172
베이어, 하랄트 29
베이컨, 프랜시스 231
베토벤 37
벤담 84
벤딕스, 에밀리 18
벨렉, 르네 36
보들레르 230
보르자, 체사레 204
보예센, 얄마르 요르트 35
볼테르 26, 40, 82, 230, 248, 249
뵈르네, 루트비히 25
부르크하르트, 야콥 50, 150, 181, 211
뷜로, 한스 폰 150
브란데스, 에드바르 18, 27, 33
브란데스, 에디트 22
브란데스, 에른스트 18
브란데스, 헤르만 18
브람스 172
브루투스 104, 105, 250
블랑키 125
비셔-자라진, 아돌프 10
비스마르크 134
비외른손, 비외른스테르네 28, 161, 168,
242
비제, 자크 197
비제, 조르주 197
비제, 즌비에브 197, 200, 201
비투스 112
빌헬름 4세 225

〈ㅅ〉

살로메, 루 (안드레아스) 28, 34, 51, 124,
125, 143, 156
상드, 조르주 25, 26, 66
생트뵈브 25, 38, 239, 257

샤토브리앙 *24*
샬리트, 베르나르트 *220, 225*
샹포르 *136, 175*
세르반테스 *21*
세예스, 엠마뉘엘 *175*
셰익스피어 *36, 99, 105, 175, 176, 230,
231, 242, 244, 245, 249, 250, 260-262*
셸리, 매리 울스턴크랩트 *62*
셸리, 퍼시 비쉬 *13, 25, 36, 62*
쇼팽 *220, 232*
쇼펜하워 *10, 16, 52, 60, 61, 63-65, 70,
80, 82, 89, 102, 131-134, 164, 165,
174, 194, 216, 218*
쉴러 *76*
슈만 *172*
슈타인, 루트비히 *142*
슈타인호프, "게르타" *22*
슈트라우스, 다비트 *30, 52, 53, 81, 164,
168, 169, 226*
슈트로트만, 아돌프 하인리히 *22*
슈티르너, 막스 *150*
슈피텔러, 카를 *115*
슐레겔, 아우구스트 *24*
슐레겔, 요한 엘리아스 *180*
스오바츠키 *114*
스탈, 마담 드 *24*
스탕달(=앙리 베일) *25, 136, 155, 162,
228*
스턴, 마이클 *31, 33*
스트로스, 에밀 *197*
스트린드베리, 아우구스트 *27, 28, 176,
197, 202, 205, 207, 211, 259, 261, 262*
스펜서, 허버트 *156*
스피노자 *37*

〈ㅇ〉
아돌푸스, 구스타부스 *179*
아리스토텔레스 *131*
아리아 *175, 176*

아문센, 루알 *4*
아스문손, 도리스 *29*
아이스킬로스 *37*
알레비, 프로망탈 *197*
알렉산데르 3세 *206*
알렉산데르 6세 *204*
알렉산드로스 3세(=알렉산더 대왕) *76*
알바 공작 *84*
야코비, 하인리히 *176*
야콥슨, 옌스 피터 *28, 32, 258*
에그몬트 백작 *84*
에머슨, 랠프 월도 *14*
에커만 *55, 81*
엠페도클레스 *78*
엥겔스, 프리드리히 *150*
예수 *37, 41, 188, 197, 212*
오버베크 *43, 211, 233*
오비디우스 *152*
오지에, 에밀 *26*
욥 *112*
우루소프 공작 *198, 200, 202*
워즈워스, 윌리엄 *25*
위고, 빅토르 *208*
융, 카를 *7, 8*
입센, 헨리크 *21, 23, 27, 28, 31, 32, 36,
43, 69, 118, 160, 168, 207, 219-221,
232, 242, 259*
입슨, 알프레트 *145*

〈ㅈ〉
자이틀리츠 남작 *199*
자이틀린, 오스카 *42*
졸라, 에밀 *158, 202, 259, 261*
좀바르트, 베르너 *261*
주더만, 헤르만 *259*

〈ㅊ〉
차라투스트라 *6, 11, 14, 16, 47, 48,
114(조로아스터), 116~128, 137, 157,*

220, 231
차른케 180
차카워, 폰 186

〈ㅋ〉
카를 5세 138
카뮈, 알베르 8
카이사르 37, 40, 104, 105, 175, 212,
231, 249, 250
칸트 61, 85, 86, 231
캐머런, 프랭크 13
코르네유 230
코페르니쿠스 37, 112
콘스탄츠 197
콜럼버스 262
콩트 135
크로포트킨 155
크루크, 구스타프 200
클롭슈톡 180
클링거, 막스 32
키에그고(=키르케고르), 쇤(=쇠얀) 19, 20,
23, 28, 43, 60, 77, 90, 160, 163, 168,
218, 257
킬란트 28

〈ㅌ〉
테그니어 28, 168
테니셰프 공작부인 198, 200, 211
테오그니스 93
텐, 이폴리트 23, 25, 31, 46, 63, 104,
150, 155, 159, 228, 239, 241, 257, 261
톨스토이 219, 260, 261
투르게네프, 이반 35, 198
트라이츠케 233
티크, 루트비히 24

〈ㅍ〉
파스칼 111, 205, 208
파울, 장 24

파울젠, 프리드리히 83
파이투스, 트라시아 175, 176
파이프, 로버트 H. 256, 261
페이지스, 닐 크리스천 42
페인, 윌리엄 모턴 37
포예르바흐 26
푀르스터, 베른하르트 200
푀르스터-니체, 엘리자베트 8, 29, 143,
224
푸슈킨 260
푸코, 미셸 8
프랑스, 아나톨 38, 41
프로이트, 지그문트 7, 8
프루동 26
프루스트, 마르셀 197
프리드리히 대왕 104, 227
플라톤 78
플로베르 66, 67
플루타르코스 105, 250
피스크, 존 258
피타고라스 78
피히테 180
필립포스 2세 76

〈ㅎ〉
하르트만, 에두아르트 폰 67, 76, 83, 89,
95, 100, 125, 132-136
하웁트만, 게르하르트 259
하이네, 하인리히 21, 25, 36, 164, 216,
228, 229, 242
하이데거, 마르틴 8
하이베르, 요한 루드비 248
하이제, 파울 163
한손, 올라 36, 144
헤겔 19, 23, 76, 133, 144, 150, 165,
228
헤르더, 요한 고트프리트 폰 180
호메로스 40, 41, 93, 239
홀베르, 루드비 33, 176

회륨, 비고 *33*
회프딩 *143, 230*
횔덜린 *24*
휠러, 에드워드 J. *26*
힐레브란트, 카를 *164, 168*